UNREAL®
ENGINE 4
for DESIGN
VISUALIZATION

UNREAL® ENGINE 4
for DESIGN VISUALIZATION

더욱 극적인 장면 연출을 위한 애니메이션, 렌더링 시스템 활용

톰 섀넌 지음 | 장세윤 옮김

i!i
에이콘

이 책을 사랑하는 어머니께 바칩니다.

지은이 소개

톰 섀넌 Tom Shannon

UE4 전문가이자 언리얼 엔진을 사용해 비디오 게임과 시각화 제품 개발에 10년 이상의 경력을 가진 테크니컬 아티스트다. 게임과 게임 기술 그리고 시각화가 현실 세계에서 중요하고 영향력을 갖고 있다는 사실에 열정을 갖고 있다. 건축가, 엔지니어, 디자이너를 거쳐 프로그래머, 애니메이터, 이펙트 아티스트에 이르기까지 다양한 경험을 갖추는 데 시간을 보내고 있다.

현재 아름다운 아내 세린Serine과 사랑스러운 아이들인 엠마Emma, 덱스터Dexter와 함께 미국 콜로라도에 살고 있다.

웹사이트 주소는 www.TomShannon3D.com이다.

감사의 글

피어슨 교육 기술 그룹Pearson Education Technology Group의 편집장인 로라 르윈Laura Lewin에게 이 책을 펴낼 수 있는 기회를 준 데 대한 감사를 전하고 싶다. 피드백을 아끼지 않은 멋진 개발 편집자인 셰리 레플린Sheri Replin, 까다로운 편집 작업을 진행해준 폴라 로웰 Paula Lowell, 지원을 아끼지 않은 로리 라이언스Lori Lyons에게도 감사하다는 말을 전한다. 그리고 이 모든 작업이 이뤄질 수 있도록 도움을 준 올리비아 바세지오Olivia Basegio에 게도 감사를 전하고 싶다.

이 책의 기술 평가자들은 지식과 경험에 대한 심층 피드백과 깊이 있는 조언을 아끼지 않았다. 데이비드 스팍스David Sparks에게는 사려 깊은 충고와 교육자이자 트레이너 로서의 오랜 경험에 기댈 수 있게 해준 점에 대해 무한한 감사를 전한다. 또한 가장 정확한 정보를 제공하기 위해 시간과 노력을 아끼지 않은 에픽 게임즈의 팀 홉슨Tim Hobson과 샘 디터Sam Deiter에게 감사한다.

나를 여기까지 올 수 있게 해준 에픽 게임즈의 비전과 열정에 감사한다. 세계 최고의 개발자들과 함께 일하면서 비주얼 커뮤니케이션 산업의 미래를 만들어가는 것은 매우 영광스럽고 스릴 넘치는 일이다.

그리고 호이트 건축연구소Hoyt Architecture Lab와 Imerza 팀, 특히 이 책의 독자에게 원본 콘텐츠를 제공해주며 여러 지원을 아끼지 않은 도리안 비Dorian Vee와 개리 호이트Gary Hoyt에게 감사를 전한다.

마지막으로 끊임없는 지원과 격려, 영감을 보내준 아내와 일상에서 사랑과 기쁨, 즐거움이 넘치게 해준 내 아이들에게 감사하다는 말을 전하고 싶다.

옮긴이 소개

장세윤(ronniej@naver.com)

유니티 한국 지사에서 필드 엔지니어로 근무하며 기술 지원, 유니티 엔진 기술 홍보, 기술 문서 번역 업무를 진행했다. 현재는 유니티 엔진, 언리얼 엔진을 활용한 게임 개발 교육을 진행하는 프리랜서 강사 및 기술 서적 번역가로 활동하고 있다.

옮긴이의 말

이 책은 언리얼 엔진을 활용한 콘텐츠 제작에 필요한 내용을 전반적으로 다루고 있어 언리얼 엔진의 기초를 학습하려는 독자와 언리얼 엔진을 활용해 콘텐츠를 제작하려는 독자들에게 좋은 입문 서적이다.

1부에서는 언리얼 엔진을 사용하기 위해 필요한 기본 내용을 전반적으로 살펴본다. 언리얼 엔진을 소개하고, 리소스(모델링, 텍스처, 오디오 파일 등)를 언리얼 엔진으로 임포트해 사용하는 방법, 라이팅 설정 방법, 렌더링 시스템, 머티리얼 시스템, 블루프린트에 대한 개요로 구성돼 있다. 2부에서는 프로젝트를 생성해 레벨을 구성하고 블루프린트를 활용해 사용자와 상호작용하는 방법과 패키징 및 배포 방법을 소개한다. 3부에서는 지금까지 배운 내용을 활용해 건축 시각화 프로젝트를 제작하는 과정으로 구성돼 있다. 프로젝트 설정에서부터 프로젝트를 제작하는 데 필요한 리소스와 데이터를 준비하는 방법, 장면을 연출하기 위해 레벨을 구성하는 방법을 실습을 통해 배울 수 있다. 장면을 구성하는 데 필요한 라이팅 설정 방법, 머티리얼 설정 방법에 대한 실습을 진행하며 시퀀서(시네마틱 영상 제작 도구)를 활용해서 더욱 극적인 장면을 연출하는 방법에 대한 실습도 진행한다. 또한 블루프린트와 언리얼 모션 그래픽UMG을 활용해 사용자의 입력에 대응할 수 있는 사용자 인터페이스를 제작해보고, 머티리얼을 실시간으로 변경하는 작업을 블루프린트를 활용해 진행하며 건축 시각화 프로젝트에 대한 실습을 마무리한다.

언리얼 엔진을 활용해 콘텐츠 제작을 시작할 때 필요한 내용을 전반적으로 다루며 기초 내용을 자세하게 설명하고 있기 때문에 언리얼 엔진에 대한 기초를 쌓기에 충분하다. 언리얼 엔진은 게임 엔진이기 때문에 게임 분야에 많이 사용된다. 하지만 이 책에는 언리얼 엔진을 활용해 건축 시각화 프로젝트를 제작하는 방법과 노하우가 담겨 있다. 따라서 언리얼 엔진을 비게임 분야에서 활용해보려는 독자와 언리얼 엔진의 기초를 공부하려는 독자들에게 많은 도움이 될 수 있다.

번역을 진행하면서 문장마다 담긴 저자의 의도를 파악하려고 많은 노력을 기울였지만 의도를 제대로 파악하지 못했거나 잘못 번역한 내용이 있을 수 있다. 잘못된 부분이나 책에 관련된 어떠한 의견이라도 에이콘출판사 편집팀이나 옮긴이 소개의 이메일로 보내주시면 소중한 조언으로 삼아 내용을 바로잡고 더 좋은 책으로 만들어가는 데 참고하겠다.

끝으로 일 때문에 피곤하다는 핑계로 가사와 육아에 소홀한 남편이지만 항상 옆에서 응원해주는 아내와, 많이 놀아주고 돌봐주지 못함에도 건강하게 잘 자라주는 아들에게 사랑한다는 말을 하고 싶다. 또한 번역 기회를 주신 에이콘출판사에 감사 인사를 전한다.

차례

지은이 소개 6

감사의 글 7

옮긴이 소개 8

옮긴이의 말 9

들어가며 17

1부 언리얼 엔진 4 개요   25

1장   언리얼 엔진 4 시작하기 27

언리얼 엔진 4란 무엇인가? 28

언리얼 엔진의 역사 29

언리얼 엔진 4 소개 30

시각화 제품 제작을 위한 UE4 주요 기능 32

언리얼 엔진 4를 활용한 대화형 시각 콘텐츠 개발하기 33

언리얼 엔진 4 개발 요구사항 42

언리얼 엔진 4에서의 팀워크 43

UE4 개발 비용 45

UE4의 비용 절감 47

리소스와 학습 48

요약 51

2장   UE4를 활용해 작업하기 53

언리얼 엔진 4 컴포넌트 54

프로젝트 폴더 구조 61

.uasset 파일 이해하기 64

언리얼 엔진 4 콘텐츠 파이프라인 65

요약 69

3장   콘텐츠 파이프라인 71

콘텐츠 파이프라인 개요 72

3D 씬 설정하기 74

UE4에서 사용할 지오메트리 준비하기 76
FBX 메시 파이프라인 88
텍스처와 머티리얼 워크플로 92
콘텐츠 라이브러리로 애셋 가져오기 95
카메라 워크플로 99
요약 100

4장   라이팅과 렌더링 101
언리얼 엔진의 물리 기반 렌더링(PBR) 이해하기 102
UE4의 라이트 105
라이트 모빌리티 이해하기 107
실시간 반사 효과 112
후처리 113
요약 123

5장   머티리얼 125
머티리얼 개요 126
UE4 머티리얼 에디터 128
언리얼 머티리얼의 동작 원리 132
표면 유형 136
머티리얼 인스턴스 138
간단한 머티리얼 142
요약 151

6장   블루프린트 153
블루프린트 소개 154
객체, 클래스, 액터 155
플레이어 157
플레이어 컨트롤러 157
폰 160
월드 160
레벨 161
컴포넌트 161
변수와 변수 유형 162
틱 163
클래스 상속 164

생성과 삭제 165
블루프린트 통신 166
스크립트 컴파일하기 168
요약 168

2부 첫 번째 UE4 프로젝트 171

7장 프로젝트 설정하기 173
프로젝트 범위 174
런처에서 새 프로젝트 생성하기 175
요약 178

8장 월드 제작하기 179
새 레벨 생성과 저장 180
애셋 배치와 변경 181
라이트 배치 184
씬 살펴보기 188
건축물 제작하기 189
구조물에 디테일 더하기 190
요약 194

9장 블루프린트를 활용해 상호작용 기능 만들기 197
프로젝트 설정하기 198
플레이하기 198
폰 생성하기 200
입력 매핑 206
플레이어 컨트롤러 클래스 생성하기 ... 208
블루프린트에 입력 추가하기 209
시점 회전하기(Looking) 211
플레이어 이동 212
게임모드 218
플레이어 스타트 액터 배치하기 221
요약 222

10장 패키징과 배포 223
　패키징 vs 에디터 빌드 224
　프로젝트 패키징 224
　패키징 옵션 225
　패키징 방법 226
　애플리케이션 실행하기 228
　패키징 오류 228
　프로젝트 배포하기 229
　인스톨러 사용하기 230
　요약 230

3부　건축 시각화 프로젝트 231

11장 프로젝트 설정 233
　프로젝트 범위와 요구사항 234
　프로젝트 설정하기 236
　프로젝트 세팅 적용하기 240
　요약 243

12장 데이터 파이프라인 245
　씬 구성하기 246
　머티리얼 248
　건축물과 기구 249
　씬 내보내기 252
　씬 가져오기 254
　소품 메시 259
　요약 264

13장 씬에 애셋 배치하기 267
　시각화 제품을 위한 씬 구성하기 268
　레벨 설정하기 268
　건축물 스태틱 메시 배치하기 271
　소품 메시 배치하기 272
　씬 정리하기 273
　요약 278

14장 건축 시각화 제품을 위한 조명 279

　　UE4의 조명 효과 최대한 활용하기 280

　　라이트매스를 활용한 정적 라이팅 281

　　디렉셔널 라이트와 스카이 라이트 조절하기 282

　　라이팅 빌드하기 288

　　건축 시각화 제품을 위한 라이트매스 설정 291

　　라이트 맵 UV 밀도 조절 295

　　인테리어 조명 배치하기 298

　　라이트 포털 배치하기 301

　　Post-Process Volume 303

　　요약 311

15장 건축 시각화 제품을 위한 머티리얼 313

　　마스터 머티리얼이란? 314

　　마스터 머리티얼 생성하기 317

　　머티리얼 인스턴스 생성하기 326

　　고급 머티리얼 331

　　요약 339

16장 시퀀서를 활용한 시네마틱 만들기 341

　　시퀀서 시작하기 342

　　카메라 이동시키기 345

　　샷 편집 348

　　저장하기 348

　　협업하기 349

　　비디오로 렌더링하기 349

　　요약 352

17장 상호작용을 위한 레벨 준비하기 353

　　레벨 설정하기 354

　　플레이어 스타트 액터 추가하기 354

　　콜리전 추가하기 355

　　마우스 커서 활성화하기 362

　　포스트 프로세스를 활용한 외곽선 효과 생성하기 364

　　요약 365

18장 중급 블루프린트: UMG 인터랙션 367
데이터 세트 전환하기 368
다른 레벨 만들기 368
레벨 스트리밍 373
플레이어 스타트 액터 정의하기 376
레벨 블루프린트 설정하기 377
프로그래밍을 통해 맵 전환하기 382
테스트 시간 385
언리얼 모션 그래픽 387
레벨 블루프린트로 돌아가 작업하기 395
요약 399

19장 고급 블루프린트: 머티리얼 전환하기 401
목표 설정하기 402
액터 블루프린트 제작하기 404
변수 생성하기 405
컴포넌트 추가하기 410
Change Material 함수 생성하기 412
Construction Script 이해하기 414
이벤트 그래프 이해하기 419
레벨 채우기 424
애플리케이션 플레이 428
요약 430

20장 책을 마무리하며 431
지속적으로 변화하는 UE4 432
시각화의 미래 432
다음 단계 433
가상 현실 433
영화 제작 434
콘텐츠 제작 435
마무리하며 435

찾아보기 437

들어가며

언리얼 엔진 4UE4는 게임, 시각화, 심지어 장편 영화에 이르기까지 다양한 분야에서 매우 중요한 도구로 사용된다. 시각화 제품을 제작하는 회사, 취미로 개발하는 개발자와 전문가들은 UE4의 가능성을 확인해보고 싶어한다. 언리얼 엔진 4는 수천 가지 기능, 수백 시간에 달하는 강좌 영상, 수많은 튜토리얼, 위키, 커뮤니티 가이드가 제공되는 매우 방대한 애플리케이션이다. UE4에 대한 많은 질문에 이런 자료가 답을 주지만 시각화를 위해 중요한 요소를 찾는 것은 매우 어려운 일이 될 수 있다. 거의 모든 학습 자료는 시각화가 아니라 게임을 제작하는 방향으로 초점이 맞춰져 있다.

UE4는 전통적으로 렌더링되는 콘텐츠 제작 방법을 아는 사람들에게 매우 친숙하게 느껴질 수도 있고, 이질적으로 느껴질 수도 있다. UE4를 쉽게 배울 수 있게 만드는 많은 유사점이 있지만 한편으로는 이름만 비슷하고 실제로 아주 다른 점도 존재한다. 잘못된 추측은 좌절감을 유발하고 극복할 수 없다고 생각하게 만들 수도 있다.

이 책은 시각화 제품을 만드는 스튜디오와 개인에게 가이드 역할을 하는 것에 목표를 두며 현실적인 예제, 견고한 워크플로, 그 외 몇 가지 도구와 기법을 사용해 가장 관련성이 높은 정보를 제공하는 것을 목표로 한다.

이 책의 대상 독자

이 책은 언리얼 엔진 4의 혁신적인 실시간 애플리케이션, 렌더링, 애니메이션을 사용해 시각적으로 가장 인상적이고 상호작용 기능을 갖춘 제품 제작을 원하는 시각화 전문가를 대상으로 한다. 또한 시각화 아티스트와 프로그래머까지 갖춘 팀을 구성해 개발 속도를 높이고, 원하는 제품을 얻기 위해 필요한 작업을 정확하게 알고 싶은 기술 담당자를 대상으로 한다.

이미 3D 렌더링의 동작 원리를 전문가 수준에서 알고 있어야 이해하기 쉽다. 머티리얼, 전역 조명GI, Global Illumination, 폴리곤 모델링, UV 매핑 같은 개념에 익숙해야 한다. 이 책에서는 UE4 외부에서 특정 시각화 데이터(모델링 등)를 제작하는 작업 방식은 다루지 않는다. 이 책은 독자들이 이미 원시 데이터가 잘 정돈되고 최적화돼 렌더링 준비가 완료된 3D 포맷을 제작하는 데 능숙하며 굴절, 프레넬 감쇠Fresnel falloff 같은 광추적raytraced 렌더링 기법과 용어에도 익숙하다고 가정한다.

블루프린트Blueprint에 관심이 있는 경우에는 스크립팅이나 프로그래밍 또는 컴퓨터 로직에 대한 배경 지식을 쌓기를 권장한다. For 루프, If 구문, 변수, 불린Boolean, 플로트Float, 스트링String 등의 변수 유형 같은 개념이 블루프린트와 UE4에서 일반적으로 널리 사용된다. 이 책은 블루프린트의 프로그래밍 기법에 대한 개요를 제공하지만 프로그래밍 강좌는 아니다. 하지만 블루프린트는 매우 사용자 친화적이기 때문에 스크립팅 경험이 있는 사람, 특히 3D 애플리케이션에 경험이 있는 사람이라면 쉽게 이해할 수 있다.

이보다 더 높은 수준의 스크립터나 프로그래머 또는 UI 개발자라면 블루프린트가 편하게 느껴질 것이다. 함수, 유형이 지정된 변수, 객체 상속 등은 객체 지향 프로그래밍Object-Oriented Programming 언어와 매우 비슷하게 동작한다. 다른 프로그래밍 언어 및 개발 플랫폼과 마찬가지로 언리얼 역시 작업 처리 방식이 매우 구체적이다. 따라서 엔진 내부에서 동작하는 내용을 이해하기 위해 첫 장을 잘 살펴보는 게 중요하다. 시각화 제품 제작은 제공된 데이터를 이해하기 위한 기술적 스킬, 사용 가능한 도구의 활용 능력, 예리한 예술적 감각과 디자인 감각의 조합을 필요로 한다.

이 책에서 다루는 내용

이 책은 크게 세 부분으로 나뉜다. 1부에서는 UE4의 주요 기능, 시스템, 워크플로에 대한 기술 개요를 다룬다. 2부에서는 엔진에 내장된 샘플 콘텐츠를 활용해 간단한 UE4 인터랙션 애플리케이션을 제작하는 데모를 만든다. 이를 통해 UE4 에디터의 기본 사용법과 블루프린트 생성 방법을 처음부터 끝까지 배울 수 있다. 3부에서는 건축 시각화 프로젝트를 처음부터 끝까지 진행하는 내용을 다룬다. 3ds 맥스로 제작된 클라이언트 데이터에서 시작해 언리얼 라이트매스^{Lightmass}를 사용해 조명을 추가하고, 머티리얼을 생성해 이를 적용하고 시퀀서^{Sequencer}를 활용해 카메라 애니메이션을 제작하고 이를 디스크에 저장하며, 마지막으로 전체적인 UI, 인터랙티브한 요소, 사실적인 렌더링 품질을 갖춘 대화형 시각화 애플리케이션을 제작한다.

1부에서는 런처와 엔진 설치, 프로젝트 생성, 레벨, 맵, 애셋 이해하기 등 개념과 기술적 관점에서 UE4를 살펴본다. 이 책은 물론이고 다른 곳에서 찾은 정보를 잘 이해하기 위해서는 중요한 용어와 기술을 학습해야 한다. 작업 수행 방식을 기술적인 관점에서 설명하려고 노력했기 때문에 독자는 자신의 시각화 제품에 이를 쉽게 적용할 수 있을 것이다. UE4를 처음 접하는 V-Ray나 멘탈 레이^{Mental Ray} 사용자로서 오프라인 렌더링과 실시간 렌더링 간의 차이를 확인할 수 있다. 기본 개념과 엔진 내부에서 동작하는 방식에 대한 정확한 이해를 바탕으로 실제 예제를 제작할 수 있다. 이 과정은 상세한 강좌 스타일로 작성했다. 책에서 사용하는 모든 프로젝트 소스는 (맥스와 UE4 프로젝트 파일 모두) www.TomShannon3D.com/UnrealForViz에서 다운로드할 수 있다.

1부: 언리얼 엔진 4 개요

- **1장, 언리얼 엔진 4 시작하기** UE4에 대한 자세한 개요를 통해 시각화 제품에서 UE4의 어떤 기능을 활용할 수 있는지, 마수할 어려움과 해결 방법, 도움을 요청할 수 있는 곳 그리고 첫 번째 UE4 프로젝트를 계획하는 방법을 학습한다.

- **2장, UE4를 활용해 작업하기** 뛰어난 대화형 애플리케이션을 제작 및 수정하는 데 필요한 UE4의 핵심 요소를 학습한다. UE4의 워크플로^{workflow}는 시각화 전문가로서 이전에 사용했던 프로그램과는 상당히 다르다.

- **3장, 콘텐츠 파이프라인** 콘텐츠를 UE4로 가져오는 작업을 배워본다. UE4의 사용 방법을 학습하는 초기에 가장 혼란스럽고 어려울 수 있는 부분이다. 다른 애플리케이션에서 제작된 2D와 3D 콘텐츠를 UE4에서 임포트하고 처리하는 방법과 기존 파이프라인에 이를 통합하는 방법을 학습한다.

- **4장, 라이팅과 렌더링** 짧은 시간에 놀라운 결과를 만들어내는 혁신적인 물리 기반 렌더러^{PBR, physically based renderer}를 알아본다. 수년간의 노하우를 UE4의 물리

기반 렌더링^{PBR} 라이팅 시스템에 적용하는 방법을 학습한다.

- **5장, 머티리얼** 풍부하고 생동감 넘치는 머티리얼은 사실적인 결과를 만드는 데 필수다. UE4의 머티리얼은 PBR 워크플로의 중요한 구성 요소이며 기존에 사용됐던 모든 머티리얼 시스템과 다르다. 머티리얼이 어떻게 구성되는지, PBR 작업을 위해 필요한 다양한 구성 요소, 머티리얼 인스턴스를 통해 UE4의 머티리얼이 상호작용할 수 있도록 만드는 방법을 학습한다.

- **6장, 블루프린트** 블루프린트는 스크립팅과 게임 프로그래밍의 혁명이다. 여러분은 이제 단 한 줄의 코드를 작성하지 않고도 풍부한 최신 기능을 갖춘 애플리케이션을 제작할 수 있다. 하지만 블루프린트는 여전히 프로그래밍 언어이기 때문에 프로그래밍에 대한 기초 내용을 학습해야 개발을 시작할 수 있다.

2부: 첫 번째 UE4 프로젝트

- **7장, 프로젝트 설정하기** 프로젝트 목표를 설정한 다음, 새 프로젝트를 생성하는 방법을 배우고 레벨^{Level} 제작을 위해 미리 제작된 시작용 콘텐츠^{Starter Content}를 포함해 기본 프로젝트를 설정하는 방법을 학습한다.

- **8장, 월드 제작하기** 시작용 콘텐츠 사용하기, 처음으로 에디터 사용하기, 액터^{Actor}로 동작할 애셋^{asset}을 월드에 배치하기, 액터 이동시키기, 액터 변경하기, 씬^{scene}을 비추기 위한 조명 배치하기 등을 알아본다.

- **9장, 블루프린트를 활용해 상호작용 기능 만들기** 블루프린트 클래스를 처음으로 만들어보고, 플레이어 컨트롤러^{Player Controller}, 폰^{Pawn}, 게임모드^{Game Mode}를 제작한다. 입력 매핑^{Input Mapping}을 할당하고 플레이어(사용자)가 1인칭 관점에서 레벨을 이동할 수 있도록 사용자 입력을 처리하는 프로그래밍을 진행한다.

- **10장, 패키징과 배포** 동작하는 프로젝트가 완성되면, 독립형 애플리케이션으로 배포할 준비를 시작할 차례다. UE4에서는 이를 패키징^{Packaging}이라 부르며 이를 통해 설치와 실행이 간편하며 최적화된 애플리케이션을 생성할 수 있다.

3부: 건축 시각화 프로젝트

- **11장, 프로젝트 설정** 프로젝트 목표를 다시 정의한다. 대화형 애플리케이션과 시퀀서를 활용해 미리 렌더링된 애니메이션을 포함하는 고급 건축 시각화 제품을 위한 목표를 다시 설정한다.

- **12장, 데이터 파이프라인** FBX로 내보내기 전에 3D 데이터를 준비하고 구성하는 방법을 학습한다. 건축 메시와 소품 메시 간의 차이점을 배운다. 그다음 FBX 임포트import와 익스포트export 워크플로에 중점을 두고 UE4로 데이터를 가져오는 다양한 방법을 살펴본다.

- **13장, 씬에 애셋 배치하기** UE4로 데이터를 가져온 후 이를 UE4 레벨에 배치한다. 배치하는 데 필요한 다양한 전략을 배우고 이를 통해 씬의 원하는 곳에 건축 메시와 소품 메시를 모두 배치하는 데 사용할 수 있는 방법을 살펴본다.

- **14장, 건축 시각화 제품을 위한 조명** UE4의 라이트매스 전역 조명Lightmass Global Illumination 솔루션은 아주 훌륭한 제품이면서 기존 씬의 조명을 렌더링하던 방법과 가장 크게 차이가 나는 부분이다. 매우 짧은 시간에 렌더링되는 씬에 멋진 HDRHigh-Dynamic Range을 적용하는 방법을 학습한다.

- **15장, 건축 시각화 제품을 위한 머티리얼** 1부에서 배운 머티리얼의 기본 지식을 바탕으로 마스터 머티리얼을 제작한다. 그다음 프로그래밍 파라미터, 유연하고 빠른 처리를 위해 기타 세이더 로직을 작성하고 아름다운 머티리얼 인스턴스 세트를 씬에 적용한다.

- **16장, 시퀀서를 활용한 시네마틱 만들기** 사실적인 애니메이션을 아주 짧은 시간에 렌더링할 수 있는 기능으로 창조적인 가능성의 세계가 열렸다. 뎁스 오브 필드Depth Of Field, 모션 블러Motion Blur, 비네트Vignette 같은 효과를 포함해 사실적이며 물리적으로 정확한 결과를 구현하기 위해 씨네 카메라Cine Camera를 사용해 시퀀서 애니메이션을 생성하는 방법을 학습한다. 작업이 완료되면 4K 해상도와 초당 60프레임의 속도로 90초짜리 동영상을 몇 분만에 디스크에 저장하는 방법을 확인할 수 있다.

- **17장, 상호작용을 위한 레벨 준비하기** 콜리전Collision은 훌륭한 상호작용 경험을 위해 절대적으로 필수적이며 UE4 개발에서 가장 복잡하고 오해를 불러일으키

기 쉬운 영역 중 하나다. 비디오 게임에는 상호작용하는 요소가 많이 필요하기 때문에 콜리전은 빠르게 동작하기 위한 방식으로 개발됐다. 하지만 이로 인해 설정이 어려워지는 경우도 발생한다. 벽을 통과하거나 바닥에 떨어지는 문제 없이, 걸어 다닐 수 있는 레벨을 쉽게 만드는 방법을 배운다.

- **18장, 중급 블루프린트: UMG 인터랙션** 대화형 시각화 제품의 가장 큰 장점 중 하나는 문맥상에서, 그리고 실시간으로 옵션을 비교할 수 있다는 점이다. 스트리밍 레벨streaming level을 설정하는 방법과 블루프린트를 사용해 실행 중에 레벨을 전환하는 방법을 배운다. UMG를 활용해 제작된 간단한 사용자 인터페이스를 생성해 사용자에게 이 기능을 제공한다.

- **19장, 고급 블루프린트: 머티리얼 전환하기** 진정한 도전을 기다리는 이들에게 적합한 내용을 담고 있으며, 제품으로 준비가 완료된 머티리얼 전환 기능을 가진 블루프린트 제작 방법을 확인할 수 있다. 플레이어에게 고급 기능을 제공할 수 있을 뿐만 아니라 프로젝트에서 재사용이 가능한 완벽한 도구를 제작함으로써 레벨 디자이너LD가 에디터에서 설정하는 작업을 시각화하는 기능도 제공한다.

- **20장, 마무리하며** 이 책에서 살펴본 내용은 UE4가 가진 기능 중의 극히 일부분에 불과하지만, 이를 통해 UE4에 대한 기반 지식을 제공하고 다음 단계로 나아가기 위해 필요한 영감을 남길 수 있기를 바라는 내용을 담았다. 결론적으로 UE4와 UE4를 사용하는 산업이 나아가는 방향과 이들이 시각화의 미래에 어떤 영향을 미칠지에 대해 논의한다.

소스 파일

모든 UE4 프로젝트 파일과 3ds 맥스 소스 파일은 이 책의 안내 사이트인 www.TomShannon3D.com/UnrealForViz에서 다운로드할 수 있다.

또한 각 장에서 추가 리소스와 링크를 찾을 수 있다. UE4는 빠르게 발전하는 소프트웨어이기 때문에 가능한 최신 상태로 유지하려고 노력했다.

이 책에 사용된 규약

이 책에는 다음과 같은 인쇄 규약이 사용된다.

- **굵은 글씨**는 새로운 용어, 변수, 파라미터 이름을 나타낸다.

---

informit.com에서 시각화 디자인을 위한 언리얼 엔진 4^{Unreal Engine 4 for Design Visualization}의 사본을 등록하면 다운로드, 업데이트, 오탈자 수정에 대한 내용을 편리하게 접해볼 수 있다.

등록 과정을 시작하려면 informit.com/register에 접속해 로그인하거나 계정을 생성한 다음, 제품 ISBN(9780134680705)을 입력하고 **Submit** 버튼을 클릭하면 된다.

한국어판 관련 정보와 정오표는 에이콘출판사 도서정보 페이지 http://www.acornpub.co.kr/book/unreal-4-design-visualization에서 확인할 수 있다.

1부

언리얼 엔진 4 개요

1장   언리얼 엔진 4 시작하기

2장   UE4를 활용해 작업하기

3장   콘텐츠 파이프라인

4장   라이팅과 렌더링

5장   머티리얼

6장   블루프린트

언리얼 엔진 4 시작하기

언리얼 엔진 4는 소프트웨어 개발과 콘텐츠 제작을 위해 사용하는 매우 강력한 플랫폼이다. 언리얼 엔진은 뛰어난 그래픽 품질, 강력한 도구, 타의 추종을 불허하는 확장성을 제공함으로써 가장 인기 있는 개발 플랫폼으로 사랑받고 있다. 게임 개발자, 건축가, 과학자, 영화 제작자, 시각 디자이너 등 많은 분야에서 예술의 재창조를 통해 놀랍고 새로운 경험을 만들기 위해 언리얼 엔진 4를 사용한다. 이런 사람들은 모두 자신들의 첫 번째 언리얼 프로젝트를 어디선가에서 시작했을 텐데, 대부분 www.unrealengine.com일 것이다.

언리얼 엔진 4란 무엇인가?

언리얼 엔진 4^{UE4}는 에픽 게임즈^{Epik Games}에서 제작하는, 오랜 기간 이어오는 언리얼 엔진 게임 개발 도구의 최신 버전이다. 언리얼 엔진은 멋진 사용자 경험을 만들어내기 위해 훌륭한 도구와 함께 최첨단 기술, 실시간 물리 기반 렌더링^{PBR} 머티리얼, 리플렉션(반사효과), 라이팅 효과 등을 모두 포함하는 최초의 전문 비디오 게임 개발 도구다. 이런 도구에는 물리 시뮬레이션, 빛과 그림자 처리, 사용자 인터페이스^{UI}, 폴리지 생성 도구, 렌더링, 거대한 지형, 복잡한 머티리얼, 비주얼 스크립팅, 캐릭터 애니메이션, 파티클 시뮬레이션, 시네마틱 영상 제작 도구, 네트워크 멀티 플레이어 등 전문 게임 개발자들이 트리플 A 퀄리티의 블록버스터 게임을 제작하는 데 필요한 모든 기능이 포함된다. 모든 부분에 접근 가능하고 수정이 가능한 C++ 소스 코드 덕분에 UE4에서 부족한 기능은 추가가 가능하다.

언리얼 엔진은 강력하고 복잡한 기능을 제공함에도 불구하고 매우 쉽게 접근할 수 있다. 그림 1.1의 UE4 에디터는 최신 인터페이스, 강력한 도구, 잘 관리되는 문서, 완벽한 소스 코드 접근성, 발전하고 성장하는 커뮤니티를 자랑한다. 언리얼 엔진을 활용하면 혼자서도 전문가 수준의 놀라운 게임, 시뮬레이션, 시각화 제품 등을 매우 빠르게 만들 수 있다.

그림 1.1 언리얼 엔진 4 에디터 인터페이스

작은 팀의 경우에도 쉽게 성장 가능하며 동일한 프로젝트를 같이 작업할 수 있고, 이를 통해 한때 대규모 예산을 가진 큰 스튜디오에서만 달성할 수 있다고 생각했던 놀라운 업적을 이끌어 낼 수 있다. 이제는 충분히 강력한 컴퓨터를 사용할 수 있는 사람이라면 누구나 무료로 언리얼 엔진을 다운로드할 수 있으며 놀랍고 멋진 콘텐츠를 만들 수 있다.

언리얼 엔진의 역사

1990년대 이후부터 에픽 게임즈와 다른 전문 게임 개발자들은 높은 판매고와 수상 경력을 자랑하는 게임과 시뮬레이션을 제작하는 데 언리얼 엔진을 사용해오고 있다. 〈기어스 오브 워Gears of War〉, 〈매스 이펙트Mass Effect〉, 〈배트맨 아캄 나이트Batman Arkam Knight〉, 〈언리얼 토너먼트〉 같은 게임이 언리얼 엔진을 사용해 개발됐다.

기존의 전문 게임 엔진은 대부분의 소규모 개발사에서는 기술 측면과 비용 면에서 접근하기 매우 힘들었고, 심지어 기술적으로 가장 숙련된 전문가와 대규모 개발사에서도 쉽게 접근할 수 없었다. 이로 인해 대부분의 소규모 인디 게임 개발사와 시뮬레이션 개발자들은 맞춤형 엔진을 직접 제작하거나 성능이 조금 떨어지지만 가격이 저렴하고 기술적인 어려움이 덜한 엔진을 선택할 수 밖에 없었다. 이런 엔진은 초창기의 미들웨어 렌더러, 물리 라이브러리, 오디오 시스템, 프로젝트를 제작하기 위한 여러 도구를 포함하고 있었지만, 대부분 품질 및 시각적 품질이 떨어졌고, 여전히 사용하기 매우 어려웠다.

지난 10년 동안 독립 게임 개발사(주로 자체 자금으로 운영되는 게임 개발사)는 폭발적으로 인기를 얻었고, 재정적으로도 성공할 수 있다는 사실을 증명했다. 많은 개인 개발자와 소규모 팀이 대다수 게이머들을 대상으로 게임과 다양한 콘텐츠를 제작하고 있다.

인디 개발사 중 다수가 자체 엔진을 개발해 사용하지만, 여전히 많은 개발사는 유니티 3D, DX 스튜디오, 토크Torque 같은 미들웨어 엔진에 의존한다. 이런 엔진은 언리얼 엔진 3와 크라이엔진CRYENGINE 같은 전문 게임 엔진보다 훨씬 저렴한 비용으로 완전히 통합된 게임 개발 도구를 제공할 수 있도록 개발됐다. 에픽 게임즈 역시 언리얼 개발자 키트^{UDK, Unreal Developers Kit}라 불리는 무료 사용이 가능한 바이너리 전용 언리얼 엔진 3버전을 통해 완전히 통합된 게임 개발 도구를 제공하기 시작했다.

이런 엔진은 큰 성공을 거뒀음에도 불구하고 독립 개발사와 소규모 개발사에 기술적으로 중요한 문제를 남겨둔 채로 항상 최고의 게임 개발 도구를 따라잡기 위해 노력하고 있다.

언리얼 엔진 4 소개

노스 캐롤라이나 주 캐리 시에 위치한 에픽 게임즈 본사에서 비밀리에 개발된(제한적인 데모와 소규모로 비밀리에 일부 베타테스트만 진행했다) 언리얼 엔진 4^{UE4}의 출시를 발표했다. 언리얼 엔진 4는 차세대 게임 엔진으로서 엄청난 성공을 거둔 언리얼 엔진 3의 후속 버전이다.

언리얼 엔진 4의 출시는 아무도 예상하지 못했으며 업계를 충격에 빠뜨렸다.

UE4는 엔진의 일부 기능만 제공하거나 데모 버전이 아니라, 전체 C++ 코드와 도구를 모두 제공한다. 이전에는 수십만 달러의 비용이 들었던 기능을 매달 매우 저렴한 비용만 지불하면 사용이 가능하게 된 것이다. UE4는 매우 강력한 개발문서를 제공하며 엔진의 기능을 개발하는 개발자와 현재 개발 중인 코드에도 직접 접근할 수 있다.

게임 개발 커뮤니티의 반응은 즉각적이고 매우 긍정적이었다. 수백 명의 개발자가 엔진을 다운로드하고 게임과 데모를 제작하기 시작했고 이를 통해 비디오 게임이 시각적으로, 사운드와 플레이 면에서 얼마나 독창적으로 보일 수 있는지를 재창조하기 시작했다.

언리얼 엔진 4는 크로스 플랫폼, 확장성을 위해 처음부터 다시 개발된 완전히 새롭고 현대적인 에디터를 제공한다. 물리 기반 머티리얼과 라이팅을 사용하는 렌더링 파이프라인은 광추적 렌더^{ray-traced render}와 비교될 만큼 매우 생동감 있고 사실적인 장면을 연출한다.

선형 렌더링 파이프라인과 고급 포스트 이펙트가 결합된 새로운 라이팅과 리플렉션 시스템은 특히 시네마틱으로 렌더링된 경우에 최고 수준의 영화 같은 비주얼을 만들어냈으며 이 모든 과정은 이전의 비디오 게임 엔진에서는 볼 수 없고, 비교할 수도 없이 편리하게 만들 수 있었다.

언리얼 엔진 4는 출시 당시 이미 다른 경쟁자들보다 몇 년 앞선 기술을 자랑했으며 심지어 전문가 수준에서도 기술 면에서 최고였다. 그리고 모든 사람이 제품을 다운로드할 수 있도록 월 20달러라는 낮은 가격으로 제공했다.

출시한 지 1년이 되기도 전에 에픽 게임즈는 모두가 무료로 다운로드하고 사용할 수 있도록 매월 지불해야 했던 사용료를 없앤다는 내용을 발표했다. 시장에서 가장 강력한 게임 엔진이 갑자기 가장 저렴하고, 가장 사용하기 쉬우며, 가장 개방적이고 가장 지원이 잘 되는 엔진으로 탈바꿈했다.

에픽 게임즈는 여기에서 안주하지 않았다. 언리얼 엔진 4는 2014년 처음 발표된 이후 20번의 주요 업데이트를 출시했다. 업데이트마다 수백 가지의 새로운 기능과 수천여 개의 기능 개선 및 버그 수정이 포함됐다. 헤어hair와 피부 셰이딩shading부터 VR 통합과 거의 모든 최신 하드웨어에 대한 지속적인 업데이트와 지원 같은 핵심 엔진 기능을 예로 들 수 있다. UE4는 에픽 게임즈와 커뮤니티에 기여하는 커뮤니티 멤버가 함께 공개적으로 개발해 각 기능이 강력하고 버그가 없으며 사용하기 편리한 엔진으로 발전하고 있다. 지금까지 대규모 소프트웨어가 이렇게 공개적으로 자유롭게 개발된 사례가 없으며, 그 결과는 언리얼 엔진 스스로가 증명해 보이고 있다.

대형 게임 개발사와 소규모 게임 개발자들이 그들의 비전을 이루기 위해 UE4를 도입한 것뿐만 아니라 모든 분야의 비게임 개발자들 역시 언리얼 엔진을 사용하기 시작했다. 영화 제작자, 뮤지션, 건축가, 엔지니어 등이 UE4의 강력한 기능과 사용 편의성을 활용했다. 이전에는 비디오 게임 엔진의 사용을 상상하지 못했던 전문 콘텐츠 제작자와 여러 팀이 독특하고 인터렉티브한 시각적 콘텐츠를 만드는 데 언리얼 엔진 4를 사용하는 숫자가 증가하고 있다.

시각화 제품 제작을 위한 UE4 주요 기능

언리얼 엔진 4는 트리플 A 수준의 비디오 게임이나 시각화 제품 제작에 필요한 모든 기능을 제공한다. 언리얼 엔진은 수십 가지의 도구, 기능, 장점을 제공하지만 다음에 정리한 내용이 시각화 콘텐츠를 개발하는 데 가장 중요한 요소다.

- **UE4 에디터**: 게임 엔진을 사용해 게임을 제작하는 전문 게임 개발자가 제작했으며, 역동적이고 현대적이며 사용하기 쉽고 재미있는 개발 도구 모음이다. UE4 에디터는 놀라운 경험을 만들어내기 위해 엔진의 모든 도구와 여러분의 콘텐츠를 연결하는 역할을 한다.

- **라이팅과 머티리얼**: 라이트매스Lightmass를 사용해 미리 생성해 둔pre-baked 정보를 이용하는 매우 사실적인 전역 조명GI과 그림자 효과, 리플렉션, 물리 기반 렌더링PBR 시스템 등을 통해 고급 효과를 구현할 수 있는 기능을 제공하며, 사용하기 쉬운 머티리얼을 적용한 사실적인 동적 라이팅을 제공한다.

- **시퀀서**: 배우기 쉬운 비디오 편집 프로그램의 편의성과 대화식 게임 엔진의 힘을 결합해 혁신적인 카메라와 오브젝트, 시퀀싱 기능을 제공하는 도구다.

- **FBX 워크플로**: FBX 파일 포맷은 UE4의 3D 모델링 데이터와 애니메이션 데이터에 거의 독점적으로 사용된다.

- **블루프린트**: 코드가 필요 없고 에디터에서 바로 컴파일돼 즉각적인 피드백을 확인할 수 있는 비주얼 스크립팅 도구. 사용자와의 상호 작용, 액터 동작, 사용자 인터페이스, 그 외 시각화 제품에 필요한 거의 모든 기능을 블루프린트를 통해 제작 가능하다.

- **UMG**Unreal Motion Graphics: 블루프린트를 기반으로 사용하기 쉽고, 시각적으로 멋진 사용자 인터페이스를 제작할 수 있어 성공적인 대화형 시각화 콘텐츠에 필수적이다.

- **가상 현실**Virtual Reality: 한때 공상과학의 한 종류였던 가상현실VR이 시각화 콘텐츠를 포함한 모든 형태의 미디어를 변화시키고 있다. UE4에는 기본적으로 VR 기능이 통합돼 있으며 대화형 VR 콘텐츠를 제작하는 데 필요한 기능을 제공한다.

- **플랫폼 지원**: 한 번의 개발과 약간의 수정 작업을 거치면 PC, 맥, 리눅스, iOS, 안드로이드, VR 등의 플랫폼으로 출시가 가능하다.
- **라이선스 정책과 비용**: 자유로운 라이선스 조건과 에디터, 기술지원이 무료로 제공되고, 놀라운 UE4 커뮤니티와 낮은 하드웨어 요구사항은 거의 모든 사람이 언리얼 엔진 4를 활용해 개발을 시작할 수 있음을 의미한다.

언리얼 엔진 4를 활용한 대화형 시각 콘텐츠 개발하기

언리얼 엔진 4는 매우 사실적이고 유연한 렌더링 파이프라인을 자랑한다. 인터넷상에서 UE4로 제작된 멋진 게임, 시각화 제품, VR 콘텐츠를 쉽게 확인할 수 있으며 그 화면을 보면 놀라움을 감추지 못할 것이다.

실제로 이런 비디오와 이미지는 시각적, 예술적 경계를 넘어서며 이런 멋진 화면을 빠르게 렌더링할 수 있다. 이를 통해 UE4는 UE4가 가진 가장 큰 장점 중 하나인 상호작용을 제공한다. UE4를 사용하면 에디터에서부터 여러분이 제작한 프로젝트에 이르기까지 실시간으로 입력되는 사용자의 입력에 바로 대응할 수 있는 렌더링을 제공받을 수 있다.

렌더링 속도와 시각화 제품에 포함되는 상호작용은 UE4로 제작된 대화형 시각화 제품과 전통적인 방식으로 렌더링된 시각화 제품을 구분하는 가장 중요한 두 가지 차이점이며, 이는 작업하는 거의 모든 측면에 영향을 미친다.

시각화 제품에서 UE4를 통해 얻을 수 있는 이점

관련 노력, 시간, 기술적 지식, 때로는 복잡한 워크플로에도 불구하고 상호작용을 통해 얻을 수 있는 보상은 그 이상이다. 상호작용은 시각화 제품의 제작 방식을 바꾸며, 고객이 프로젝트를 보는 방식과 그들의 비전을 경험하는 방식을 바꾼다. 새로운 기술을 익히고, 오래된 나쁜 습관에서 벗어나 상호작용이 가능한 시각화 제품을 제작하는 시각화 스튜디오와 시각화 전문가들에게는 창의적 한계가 없다.

언리얼 엔진 4는 자동차, 우주 항공, 건축, 엔지니어링, 과학적 시각화 제품 등 모든 종류의 대화형 시각화 애플리케이션을 위한 강력한 도구라는 사실이 증명됐다. UE4가 제공하는 도구는 타의 추종을 불허하며 이를 사용해 개발 중인 애플리케이션은 대화형 시각화 개발 플랫폼인 UE4의 놀라운 기능을 보여준다.

비선형성과 실시간

언리얼 엔진 4를 활용해 제작된 애플리케이션은 실시간으로 실행된다. 이는 상호작용을 가능하게 할 뿐만 아니라 현실에서처럼 시간이 흘러가는 것을 의미한다. 이미지에는 시간이 멈춰져 있다. 비디오 파일에서는 시간이 고정적이며 이를 바꾸기는 불가능하다. 언리얼 엔진 4에서는 시간과 공간이 변하기 때문에 사용자가 원하는 곳으로 이동할 수 있다. 눈 깜짝할 사이에 전체 세계(UE4로 제작된 가상 세계)를 변경하는 것이 가능해 다른 방법으로는 볼 수 없는 공간적, 시간적 관계를 나타낼 수 있다.

미리 정의된 카메라 경로와 스크립트로 미리 작성한 액터를 활용해 매번 동일한 방식으로 실행되도록 시각화 제품을 만들 수도 있지만, 대화형 시각화 제품만이 보여줄 수 있는 방식으로 사용자가 시간과 공간을 제어할 수 있도록 바꾸는 것에서 새로운 마법이 시작된다.

이를 위해 가장 중요한 것은 바로 속도

전체 장면을 매우 짧은 시간에 렌더링할 수 있다는 점이 이 모든 가능성의 핵심이다. 입력, 물리, 사운드, 사용자 인터페이스, 상호작용을 통합함으로써 상상할 수 있는 거의 모든 세계와 원하는 모든 종류의 사용자 경험을 만들어낼 수 있다. 여러분이 갖는 유일한 한계는 여러분이 활용할 수 있고 처리할 수 있는 능력이다.

일반적으로 전통 방식의 시각화 제품은 오프라인 렌더링으로 미리 렌더링한 애니메이션에 의존한다. 이런 오프라인 렌더링 시스템은 V-Ray, 멘탈 레이^{Mental Ray}, 맥스월^{Maxwell} 등과 같은 광추적 소프트웨어를 사용해 일련의 2D 비트맵 프레임을 렌더링한 다음, 애프터 이펙트^{After Effects} 같은 비디오 편집 또는 합성 애플리케이션에서 이를 편집한다.

이런 렌더링은 정확한 조명과 유리, 대리석, 물, 나뭇잎 등을 거의 사실적인 정밀도로 시뮬레이션하는 놀랍도록 사실적인 머티리얼이며 매우 세밀하다. 그런 다음, 이런 프레임을 한데 모아 편집하고 시각 효과, 오디오, 모션 그래픽 등을 적용하고 나서 비디오나 스틸 이미지 파일로 다시 렌더링한다. 이런 파일은 다시 디지털 파일로 고객에게 전달된다.

각 프레임은 일정 시간 동안(일반적으로 1/30초) 나타날 이미지이지만, 이런 프레임을 렌더링하는 데 몇 시간이 걸릴 수도 있으며 애니메이션을 완성하는 데 며칠이 걸릴 수도 있다. 이 작업이 완료되면 최종 프레임이 생성되기 전에 각 프레임에서 효과를 추가하는 등의 편집 작업 시간이 더 필요할 수 있다.

언리얼 엔진은 각 프레임을 실시간으로 렌더링한다. 즉 초당 30프레임을 렌더링하는 데 1/30초밖에 걸리지 않는다. UE4는 매우 짧은 시간에 이미지를 렌더링할 뿐만 아니라 후처리 효과(포스트 이펙트)와 오디오를 합성하고, 물리, 게임 플레이 로직에 사용자 입력을 반영해 매 프레임 시뮬레이션한다.

대화형 시각화 제품을 위해서는 초당 30프레임^{fps} 이상의 프레임 속도가 필요하다. 이렇게 하면 각 프레임은 1/30초 또는 33.3밀리초^{ms} 동안 렌더링된다. 하나의 프레임을 렌더링하는 데 20분이 소요되는 경우와 비교하면 36,000배나 빨라졌다.

예를 들어 HD 해상도로 3분짜리 애니메이션을 제작해야 한다고 가정해보자. 이렇게 하면 총 5,400프레임이 렌더링된다. 한 프레임을 렌더링하는 데 20분(많은 시각화 제품을 위한 낙관적인 목표)이라고 하면, 전체 프레임을 렌더링하는 데 108,000분, 1,800시간 또는 75일이 소요된다. 물론 대부분의 스튜디오에서는 여러 대의 컴퓨터를 활용해 애니메이션 렌더링 시간을 훨씬 단축할 수 있는 렌더링 팜을 사용하지만, 25개의 노드를 가진 대규모 렌더링 팜에서도 3분짜리 애니메이션 작업을 완료하는 데 3일이 걸린다.

스틸 이미지와 애니메이션 렌더링하기

렌더링 속도를 활용해 상호작용을 가능하게 하는 것 외에도 UE4는 시네마틱 영상 제작 도구인 시퀀서를 제공한다. 시퀀서에 직접 입력한 카메라 경로나 외부 애플리케이션에서 가져온 카메라 경로를 사용해 스틸 이미지와 애니메이션을 렌더링할 수 있다.

이런 애니메이션은 거의 실시간으로 렌더링되며 몇몇 기법을 활용하면 일반적인 대화형 시각화 제품에서 보여주는 장면보다 품질을 훨씬 더 높일 수 있다. 다시 말해 렌더링 속도를 조금만 희생하면 더 높은 해상도와 품질을 얻을 수 있다. 이를 활용해 고해상도, 높은 프레임 속도의 영상을 쉽게 렌더링할 수 있다. 이는 UE4가 저장될 이미지를 렌더링하는 것보다 디스크에 프레임을 쓰는(저장) 데 더 많은 시간을 할애할 정도로 빠르다.

WYSIWYG 방식

광추적 렌더링은 작업을 완료하는 데 몇 시간이 걸릴 수 있으며 대부분의 경우, 편집자의 실시간 뷰포트는 최종 렌더링을 정확하게 반영하지 않고 단순화된 미리보기 버전의 장면이 제공된다. 조명은 근사치로 계산되고, 종종 재질(머티리얼)은 전혀 표시되지 않는 경우도 있다. 그림자와 전역 조명은 뷰포트에 거의 표시되지 않는다. 조명이나 머티리얼을 변경할 때마다 미리보기에 표시되기까지 몇 분이 소요된다. 대규모 장면의 경우, 이런 워크플로는 시간 소모적이며 작업자를 지루하게 만드는 원인이 될 수 있다. UE4 에디터를 사용하면 장면의 조명, 카메라 위치, 후처리(포스트 이펙트) 효과와 그 외 모든 장면을 구성하는 요소를 실시간으로 한 번에 정확하게 볼 수 있다. 장면을 편집하는 뷰포트는 최종 프로젝트에서 실행되는 장면을 실행한다. 장면의 특정 요소를 변경하면 실시간으로 상황에 맞는 결과를 확인할 수 있다.

UE4의 이런 WYSIWYG^{What You See Is What You Get} 환경은 제품을 제작하는 과정에서 엄청난 창조적 자유를 제공한다. 이제 디렉터와 고객은 프로젝트의 초기 단계에서 최종 품질 스타일의 렌더링 결과를 볼 수 있다. 이는 승인 과정을 더 빠르고 신뢰할 수 있게 한다. 의사 결정권자의 의견을 실시간으로 반영해 일대일로 장면의 시점을 조절하고 조명과 머티리얼을 변경하는 작업을 몇 분 만에 처리할 수 있으며, 의사 결정권자는 제안한 변경 사항이 반영된 장면을 통해 즉각적인 피드백을 얻을 수 있다.

UE4로 제작된 세계를 생동감 넘치게 만드는 상호작용

시각화 제품을 단순 체험하는 사용자를 플레이어로 만드는 일은 시각화 제품이 제공할 수 있는 모든 것을 재정의한다. 이를 통해 달성할 수 있는 것에는 거의 한계가 없다. 단순한 버튼 터치 동작만으로 플레이어는 극장 좌석에 앉거나 고층 건물에 있는 콘도의 객실을 볼 수 있다. 새 차의 모든 면을 가죽 재질까지 사용자 지정할 수 있는 기능을 제공할 수 있으며, 이는 모두 매우 정확하고 품질이 뛰어난 화면으로 렌더링된다.

대화형 시각화 제품의 가장 유용한 용도 중 하나는 디자인을 탐색하거나 디자인 대안을 상황에 맞게 변경하는 작업을 시간에 따라 확인하던 것을 실시간으로 비교하는 것이다. 단순 시청자를 플레이어로 전환하면 복잡한 데이터를 시각화해 이를 전달하는 새로운 방법을 제공할 수 있다.

UE4는 장면을 구성하는 작업과 편집조차도 대화형이며 시각적으로도 즐거움을 선사한다. UE4에서 구성한 가상 세계를 다양한 시점에서 날아다니며 조명이 재질에 반사되는 모습을 확인할 수 있다.

조명을 배치하면 고해상도의 그림자 미리보기가 나타나 최종 제품에서 얻을 수 있는 장면을 거의 정확하게 보여준다. 블루프린트(UE4가 제공하는 비주얼 스크립팅 도구)를 활용하면 새로운 기능을 시험하기 위해 코딩, 컴파일, 에디터를 종료하지 않고도 대화식으로 가상 세계를 편집할 수 있다.

실시간으로 렌더링되는 피사계 심도depth of field와 모션 블러motion blur 같은 후처리 효과를 정확하게 제공하기 때문에 바로바로 카메라를 설정할 수 있다. 고품질의 효과를 확인하며 실시간으로 조정할 수 있는 기능은 이런 비싼 효과를 장면에 적용하기 위해 수년간 노력해온 시각화 아티스트들을 해방시켜준다.

감탄을 자아내는 비주얼

언리얼 엔진 4는 사람들을 감탄하게 할만한 비주얼을 만들어낸다. 시각화 제품은 항상 기술 중심의 산업이었다. 컴퓨팅, 이미지, 모델링, 렌더링의 최신 기법이 빠르게 적용된다. 시각화 제품을 만드는 스튜디오가 그러하듯 고객들은 항상 눈에 띌 수 있는 방법을 찾는다. 시각화 제품에서 게임 엔진을 사용하는 게 전혀 새롭지는 않지만 대화식 애플리케이션은 사람들을 놀라게 할만한 능력을 갖고 있다. 개인적으로 이는 극히 일부분에 불과하다고 생각한다. 사람들은 이제 막 그들의 디자인을 고민하기 시작했고, 대화형 환경에서 잠재 고객과 의사 소통하는 방법을 고민하기 시작했을 뿐이다.

미래

가상 현실, 증강 현실^{AR}, 모바일 플랫폼, 에픽 게임즈, 파트너 사, 그리고 수만 명의 UE4 개발자가 언리얼 엔진의 발전을 위해 힘쓰고 있다. 이를 통해 그 확장성에는 거의 제한이 없으며 기능이 끊임없이 추가되고 있다. 이처럼 지속적으로 이점을 제공하는 단일 개발 플랫폼 또는 렌더링 플랫폼은 존재하지 않는다.

UE4를 활용한 개발 시 주의사항

언리얼 엔진 4는 불과 몇 년 전만해도 상상하지 못한 창의적이고 예술적인 가능성을 제공하는 환상적인 플랫폼이다. UE4 같은 게임 엔진은 없었지만, 언리얼 엔진 4는 게임 개발 회사가 비디오 게임 개발을 위해 만든, 여전히 핵심적인 비디오 게임 엔진이다.

UE4가 제공하는 기능을 최대한 활용하고 멋진 시각화 제품을 만들려면 스토리, 콘텐츠, 개발 워크플로를 새로운 방식으로 생각하는 방법을 배워야만 한다. 또한 UE4의 제한 사항을 다루는 방법과 때로는 이런 제한 사항을 피해 다른 대안을 활용하는 방법을 배워야만 한다.

콘텐츠 제작의 복잡성

"왜 모두 게임 엔진을 사용해 렌더링하지 않았나?"하는 의문이 들 수도 있다. 이에 대한 간단한 이유는 더 많은 노력이 필요하기 때문이다. 콘텐츠를 매우 빠르게 렌더링하기 위해서는 최적화 노력, 강력한 하드웨어, 정확도와 품질 향상을 위한 효율적인 워크플로가 필요하다.

개발자는 런타임에 처리해야 하는 연산량을 최대한 줄이기 위해 LOD^{Level of Detail}, 스트리밍, 테셀레이션, 사전 계산, 컬링, 캐싱 등을 사용한다. 텍스처는 미리 처리돼 하드웨어 가속이 가능한 포맷으로 저장되고, 반사효과는 리플렉션 프로브^{Reflection Probe}

에서 미리 저장해 두며, 조명과 전역 조명^{GI, Global Illumination} 역시 라이트매스^{Lightmass}를 사용해 미리 계산돼 텍스처에 저장된다.

이 모든 작업을 수행하기 위해서는 시간, 노력, 계획이 필요하다. 기존 렌더링 방식에서는 동일한 최적화 방법이 적용될 수 있지만, 매우 짧은 시간에 렌더링해야 한다는 부담은 없으며 하드웨어 증원이나 일정을 잘 계획하면 더 많은 렌더링 시간을 확보하는 것이 가능하다. 프레임당 렌더링 시간이 5분인 경우 오프라인 렌더링 방식에서는 적합할 수 있지만, 대화형 시각화 제품에서는 1/15초 이상 걸리는 경우에도 플레이어에게 매우 실망스러운 경험을 제공할 수 있다.

오류는 허용되지 않는다

각 프레임을 렌더링하는 데 0.033초(33.3밀리초 또는 1/30초) 정도의 시간이 허용되기 때문에 오류나 비효율적으로 동작하는 부분이 있어서는 안 된다. 물체 하나를 렌더링하는 데 걸리는 시간을 0.001초만 줄여도 적은 노력으로 많은 노력을 기울인 것처럼 보일 수 있다. 하지만 한 장면에 물체가 30개(나무, 꽃, 자동차, 빌딩, 사람 등) 밖에 없는 경우에는 이미 0.03초 또는 초당 2.5프레임을 절약한 거나 다름이 없다. 이와 마찬가지로 아주 작은 오류라 하더라도 성능에 크게 영향을 미칠 수 있다.

VR의 경우에는 두 개의 렌즈에서 최소 90fps로 동작해야 한다. 즉 장면 전체를 두 번 렌더링하는데 걸리는 시간이 11밀리초 이하여야 한다.

다른 애플리케이션이 필요하다

UE4는 콘텐츠를 활용해 놀라운 결과물을 제작하는 데 도움을 주는 매우 훌륭한 도구를 제공한다. 하지만 언리얼 엔진 4는 화면에 보여줄 콘텐츠를 제작하는 도구는 제공하지 않는다. UE4가 여러 최신 기술 도구를 제공하지만, 이 도구는 대부분 다른 애플리케이션에서 제작된 콘텐츠를 필요로 한다.

이 '단점'에는 설계상 한 가지 큰 이점이 있다. 이는 바로 기존에 콘텐츠를 제작하기 위해 주로 사용했던 애플리케이션과 워크플로를 그대로 사용해 콘텐츠를 제작할 수 있다는 점이다. 기존에 사용하던 애플리케이션에서 FBX 워크플로를 지원하거나 FBX를 임포트해 작업이 가능한 경우에는 이 애플리케이션에서 제작된 콘텐츠를 UE4로 가져올 수 있다.

소프트웨어 개발

대화형 시각화 제품은 소프트웨어 애플리케이션이다. 이 제품에는 로직, 사용자 인터페이스가 포함되며 실시간으로 실행된다. 다시 말해 버그가 존재할 수 있고, 새로운 기능이 필요할 수 있으며, 프로젝트 제공 이후에 지원과 유지 보수가 필요할 수 있음을 의미한다.

가장 잘 조직된 스튜디오조차도 종종 UE4를 활용한 대화형 시각화 제품 개발의 구조, 타이밍, 관리가 오프라인 렌더링 파이프 라인과 호환되지 않는다는 사실을 발견하게 된다. 실행 테스트, 프로그래밍, 버그 수정은 성공적인 프로젝트 전달을 위해 통합해야 하는 새로운 워크플로 중 하나다.

애플리케이션이 공개 사용돼야 하는 경우, 이 애플리케이션을 완전히 테스트하고 문제를 수정하려는 노력은 예상보다 훨씬 더 많은 시간이 소요된다. 따라서 이를 위해 준비하고 그에 맞는 예산과 일정을 계획하는 것이 중요하다.

플레이어는 어디나 볼 수 있다

정적인 시각화 제품이나 애니메이션을 제작하는 경우에는 이를 보는 시청자가 매 순간 어느 곳을 바라보는지를 정확하게 알 수 있다는 장점이 있다. 막판 카메라 경로를 절약하면, 시청자가 볼 수 없는 것을 무시하고 어느 부분에 집중할지를 선택할 수 있다. 렌더링되지 않는 것에는 노력을 쏟을 필요가 없다.

하지만 대화형 3D 뷰포트에서 플레이어는 언제든지 원하는 방향을 볼 수 있다. 플레이어가 원하면 언제든지 모든 구석과 고정된 가구에 최대한 가까이 접근해볼 수 있다. 이를 통해 제품의 실수를 발견할 수도 있다. 따라서 정확성, 정밀성과 세심한 주의가 필수적이다.

이는 사실 가상 현실에서 사용자가 위치를 추적하며 이동할 때 더욱 분명해진다. 즉 물체 내부에 들어가 보거나 벽 안으로 들어가서 가상 세계 곳곳을 관찰할 수 있다.

훌륭한 UE4 프로젝트 식별하기

공통적인 프로젝트 요구사항은 프로젝트가 UE4를 사용함으로써 얻을 수 있는 이점과 문제점이 무엇인지 확인하는 데 도움이 될 수 있다.

UE4에서 이점을 얻기 위해서는 기존 방식으로 렌더링된 시각화 제품과 비교해 추가로 필요한 노력을 상쇄시킬 수 있도록 언리얼 엔진 4의 강점 중 하나를 활용해야 한다.

대화형 시각화 제품의 상호작용, 속도, 프로그래밍, 실시간으로 실행되는 특징은 무한한 가능성을 제공한다. 하지만 프로젝트에 따라서 UE4는 해당 프로젝트에 부적절할 수 있으며 어떤 프로젝트에는 사용하지 않는 편이 더 좋을 수도 있다. UE4를 활용해 대화형 시각화 제품 개발을 시작하기 전에 UE4를 사용해야 하는 분명한 이유를 찾는 과정이 매우 중요하다.

선택사항 비교

지금까지 대화형 시각화 제품을 개발하는 가장 보편적인 이유는 데이터 세트나 디자인 선택사항을 3D 공간과 시간에서 비교해야 하기 때문이다.

대안을 비교하는 것은 기존 방식의 시각화 제품과 선형 미디어 제품에서는 매우 어려웠다. 기존의 시각화 제품에서는 매우 간단한 A/B 비교조차도 렌더링 시간이 두 배 더 소요된다. 여기에 몇 가지 선택사항만 추가하더라도 수십, 수백 가지의 다양한 선택지와 조합이 발생할 수 있다. 대화형 시각화 제품의 비선형적 특성과 UE4에서 개발할 수 있는 강력한 사용자 인터페이스[1]를 통해 플레이어는 개인적이고, 의미 있는 방법으로 데이터를 탐색할 수 있다.

플레이어에게 대안을 선택하고, 변수를 설정하고, 정확한 요구에 맞게 화면을 제어할 수 있는 능력을 부여하는 것은 대단히 힘든 작업이다. 이는 심지어 실시간으로 처리돼야 한다. 여기에는 렌더링할 프레임도 없고, 업데이트할 수 있는 파워포인트 프레젠테이션도 없다. 데이터를 변경하면 이 변경 사항이 즉시 반영돼야 한다.

데이터 세트 변경하기

끊임없이 변경되는 데이터 세트를 가진 프로젝트나 최신 업데이트를 받을 가능성이 있는 프로젝트 역시 UE4를 사용하기에 적합한 후보다. 실시간으로 렌더링하기 때문에 업데이트된 내용을 즉시 볼 수 있다.

이런 유형을 가진 프로젝트의 좋은 예로 디자인을 제안하는 프로젝트를 생각해볼 수 있다. 이런 프로젝트는 막판까지 작업할 수 있어야 하는 디자이너, 건축가, 엔지니어에게 필수적이다. 프로젝트 사양이 프로젝트 만기일 며칠 전에 바뀌거나, 주요 문제에 대한 해결 방법이 발표 며칠, 몇 시간 전까지 파악되지 않는 경우가 발생할 수 있다. 기존 애니메이션의 경우, 렌더링 시간으로 인해 최종 제안된 디자인이나 프로젝트의 요구사항을 반영하지 못하기 때문에 이런 변경 사항은 큰 문제가 될 수 있다. 이런 문제는 시각화 제품의 가치를 심각하게 떨어뜨릴 수 있으며 때로는 이로 인한 책임이 전가될 수도 있다. 프로젝트를 제작하는 팀이 마지막 순간까지 신뢰할 수 있는 멋진 품질의 시각화 제품이 필수적이며 UE4의 속도는 이 팀에게 그런 능력을 부여해줄 수 있다.

언리얼 엔진 4 개발 요구사항

UE4를 활용해 개발하려면 올바른 하드웨어, 소프트웨어, 그리고 이에 적합한 작업자가 필요하다. 대부분의 시각화 아티스트와 스튜디오의 가장 큰 과제는 대화형 시각화 제품을 개발하는 데 필요한 새로운 기술을 확실하게 습득하는 일이다. 하드웨어와 소프트웨어는 쉽게 구입하고 업그레이드할 수 있지만 사람들이 새로운 기술을 습득하고 이를 적용하는 데에는 시간과 인내가 필요하다.

숙련된 시각화 제품 개발자로서 여러분은 이미 시각적 스토리텔링, 조명과 색상, 애니메이션 등의 기술을 숙달하고 감정적, 대뇌적 반응을 이끌어내 시각화 제품을 강력한 커뮤니케이션 도구로 만드는 숙련된 기술자일 것이다. 여러분은 능숙한 프로그래머, 오디오 엔지니어, 사용자 인터페이스 디자이너는 아닐 것이며, 사용하는 워크플로는 수백 개의 콘텐츠, 소스 코드를 추적하고 업데이트하는 것을 기반으로 하지 않을 것이다.

개인적 견해로는 대화형 경험을 만드는 데 열정적인 사람을 찾는 것은 기존 방식으로 시각화 제품을 만드는 스튜디오에게 필수적이라고 생각한다. 이런 사람은 이미 여러분의 팀원 중에 있을 수도 있고, 자신의 예술 작품을 만들기 위해 UE4나 다른 게임 엔진의 사용을 요구할 수도 있다. 많은 수의 전문가와 학생 모두 UE4를 수용해왔으며 언리얼 커뮤니티는 여러분이 이 열정적인 팀에 합류하기를 기다리고 있다.

하드웨어와 소프트웨어의 경우 UE4 개발에는 상당한 양의 하드 드라이브 공간과 컴퓨팅 능력을 가진 강력한 컴퓨터가 필요하다. 여기에서 가장 중요한 구성요소는 '전용' GPU 또는 그래픽카드다. 워크스테이션과 노트북은 전용 GPU 없이 출시되기도 하며 이 경우 마더보드에 있는 통합 GPU를 CPU에 사용한다. 통합된 GPU는 권장하거나 지원되지 않는다.

개인적으로는 개발을 위해 여러분의 목표보다 더 강력한 GPU 사용을 권장한다. 이를 통해 에디터에서 가중되는 오버헤드와 UE4를 활용해 개발하는 과정에서 다른 애플리케이션을 실행할 때 가중되는 오버헤드를 감당할 수 있다. 하지만 최고의 성능을 자랑하는 GPU를 사용하는 경우에는 여러분이 제작하는 애플리케이션 성능에 대한 부정확한 아이디어를 제공할 수 있기 있어 타깃 플랫폼에서 어떻게 실행될지를 판단하기가 어려울 수 있기 때문에 주의가 필요하다.

UE4 개발에 요구되는 소프트웨어는 이를 활용하는 작업자에 따라 다르며, 이미 개발에 필요한 모든 소프트웨어를 갖추고 있을 것이다. 언리얼 엔진 4 에디터는 기본적으로 윈도우, 맥 OSX, 리눅스에서 실행된다. 포토샵, 마야, 3DS 맥스 등과 같은 상용 프로그램 또는 GIMP, 블렌더^{Blender} 같은 무료 프로그램을 사용해 UE4에서 사용할 콘텐츠를 제작할 수 있다. 언리얼 엔진 4는 데이터를 교환하는 데 업계 표준 포맷(FBX, TARGA, EXR 등)을 사용하기 때문에 UE4와 함께 활용할 도구와 워크플로를 채택하는 데 자유롭다.

언리얼 엔진 4에서의 팀워크

언리얼 엔진 4를 활용해 팀이 함께 작업하는 방식은 시각화 제품을 개발하는 대부분의 팀이 기존에 사용하던 워크플로 유형과는 다르다. 언리얼 엔진의 뿌리는 시각화 제품 개발에서 흔히 볼 수 있는 소프트웨어의 애니메이션과 영상 제작 환경이 아니라 비디오 게임 개발 스타일의 소프트웨어 제작 환경에 있다.

소스 컨트롤 개요

대부분의 시각화 아티스트가 사용하는 전형적인 파일 서버 호스팅 프로젝트 워크플로는 (모든 프로젝트 파일을 서버에 저장하고 동시에 이 파일에 접근할 수 있는) 언리얼 엔진 4 프로젝트에 권장하지 않는다.

UE4 프로젝트에서 여러 사람이 같은 파일을 작업하면 충돌과 오류가 발생하고 프로젝트 파일이 깨질 수 있다. 시각화 제품 개발 팀에서 일해본 경험이 있는 사람이라면 두 사람이 같은 파일에서 동시에 작업한 경험이 있을 것이다. 이 경우 대부분 한 사람이 작업한 결과가 손실된다. UE4에서 충돌은 작업 손실을 의미할 뿐만 아니라, 프로젝트를 실행할 수 없게 만드는 참조 오류를 발생시킬 수 있다.

이런 충돌을 방지하고 백업과 데이터 보안을 제공하기 위해서는 항상 **소스 컨트롤** 시스템이나 파일 버전 관리 시스템을 사용해야 한다.

버전 관리 소프트웨어(Perforce, SVN, Git 등)에는 많은 '브랜드'가 사용 가능하지만 모두 공통된 워크플로를 공유한다. 사용자는 원격 서버에서 로컬 시스템으로 프로젝트의 최신 버전을 업데이트하거나 다운로드한 다음, 파일을 변경하면 이런 파일은 '체크아웃'된다. 이렇게 체크아웃 처리된 파일은 파일이 수정돼 다른 사용자가 사용하는 데 제한이 없다는 사실을 알려준다. 사용자가 변경 작업을 완료하면 서버에 파일을 '체크인' 또는 '제출'할 수 있다.

이제 다른 사용자가 워크 스테이션에서 파일 사본을 '업데이트'할 수 있다.

드롭박스Dropbox 같은 시스템에서처럼 파일이 자동으로 전송되지 않는다는 점에 명심해야 한다. 파일 전송은 언제나 사용자에 의해 시작되며, 이를 통해 갑작스런 문제 발생을 방지한다. 즉 누군가가 작업 중이거나 저장되지 않은 상태에서 우연히 파일이 업데이트되는 일은 발생하지 않는다.

대부분의 버전 관리 시스템에서는 파일을 수정할 때마다 주석을 필요로 한다. 이를 통해 해당 파일을 수정한 사람, 작업한 내용, 추가된 기능 등을 간단히 버전 로그를 통해 모든 사람이 확인할 수 있다.

언리얼 엔진 4 버전 관리 지원 통합

언리얼 엔진 4는 주로 사용되는 버전 관리 플랫폼 지원 기능이 에디터에 내장돼 있다. UE4에서 버전 관리 지원 기능을 활성화시키면 에디터에서 체크아웃, 이름 변경, 그 외의 파일 관리 작업을 자동화할 수 있다.

변경 작업이 끝나면 서버에 직접 제출해야 하지만, 이 프로세스도 에디터에 통합돼 있다.

UE4에는 버전 관리 지원에 대한 기능이 광범위하게 통합되기 때문에 UE4를 활용해 개발하는 과정의 버전 관리를 UE4의 한 부분처럼 편리하게 활용할 수 있다. 에디터를 사용하면 대부분의 복잡한 작업으로 인한 버전 관리의 복잡성을 피할 수 있기 때문에 팀원 모두가 버전 관리 시스템을 편리하게 사용할 수 있게 해준다.

따라서 개인적으로 UE4 애플리케이션을 개발하려는 팀에게 개발 속도 향상을 위해 버전 관리 시스템의 적극 활용을 권장한다. 1인 개발자 역시 자신의 모든 프로젝트를 외부 서버에서 호스팅하는 보안과 편의성을 활용할 수 있다.

사용 가능한 버전 관리 시스템이 많고 새로운 시스템을 학습하기 위해서는 복잡도가 증가할 수 있기 때문에 책에서 버전 관리 시스템을 사용하기 위한 단계별 방법은 다루지 않는다. 하지만 공식 웹사이트나 커뮤니티에서 찾을 수 있는 자료를 통해 자신만의 버전 관리 서버를 설정하고, 짧은 시간 안에 UE4를 팀에서 사용할 수 있을 것이다. www.TomShannon3d.com/UnrealForViz를 방문하면 UE4 파일 버전 관리 통합에 대한 최신 정보를 얻을 수 있다.

UE4 개발 비용

대부분의 시각화 아티스트와 스튜디오에서 UE4를 활용해 개발을 시작할 때 추가 소프트웨어나 하드웨어에 대한 비용은 거의 들지 않는다. 에디터는 무료로 다운로드할 수 있고, 그 외 필요한 도구는 업계 표준의 도구를 활용할 수 있다. 기존에 시각화 제품을 만들기 위해 사용했던 도구, 하드웨어, 소프트웨어의 대부분이 UE4용 콘텐츠 제작에 활용 가능하다. 물론 개발 과정의 특정 부분에서는 더 많은 시간과 비용이 필요할 수도 있다.

하드웨어

UE4를 실행하는 데 가장 필요한 요소 중 하나는 좋은 그래픽 카드를 사용하는 것이다. 그래픽 카드는 빠를수록 좋다. 이 부분에서 한 가지 좋은 소식은 UE4가 게이밍 수준의 비디오 카드에서 최상으로 동작한다는 점이다. 쿼드로^{Quadro}와 파이어^{Fire} GL 그래픽 카드 같은 전문 그래픽 카드는 안정성 측면에서 장점을 제공할 수 있지만 대부분 고성능 게이밍 그래픽 카드가 비용이 훨씬 적게 들고 성능 면에서도 훌륭하다.

또한 속도가 빠른 로컬 저장 공간이 필요하다. 공유 서버에 많은 콘텐츠와 프로젝트를 저장하는 경우도 있지만, UE4는 사용자의 로컬 컴퓨터에서 실행되도록 설계돼 있다.

UE4 프로젝트는 크기가 매우 빠르게 커질 수 있고, 일부 프로젝트는 50Gb 이상으로 커지는 경우도 발생한다. 상대적으로 작은 프로젝트라 할지라도 많은 디스크 공간을 차지할 수 있다.

개발 시간

대부분의 작업 방식은 변경되지 않고 유지되겠지만(클라이언트 데이터 준비, 장면 구성, 머티리얼과 조명 제작 및 적용, 카메라 경로 제작 등), 상호작용 기능을 추가하면 완전히 새로운 국면을 맞이하게 된다.

기존 방식으로 시각화 제품을 제작하는 대부분의 스튜디오와 개인에게 프로그래밍 요구사항은 그리 많은 수준의 경험을 필요로 하지 않는다. 하지만 아주 간단한 대화형 시각화 제품의 경우조차도 일정 수준의 스크립팅 작업이 필요하며 로직과 사용자 인터페이스가 필요하다. 플레이어 입력을 읽고 상호작용하는 기능은 프로그래밍을 필요로 한다. 프로그래밍과 스크립팅은 대부분의 개발 예산에서 중요한 부분이 될 것이다.

개발 비용이 빠르게 증가할 수도 있다. 대화형 시각화 제품 개발의 복잡성은 기능이 추가되거나 개발됨에 따라서 기하급수적으로 증가한다. 대화형 시각화 제품을 개발할 때 판도라의 상자를 여는 것 같은 상황이 발생할 수도 있다. 한 가지 기능은 필연적으로 다른 기능에 영향을 주기 때문에 예상 개발 시간을 증가시키는 원인이 될 수 있다. 따라서 어떤 기능이 언제 상호작용하고 그에 따라 예산(비용, 시간 등)이 증가되는지 여부를 확인하는 일은 프로젝트를 계획할 때 매우 신중하게 고려해야 할 사항이다.

테스트와 QA

로직과 프로그래밍의 오버헤드와 함께 테스트 또는 QA(품질 검증)라는 숨겨진, 또는 간과하게 되는 비용이 종종 발생할 수 있다. 개발 중인 시각화 제품이 더욱 복잡해지거나 출시됐을 때 버그를 찾아 추적하고, 이를 수정하는 작업은 개발 과정에서 예상하지 못한 많은 시간이 소요되는 부분이 될 수 있다.

따라서 UE4를 사용하는 프로젝트에서는 예산을 책정할 때 이러한 비용을 사전에 인식해 기간을 너무 짧게 계획하는 오류를 범하지 않는 것이 좋다. 대화형 시각화 소프트웨어 개발에는 충분한 시간을 계획해야 한다. 특히 개발자로서 이제 막 시작해 기술을 발전시켜야 하는 경우에 이런 비용은 3D 모델링과 장면을 제작하는 데 드는 비용과 같은 수준의 비용이 들 수 있다.

UE4의 비용 절감

언리얼 엔진 4로 개발하는 것은, 특히 여러분과 팀이 새로운 작업 방식을 배우고 적응해야 하는 시간을 고려할 때 비싼 제안처럼 느껴질 수 있다. 하지만 UE4의 개발 파이프라인과 기술을 기반으로 개발하면 주요 비용 절감 효과를 누릴 수 있다.

강력한 CPU 기능을 요구하는 렌더링과 프레임 렌더링으로 생성된 대규모 데이터 세트에서 벗어날 수 있고, 전용 렌더링 팜이나 클라우드 기반 렌더링 팜의 필요성이 없어지거나 크게 줄어든다. 하드웨어, 소프트웨어 라이선스 비용, 유지 관리와 호스팅 비용으로 지출되는 수십억 달러 상당의 렌더링 하드웨어 대신 단일 워크스테이션을 사용할 수 있다. 이미 렌더링 팜을 갖춘 경우 스웜 에이전트^{Swarm Agent}와 코디네이터 ^{Coordinator}를 사용해 라이트매스 렌더링을 가속화시켜 이미 익숙한 다른 분산 렌더링 도구와 마찬가지로 렌더링 작업량을 분산시킬 수 있다.

렌더링을 생성하기 위해 UE4를 사용하지 않는 경우 저장 공간을 크게 절약할 수 있다. 대화형 애플리케이션을 렌더링할 때 각 프레임은 마지막 프레임을 대체하며 디스크에 저장되는 게 아니라 문자 그대로 버려진다.

언리얼 엔진 4는 광추적 렌더링에 필요한 대규모 렌더링 인프라를 필요로 하지 않는다. 렌더링 팜, 대용량 스토리지 솔루션, 초고속 네트워크가 필요 없기 때문에 UE4를 활용해 개발함으로써 더 적은 비용 투자로 더 많은 것을 얻을 수 있다. 언리얼 엔진 4로 개발하는 대부분의 측면과 마찬가지로 UE4에서의 개발 비용 역시 절충할 수 있는 부분이 존재한다. 제작 시간과 노력이 증가할 수 있지만 이런 모든 노력은 실시간 렌더링과 UE4를 사용함으로써 얻을 수 있는 다른 이점에서 모두 보상받을 수 있다.

여러분과 팀원들이 UE4 사용에 익숙해지고, 전문화된 시각화 파이프라인, 데이터 소스, 고객 요구사항과 기대치를 수용할 수 있는 강력한 워크플로를 구축하기 시작하면 개발 비용이 급격히 감소할 수 있다. 하지만 모든 시각화 프로젝트와 마찬가지로 UE4를 활용해 프로젝트를 진행할 때마다 예상치 못한 방식으로 문제가 발생할 수 있다. 이런 문제는 도구의 실패로 인해 발생하는 것이 아니라, 언리얼 엔진 4가 강력하며 확장성이 뛰어나 사용자가 얻으려는 결과에 거의 제한이 없을 정도로 제공하는 기능이 매우 광범위하기 때문이다. 여러분과 고객의 상상력이 UE4에서 성취될 것이며 더 많은 결과를 이루기 위해 서로 더 협력할 것이다.

리소스와 학습

전문가급 소프트웨어와 다른 소프트웨어 간의 가장 큰 차이점 두 가지는 문서와 지원이다. 종합적인 최신 문서와 지원 시스템이 없으면 소프트웨어 애플리케이션을 채택하기가 매우 어렵거나 불가능할 수도 있다. 팀을 훈련시키고, 문제에 대한 적절한 해결책을 찾고, 사용하는 도구가 개발되는 내용을 추적하고 이에 기여할 수 있는 시스템은 개발 과정에 있어 필수적이다.

언리얼 엔진 4는 개인적으로 사용해본 애플리케이션 중에서 가장 문서화가 잘 된 애플리케이션 중 하나다. 공식 문서는 매우 종합적이며, 잘 작성돼 있고, 정기적으로 엄청난 양의 애플리케이션 업데이트가 이뤄짐에도 불구하고 최신 상태를 유지한다. 새로운 기능은 자세한 문서 및 예제 프로젝트와 함께 소개되며, 종종 해당 기능을 개발한 실제 개발자가 직접 진행하는 특화된 라이브 동영상 강좌가 일주일에 여러 차례 열린다. 이런 실시간 강좌 도중에 이를 시청하는 시청자들은 질문할 수 있고, 이에 대해 즉각적인 일대일 교육을 받으며 개발자로부터 엔진에 대한 피드백을 바로 받을 수 있다.

세계적인 수준의 문서와 교육 자료를 제작하기 위한 에픽 게임즈의 막대한 노력에도 불구하고 이 책에는 모든 사용 사례를 문서로 제작할 수 없는 매우 독특한 프로젝트가 포함돼 있으며, 실제로 이런 사례가 많이 발생한다(문서에서는 찾을 수 없는 독특한 프로젝트를 개발하는 사례가 많이 발생한다).

커뮤니티 지원

에픽 게임즈는 처음부터 언리얼 엔진 4 개발에 도움을 얻기 위해 커뮤니티와 교류해 왔으며, 커뮤니티는 다양한 방식으로 이에 대응하고 있다. 커뮤니티 회원들은 즉각적으로 새로운 개발자를 최대한 빨리 모을 수 있도록 훌륭한 교육 자료와 시연 자료를 제작하기 시작했다. 에픽 게임즈는 이러한 커뮤니티의 노력을 인식해 개발자를 위한 마케팅, 언리얼 데브 그랜트Unreal Dev Grant를 통한 커뮤니티 개발자에 대한 현금 지원, 전 세계 사용자 그룹에 대한 직접 지원 등과 같은 다양한 형태로 엄청난 지원을 아끼지 않고 있다.

에픽 게임즈는 큰 위험을 무릅쓰고 가장 가치 있는 자산을 전 세계에 무료로 공개했다. 개인적으로는 에픽 게임즈가 UE4와 함께 이 같은 성공을 거둘 수 있었던 핵심 이유 중 하나는 단지 커뮤니티를 수용하고 양성할 뿐만 아니라 에픽 게임즈 자신이 개발 커뮤니티의 일원이 됐기 때문이라고 생각한다.

마켓플레이스

에픽 게임즈가 커뮤니티 중심 비즈니스 모델을 확장한 것이 바로 언리얼 엔진 마켓플레이스다. 개발자는 마켓플레이스를 통해 다른 개발자에게 직접 콘텐츠를 판매할 수 있다. 생각할 수 있는 모든 카테고리에 수백 가지의 애셋(개발에 필요한 리소스)이 판매되고 있다. 3D 모델, 머티리얼, 전체 게임 소스 파일, 애니메이션, 음악과 사운드 효과, 파티클 시스템을 구매하면 그 때부터 해당 스튜디오나 개인이 UE4 프로젝트에서 구매한 애셋을 활용할 수 있다.

물론 이런 애셋은 에픽 게임즈가 제작하지 않기 때문에 품질과 지원 수준이 다양할 수 밖에 없다. 하지만 이를 위해 에픽 게임즈는 엄격한 품질 관리 기준과 모든 애셋의 품질을 보증하는 커뮤니티 검토 시스템을 갖추고 있다.

마켓플레이스 애셋을 활용하면 프로젝트에서 많은 개발 시간을 절약할 수 있을 뿐만 아니라 훌륭한 학습 재료가 될 수도 있다. 마켓플레이스에서 구매한 애셋을 자세히 살펴보고 어떻게 동작하는지 면밀하게 조사해볼 수 있다. 이를 통해 더 많이 배울수록 자신에게 맞게 애셋을 수정하거나 애셋에 사용된 기능을 프로젝트에 적용시킬 수 있다.

커뮤니티 이벤트와 콘퍼런스

게임 개발 커뮤니티는 서로의 새로운 게임을 살펴보고 서로 이야기를 나누며 배우기를 즐거워해 소통에 매우 활발하다. 미국, 유럽, 아시아의 거의 모든 주요 도시에서 게임 개발 모임과 콘퍼런스가 개최된다. 게임 개발은 매우 거대한 산업이다. 미국만해도 게임 플레이어들이 연간 253억 달러를 비디오 게임에 지출한다. 구글 검색을 통해 주변에서 열리는 커뮤니티 이벤트를 쉽게 검색할 수 있다. 대부분 UE4에만 국한되는 이벤트는 아닐 수 있지만 UE4 개발자가 일부 참석하며, 대화형 시각화 제품을 개발하는 개발자도 참석할 것이다. 커뮤니티 이벤트에서 다양하고 즐거운 일이 벌어질 수 있다.

에픽 게임즈에서 직접적으로 지원하는 공식 사용자 그룹은 적지만 그 수는 증가 추세다. 여러분이 이런 그룹에 참여할 경우, 회원 간의 교류, 학습, UE4 개발 커뮤니티에 직접 참여할 수 있는 좋은 기회가 될 것이다. 또한 수많은 언리얼 엔진 4 개발자들은

meetup.com 같은 도구를 사용, 비공식 교류를 통해 주변의 비슷한 생각을 가진 개발자들을 찾기도 한다.

미국에서 가장 큰 게임 개발 모임은 바로 게임 개발자 컨퍼런스^{GDC, Game Developer's Conference}다. 매년 샌프란시스코에서 일주일 동안 열리는 이 모임에는 다양한 배경을 가진 개발자들이 모여 서로의 아이디어를 교환하고, 네트워크를 형성하며 교류한다. 낮에는 게임 회사와 인디 개발자들의 게임 출시 발표, 토론, 트레이닝 세션 등으로 가득한 반면, 저녁에는 도시 전역의 파티와 이벤트로 가득하다. 또한 GDC는 최신 마인드 컨트롤 소프트웨어에서부터 최신 게임 엔진, 입력 장치에 이르기까지 다양한 기술을 시연하는 회사와 개발자들을 수용할 수 있는 대규모 전시장을 갖추고 있다. 취업 박람회에는 인터랙티브 엔터테인먼트 산업에 처음 도전해보려는 열정으로 가득찬 아티스트, 프로그래머, 기획자들로 가득하다. 참석이 가능한 경우 개인적으로 대화형 시각화 제품을 개발하는 모든 개발자에게 참석하기를 적극 권장한다. 특별히 시각화 산업에 초점이 맞춰져 있지는 않지만, 시각화 산업이 무시되거나 제외되지는 않는다.

여러분이 어느 곳에 살고 있든지 대화형 애플리케이션과 게임 개발자 커뮤니티에 참여하기를 바란다. 커뮤니티 구성원들은 항상 열정적이며 이런 이벤트는 언제나 즐거운 경험을 제공한다.

요약

특히 언리얼 엔진 4를 활용해 대화형 시각화 제품 개발을 시작하는 것은 멋진 보상을 약속하고, 여러분과 여러분의 팀, 그리고 여러분의 고객이 창의적으로 생각할 수 있는 기회를 제공한다. 또한 제품을 체험하는 사용자들은 시각화 전문가로서 여러분이 전달하는 이야기를 배우고 경험할 수 있는 새로운 방법을 제공받는다.

이제 여러분은 UE4가 무엇인지, UE4가 시각화 제품 개발에 어떤 것을 제공하는지, 그리고 UE4를 활용해 시각화 제품을 개발할 때 기존의 시각화 제품 개발 방법과 어떻게 다른지에 대해 훨씬 더 많이 이해했으리라 생각한다. 또한 어떤 프로젝트가 첫 번째 UE4 프로젝트로 적합한 후보인지를 생각해볼 수 있으며, 프로젝트를 진행하면서 직면하게 될 문제점을 피하는 방법에 대해서도 이해했을 것이다.

2장

UE4를 활용해 작업하기

UE4에서 사용자와 상호작용하는 시각화 제품을 개발하는 과정은 시각화 커뮤니케이션 기술 못지않게 소프트웨어 개발의 예술이라고 할 수 있다. 기존에 수년 동안 의존해온 워크플로와 도구는 더 이상 사용할 수 없거나 사용할 수 있더라도 작업을 훨씬 더 어렵게 만드는 경우가 발생한다. 언리얼 엔진 4는 최대한 빠르게 콘텐츠를 렌더링하기 위해 개발자가 특정 방식으로 작업하도록 설계돼 있다. UE4에 맞는 작업 방식을 이해한다면(UE4에 맞는 작업 방식과 콘텐츠 제작 방식) 언리얼 엔진 4가 가진 기능을 최대한 활용해 고객과 공감하는 역동적이고 매력적인 시각화 제품을 개발할 수 있다.

언리얼 엔진 4 컴포넌트

UE4는 단일 애플리케이션이 아니라 다양한 플랫폼에서 실시간으로 실행되는 애플리케이션의 관리, 개발, 배포에 도움이 되는 도구 및 애플리케이션 그리고 데이터 파일의 총집합이라고 할 수 있다. UE4 개발 환경은 놀라울 정도로 잘 구성돼 있고, 일관성이 유지되며 학습과 참조할 수 있는 다양한 리소스가 제공된다. 에디터는 언리얼 엔진을 사용해 개발된 프로젝트와 게임을 하는 것만큼 상호작용하는 콘텐츠 개발을 재미있고 흥미롭게 만든다는 개념을 바탕으로 잘 구현된 소프트웨어다. 언리얼 엔진의 컴포넌트와 이 컴포넌트가 서로 연동돼 동작하는 방식을 이해하면 UE4가 내부적으로 동작하는 원리를 더 잘 이해할 수 있다. 이를 통해 UE4를 어떤 방식으로 활용해야 하는지도 더 잘 이해할 수 있을 것이다.

에픽 게임즈 런처

여러분이 맥^{Mac} 또는 윈도우 PC를 사용하는 경우 unrealengine.com에서 UE4를 처음 설치하면 그림 2.1의 **에픽 게임즈 런처**^{Epic Games Launcher}가 설치된다. 에픽 게임즈 런처는 언리얼 엔진 4에서 필요한 사항을 모두 제공한다. 에픽 게임즈 런처를 통해 다양한 정보, 콘텐츠, 샘플 프로젝트 등을 제공받을 수 있다.

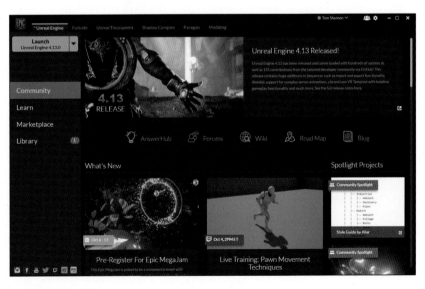

그림 2.1 에픽 게임즈 런처

커뮤니티

커뮤니티^{Community} 섹션에는 UE4 커뮤니티의 최신 소식과 하이라이트 등이 제공된다.

커뮤니티 섹션에서는 UE4에서 진행되는 새로운 소식을 접할 수 있으며 자신의 프로젝트를 대중에 노출시킬 수 있는 최적의 공간이 될 수 있다. 에픽 게임즈는 언리얼 엔진을 사용하는 개발자의 성공을 돕기 위해 노력하며, 이를 위해 런처와 에픽의 소셜미디어 네트워크를 통해 콘텐츠를 홍보하고 있다.

또한 포럼, 온라인 문서, 엔진 로드맵과 앤써허브^{AnswerHub} 같은 기타 커뮤니티와 공식배포되는 리소스에 대한 링크가 포함돼 있다.

학습

학습^{Learn} 섹션은 교육용 리소스, 예제 프로젝트, 예제 콘텐츠로 가득한 보물창고다. 이런 프로젝트는 모두 엔진에 포함된 나머지 콘텐츠와 동일하게 자유로운 조건으로 제공된다. 다시 말해 제공되는 콘텐츠는 개인 프로젝트와 상업용 프로젝트에서 모두 무료로 사용할 수 있다.

학습 섹션에는 튜토리얼, 위키, 비디오, 다운로드 가능한 콘텐츠(이펙트, 머티리얼, 텍스처 등) 등이 제공된다. 여러분이 학습 섹션에서 프로젝트를 다운로드해보고 살펴보기를 권장한다. 이를 통해 엔진을 제작한 개발자들이 자신들의 비전을 실제로 구현하기 위해 엔진을 사용하는 방법 등 다양한 내용을 배울 수 있다.

마켓플레이스

마켓플레이스^{Marketplace}는 개발자와 아티스트가 거의 모든 종류의 콘텐츠(3D 모델, 애니메이션, 이펙트 등)와 UE4의 기능을 확장할 수 있는 플러그인을 판매하고 구매할 수 있는 곳이다.

수천 명의 개발자들이 마켓플레이스에서 상상할 수 있는 거의 모든 종류의 무료 및 유료 콘텐츠를 제작하고 있다. Gumroad.com이나 개발자의 개인 웹사이트 등과 같은 타사 웹사이트에서 더 많은 콘텐츠를 사용할 수 있다.

이미 개발된 기능이나 제품이 많기 때문에 UE4에서 어떤 기능을 직접 개발하기 전에 구글에서 필요한 내용을 검색해 보는 것이 좋다.

라이브러리

다양한 엔진 버전의 관리, 설치, 제거, 업데이트를 **라이브러리**^{Library} 탭에서 진행한다. 또한 라이브러리에서 UE4 프로젝트와 마켓플레이스 콘텐츠를 확인하고 관리할 수 있다.

> **노트**
> 에픽 게임즈 런처는 실제 언리얼 엔진 4의 응용 프로그램이다. Application 폴더나 Program Files(x86) 폴더에서 런처가 설치된 경로를 확인할 수 있다.

기타 Epic과 UE4 콘텐츠

런처 상단에는 피처드^{featured}에 선정된 에픽 게임즈 프로젝트와 UE4 프로젝트가 있다. 이 중 일부는 〈파라곤^{Paragon}〉, 〈포트나이트^{Fortnite}〉 같은 상용 게임이며 UE4 마켓플레이스를 통해 지원되는 컴포넌트를 사용하는 UE4 게임도 있다.

에픽 게임즈는 새로운 버전의 언리얼 토너먼트^{Unreal Tournament}를 개발 중이며 개발이 진행 중인 게임의 전체 소스 코드에 접근이 가능하도록 하는 권한을 제공한다. 이에 UE4 커뮤니티는 코드와 아트 수준까지 게임 개발에 적극적으로 참여하고 있다. 전문 게임 개발 회사가 큰 규모의 트리플 A(AAA)수준의 게임을 만드는 과정을 직접 보고 싶은 경우에는 이 프로젝트에 참여해 프로젝트를 보거나 개발에도 직접 참여할 수 있다.

UE4 엔진

언리얼 엔진은 애플리케이션^{Application} 폴더에 위치하며 UE4 응용 프로그램을 실행하는 데 필요한 코드와 리소스가 포함돼 있다. 언리얼 엔진은 런처와 에디터가 빌드되는 기본 코드이며 에디터로 개발된 애플리케이션을 빌드하고 실행하는 데 필요한 렌더링, 물리, UI, 기타 코드와 도구가 모두 포함돼 있다.

엔진 버전

언리얼 엔진 4는 주요 기능의 업데이트와 중요한 버그 수정 등으로 인해 정기적으로 업데이트한다. UE4는 엔진 배포 버전에 10진법을 사용한다. 버전 업데이트는 첫 번째 10진수로 표기된다. 예를 들어 언리얼 엔진 4.13은 4.12 버전에서 업그레이드된 버전을 의미한다. 새로운 기능, 핵심 컴포넌트, 그 외 기타 큰 변경 사항은 일반적으로 이런 배포 버전에 포함된다.

핫 픽스와 버그 수정은 두 번째 십진수로 표기된다. 언리얼 엔진 4.13.1에는 4.13 버전의 버그 수정과 기타 변경 사항이 포함된다.

> **노트**
> 런처를 사용하면 여러 주요 버전의 언리얼 엔진을 동시에 설치 가능하지만, 동일한 버전은 하나만 설치할 수 있다. 예를 들어 4.10.3과 4.11.2를 동시에 설치하는 것은 가능하지만 4.10.3과 4.10.2를 동시에 설치할 수는 없다.[1]

프로젝트 업그레이드하기

UE4 프로젝트를 상위 버전의 엔진으로 업그레이드는 가능하지만 상위 버전에서 하위 버전으로의 다운그레이드는 지원되지 않는다. 상위 버전의 에디터에서 저장된 파일은 이전 버전에서 열 수 없다. 따라서 최신 버전의 엔진에서 새 프로젝트를 시작하고 필요한 경우에만 업그레이드해야 한다. 업그레이드 과정에서 프로젝트가 깨질 수 있기 때문에 조심하는 것이 좋다.

특정 엔진 버전의 프로젝트와 콘텐츠를 다른 엔진 버전으로 업그레이드하는 것은 일반적으로 원활한 과정으로 진행되지만 예기치 못한 문제가 발생할 수도 있다. 예를 들어 외부 플러그인은 최신 버전의 엔진으로 업데이트되는 데 시간이 걸릴 수 있다.

---

1 이 내용은 런처에서 관리하는 엔진 설치에만 적용된다. 리눅스 사용자와 엔진 수정이 필요한 프로젝트 사용자의 경우에는 일반적으로 소스 코드에서 컴파일되고 런처와 별개로 관리되는 특정 엔진 빌드가 필요할 수 있다. 이러한 엔진 빌드의 경우 엔진의 설치 수, 설치 위치, 버전 표기 숫자 등에 제한이 없다.

따라서 에픽 게임즈는 프로젝트를 업그레이드할 때 영향을 줄 수 있는 변경 사항에 대한 정보와 지침을 릴리즈 노트를 통해 명확하게 제공한다. 기존 프로젝트를 업그레이드하는 작업은 항상 신중하게 고려하고, 업그레이드된 엔진의 기능 또는 수정 사항으로 기존 프로젝트에 상당한 이점이 있는 경우에만 업그레이드를 진행하는 것이 좋다.

UE4 에디터

UE4 에디터는 UE4 프로젝트의 생성, 테스트, 패키징, 프로그래밍 등의 작업을 위한 주요 인터페이스다. 에디터에는 임포트, 프로젝트 구성, 최적화, 프로젝트와 콘텐츠 컴파일을 위해 필요한 도구와 인터페이스가 포함된다. 에디터에는 파티클 시스템의 생성, 강력한 인공 지능 시스템, 고급 차량 시뮬레이션, 네트워킹, 멀티 플레이어, 가상 현실, 사실적인 라이팅과 머티리얼, 사용자 인터페이스, 시네마틱 시퀀스를 제작할 수 있는 도구를 제공한다. 비주얼 스크립팅을 통해 거의 제한이 없는 기능을 제공한다. UE4 에디터는 기능이 방대하며 전문가 수준의 개발 플랫폼을 제공한다.

> **노트**
>
> 런처와 마찬가지로 UE4 에디터는 언리얼 엔진 4로 빌드된 애플리케이션이며, 언리얼 엔진 4로 제작되는 애플리케이션을 생성하기 위한 그래픽 인터페이스를 제공한다.

또한 에디터를 통해 환경 설정 구성, 월드 제작과 배포를 위한 도구, 디버깅과 성능 프로파일링 도구에 쉽게 접근할 수 있어 시각화 콘텐츠를 최대한 멋지게 보일 수 있도록 제작하는 데 많은 도움을 얻을 수 있다.

UE4 프로젝트

일반적으로 시각화 콘텐츠 제작에 사용되는 대부분의 애플리케이션은 전체 씬^{Scene}을 표현하는 데 하나의 파일을 사용한다. 일반적으로 이 파일은 씬 크기가 커짐에 따라 해당 크기가 커지게 된다. 포토샵의 경우 레이어를 추가하면 포토샵 파일의 크기가 커지고, 지오메트리를 추가하면 3d 맥스$^{3d\ max}$ 파일 역시 크기가 커진다. 이런 파일은

특정 드라이브에서 다른 드라이브로 복사가 가능하며 씬을 화면에 표현하는 데 필요
한 모든 내용이 포함될 수 있다.[2]

언리얼 엔진 4의 각 **프로젝트**는 단일 파일을 사용하는 대신 소스 코드 파일, 콘텐츠 애
셋 파일, 플러그인, 환경 설정 파일, 그 외의 기타 지원 파일을 모두 하나의 디렉터리
에 저장한다. 이 디렉터리와 파일에 포함되는 내용은 단일 파일이 아니라 전체 프로
젝트다(그림 2.2).

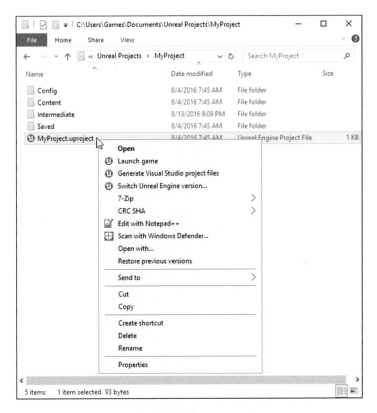

그림 2.2 언리얼 프로젝트 폴더와 컨텍스트 메뉴(윈도우 10)

프로젝트 디렉터리의 최상위 경로에는 프로젝트를 특정 UE4 버전, 플러그인 설치와
연동시키는 .uproject 파일이 있다. 이 파일은 크기가 커지지도 않고, 자주 변경되거

2 물론 포토샵과 3ds 맥스는 모두 외부 파일(예: 텍스처)에 연결할 수 있지만 구조(structure)는 적용되지 않는다. 텍스처를
   별도의 드라이브에 저장하거나 거리가 수천 마일 떨어진 네트워크 위치에 저장할 수 있다.

나 저장되지도 않는다. 이 파일은 단순히 텍스트 파일이기 때문에 텍스트 편집기에서
열어 내용을 확인할 수 있다.

```
{
    "FileVersion": 3,
    "EngineAssociation": "4.13",
    "Category": "",
    "Description": "",
    "Plugins": [
        {
            "Name": "Substance",
            "Enabled": true,
            "MarketplaceURL": "com.epicgames.launcher://ue/marketplace/conten
t/2f6439c2f9584f49809d9b13b16c2ba4"
        }
    ]
}
```

이 파일을 더블 클릭하면 이 프로젝트와 연결된 UE4 에디터 버전(설치된 경우) 또는
새 엔진 버전과 연결할지(해당 버전이 설치되지 않은 경우)를 묻는 메시지가 나타난다.

.uproject 파일에서 마우스 오른쪽 버튼을 클릭해 Launch Game을 선택하면 에디터
를 실행하지 않고 프로젝트를 시작하는 등의 편리한 옵션이 제공된다.

이런 방법은 매일 해야 하는 작업에서 에디터를 우회할 수 있는 좋은 방법이며, 프로
젝트를 열 때 개인적으로 선호하는 방법이다.

아트 리소스

언리얼 엔진은 멋지고 훌륭한 세계를 제작하는 데 도움이 되는 다양한 기능을 제공
한다. 하지만 언리얼 엔진은 이런 세계를 구성하는 주요 콘텐츠를 만드는 데 도움을
주는 것에 초점을 맞추고 있지 않다. 이런 콘텐츠를 제작하는 작업은 포토샵, 3ds 맥
스와 마야 등과 같이 여러분이 알고 있는 3D와 2D 애플리케이션을 사용해 작업해야
한다. UE4는 이런 프로그램 기능과 경쟁하거나 콘텐츠를 제작하기 위해 새로운 방식
을 배우도록 요구할 이유가 없다.

섭스턴스 페인터^{Substance Painter}, ZBrush, 블렌더^{Blender} 등과 같은 프로그램과 기존에 잘 알려진 프로그램 등을 활용해 아트 애셋을 제작할 수 있다. 요즘에는 새로운 도구가 매일 개발된다. 이 업계는 매우 빠른 속도로 성장하는 생태계이며, 에픽 게임즈는 콘텐츠 제작을 이런 프로그램으로의 아웃 소싱을 통해 인터렉티브한 세계를 만드는 데 필요한 UE4의 기능 개발에 집중할 수 있다.

시각화 제품의 경우 아트 리소스는 캐드 데이터^{CAD data}, 과학 데이터, GIS 정보가 될 수도 있다. 원본 애플리케이션이나 리소스의 포맷이 무엇이든 관계없이 이를 모두 아트 리소스로 고려할 수 있다.

UE4 프로젝트 폴더 외부에서 이런 아트 리소스를 생성, 저장, 접근하고 수정할 수 있다. 이 과정에서 기존의 검증된 워크플로를 유지하고 UE4의 규칙과 요구사항에 맞게 작업하는 것이 좋다. 언리얼 엔진 4는 UE4에서 임포트 가능한 포맷으로 저장된 경우에는 해당 데이터의 출처가 어디든 관계없이 사용 가능하다.

프로젝트 폴더 구조

UE4 프로젝트 폴더 구조는 매우 엄격하게 규정돼 있다. 프로젝트는 프로젝트 디렉터리 외부의 파일을 불러오거나 참조할 수 없다. 이 때문에 UE4 프로젝트는 이식성이 뛰어나며 독립적이다. 프로젝트는 워크스테이션 간에 쉽게 복사와 동기화가 가능하다.

각 프로젝트 폴더에는 여러 폴더가 포함된다. 각 폴더가 어떤 역할을 하는지 그리고 각 폴더에서 해야 할 작업과 하지 말아야 할 작업을 이해하는 것이 중요하다.

Config

Config 디렉터리에는 .ini 확장자를 가진 텍스트 파일 형태로 각 프로젝트의 설정 파일이 포함된다. 엔진의 모든 기능에 대한 설정이 이 파일에 저장된다. 수천 개의 개별 설정이 존재하지만 대부분 기본 값 그대로 두고 사용할 수 있다.[3]

---

3 품질과 렌더링 속도를 조절하기 위해 여러 가지 고급 설정을 사용할 수 있지만 이런 설정은 주의해서 사용해야 한다. 이런 고급 설정이 프로젝트 세팅과 에디터 설정에 노출되지 않는 데에는 이유가 있다. 책의 뒷부분에서 가장 중요한 설정 방법 등을 다룰 예정이므로 주목해 주기 바란다.

중요한 설정은 거의 모두 에디터의 프로젝트 세팅 패널에서 확인할 수 있다(그림 2.3). 편리한 사용자 인터페이스가 제공되는 프로젝트 세팅을 창에서 설정을 직접 변경할 수 있으며 툴팁을 통해 각 설정에 대한 설명을 얻거나 사용 사례를 확인할 수 있다. .ini 파일은 즉시 업데이트되지만 몇몇 설정은 에디터를 재시작해야 적용된다. 재시작이 필요한 설정을 변경한 경우 에디터에서 재시작이 필요하다는 정보를 알려준다.

프로젝트를 다른 사람과 공유 또는 동기화할 때는 항상 Config 폴더를 포함시켜야 한다. 프로젝트를 복사하는 과정에서 서로 다른 설정 파일을 사용하면 확인하기 어려운 문제가 발생할 수도 있다.

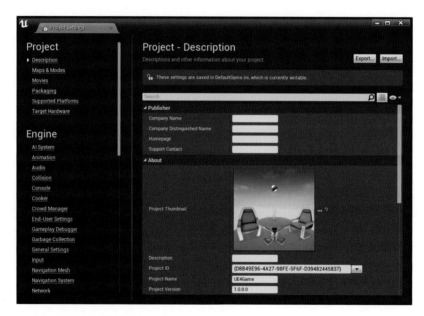

그림 2.3 UE4 에디터 프로젝트 설정 다이얼로그

Saved

Saved 폴더는 프로젝트가 실행될 때 생성되는 임시 폴더다. 스크린샷, 로그, 게임에서 '저장한' 기타 파일이 이 폴더에 위치한다. Saved 폴더에는 자동으로 백업되는 파일도 포함된다.

이 폴더는 용량이 매우 커질 수 있기 때문에 네트워크나 공유 폴더에서 호스팅되는 프로젝트에서 제외시켜야 한다. 이와 마찬가지로 프로젝트를 복사하거나 소스 컨트롤을 사용하는 경우(대부분 소스 컨트롤을 사용할 것으로 생각한다), 이 폴더를 제외시켜야 시간과 용량이 절약되고 충돌을 피할 수 있다.

Plugins (옵션)

UE4에서는 다양한 플러그인을 사용할 수 있으며 그 중 일부는 콘텐츠를 기반으로 하며 프로젝트의 Content 폴더에 배치해야 하는 경우도 있지만 다른 플러그인은 Plugins 폴더에 배치하거나 Source 폴더에서 컴파일해야 한다.

이런 플러그인은 결국 Plugins 폴더에 배치된다. Plugins 폴더에는 C++에서 생성되거나 다운로드된 플랫폼별 공유 파일(PC의 dll, 리눅스의 .so 등)이 저장된다. 이런 파일은 에디터와 게임에서 읽을 수 있으며 이를 통해 기능을 추가하거나 변경할 수 있다. 예를 들어 파일 임포트 기능을 추가하거나 새로운 렌더링 기능을 추가할 수 있다.

작업을 공유하는 팀의 구성원들은 모두 Plugins 폴더를 공유해야 한다.

Content

Content 디렉터리에는 게임을 제작하는 데 사용하는 모든 애셋이 저장된다. 일반적으로 .uasset과 .umap 파일 타입이 Content 디렉터리에 저장된다. 이 파일은 일반적인 래퍼wrapper 형태로 저장되며 프로젝트의 모든 애셋과 레벨을 나타낸다.

> **노트**
>
> UE4 에디터 외부에서는 Content 폴더의 내용을 변경하지 않는 것이 좋다. 이런 파일 관리는 모두 UE4 에디터 안에서 수행해야 한다. .uasset과 .umap 파일의 이동, 이름 변경, 삭제, 그 외의 변경을 에디터 외부에서 수행하면 null 레퍼런스 오류를 발생시킬 수 있다.

동일한 확장자를 가진 폴더로 구성된 텍스처, 머티리얼, 애니메이션, 3D 모델, 블루프린트, 사운드 등을 직관적이지 않다고 생각할 수 있다. 일반적으로 컴퓨터로 작업할 때 파일 형식과 그 기능을 구별하기 위해 파일 확장자를 사용한다. 언리얼 엔진 4는 각각의 .uasset 파일 내의 데이터를 사용해 해당 파일이 무엇인지와 에디터에서 어떻게 나타나야 하는지를 구별하고 런타임 시 게임에서 사용되는 방식을 결정한다.

Content 폴더는 프로젝트를 구성하는 데 필수 요소이기 때문에 프로젝트를 공유할 때 항상 포함시켜야 한다.

Intermediate

Intermediate 디렉터리는 언리얼 엔진이 실행될 때 동적으로 생성한다는 점에서 Saved 디렉터리와 같다. Intermediate 디렉터리는 게임을 컴파일하고 실행하는 데 필요한 파일과 셰이더와 지오메트리 캐시처럼 에디터에서의 작업을 빠르게 처리하는 데 도움이 되는 파일이 포함된다.

Saved 폴더와 마찬가지로 프로젝트를 복사하거나 소스 컨트롤을 설정할 때 이 폴더를 포함시키거나 공유하지 않아야 한다.

.uasset 파일 이해하기

UE4는 엔진에 임포트되는 거의 모든 종류의 콘텐츠(모델, 텍스처, 오디오, 애니메이션 등)를 .uasset 파일 형태로 프로젝트의 Content 폴더에 저장한다. 각각의 .uasset 파일은 **콘텐츠 패키지**^{Content Package}라고도 부른다. 각 패키지에는 엔진에 임포트된 원본 파일과 함께 해당 애셋에 관련된 여러 정보가 포함돼 있다. 언리얼 엔진은 실행 과정에서 .uasset 파일을 현재 실행되는 플랫폼에 알맞은 형태로 변환한다.

즉 .uasset 파일을 이용해 맥, PC, 모바일, VR 그 외 UE4가 지원하는 다른 플랫폼에 알맞은 형태로 콘텐츠를 배포할 수 있다. 이런 변환 과정은 .uasset 파일을 변경하거나 원본 파일에 접근하지 않고 진행된다. 언리얼 엔진은 적절한 포맷으로의 변환 작업을 백그라운드에서 진행한다. 언리얼 에디터에서 .uasset 파일로부터 원본 파일(이미지, 모델 등)로 내보내기를 한 다음 수정된 파일을 다시 프로젝트로 임포트하는 것도 가능하다.

UE4 엔진과 에디터는 콘텐츠 브라우저에서 .uasset 파일만 읽고 표시한다.

언리얼 엔진 4 콘텐츠 파이프라인

UE4는 엔진에 대한 거의 모든 기능에 대해 세련되고 손쉬운 워크플로를 제공한다. 일부 워크플로는 매우 엄격하거나 노동 집약적일 수 있지만 이들은 모두 일관성이 유지된다. 규칙을 준수하고 UE4가 제시하는 방식을 따르면 높은 프레임 속도, 안정적인 결과물, 놀라운 시각적 효과를 얻을 수 있다.

일반적인 UE4 프로젝트는 예측 가능한 워크플로를 가진다. 거의 모든 프로젝트는 고객의 손에 결과물을 전달하는 데까지 필요한 여러 가지 작업을 수행해야 한다.

새 프로젝트 설치하기

UE4는 새로운 프로젝트를 설치하는 몇 가지 방법을 제공한다. 런처의 라이브러리 섹션에서 엔진을 실행시켜 프로젝트를 생성할 수 있다. 또한 UE4 에디터의 파일 메뉴를 통해서도 새로운 프로젝트를 생성할 수 있다.

> **노트**
>
> 개별적으로 개발하거나 공유 개발을 위한 프로젝트를 호스팅하기 위해 네트워크 드라이브를 사용하는 방법은 권장하지 않는다. UE4는 이런 방식으로 실행되도록 설계되지 않았기 때문에 이런 방식의 작업을 통해 얻을 수 있는 이점이 없다. 그 대신 여러 개발자가 동일한 프로젝트에서 작업하려면 **버전 컨트롤 소프트웨어**를 사용해야 한다.

속도가 빠른 로컬 드라이브에서 프로젝트를 저장하고 작업하는 것을 권장한다. 하드 드라이브를 사용하면 용량이 큰 레벨이나 애셋을 로드하고 저장하는 작업을 몇 초 만에 할 수 있으며, 애셋을 임포트하고 처리하는 데 걸리는 시간을 줄일 수 있기 때문에 워크플로를 훨씬 더 빠르게 만들 수 있다.

해당 드라이브의 루트 경로에 가까운 위치를 선택해 짧은 폴더 이름으로 UE4 프로젝트를 유지한다. 개인적으로는 일반적으로 E:/UE4/ProjectName 경로에 프로젝트를 보관한다. 프로젝트 경로의 이름이 긴 경우 프로젝트를 패키징하는 과정에서 문제가 발생할 수 있기 때문에 짧은 폴더 이름을 유지하는 것이 좋다.

콘텐츠 빌드하기

시각화 작업을 많이 진행하기 전에 콘텐츠를 제작해야 한다. 여러분은 이미 이 분야에서 프로일 것이다. 기존의 워크플로와 시스템은 대부분 아주 작은 변경 작업만 하면 진행이 가능하다. 3D 모델을 제작하는 경우 해당 모델을 UE4로 가져오는 작업이 가능할 것이다.

콘텐츠 내보내기

UE4에서 사용하려는 모든 콘텐츠는 UE4가 이해할 수 있는 형태로 내보내기^{export}를 해야 한다. 언리얼 엔진4는 FBX, TGA, PNG, PSD 등과 같은 산업 표준 파일 포맷을 점점 더 많이 지원한다. 하지만 UE4는 3ds 맥스 파일과 같이 해당 프로그램에 특화된 파일 포맷은 지원하지 않는다.

이런 파일 중 다수는 임시 파일이자 중간 파일이며 다양한 콘텐츠 작성 도구와 UE4 간의 정보를 교환하는 데 주로 사용된다. 따라서 콘텐츠 제작 프로그램별 원본 파일을 유지 관리하고 필요에 따라 이 파일을 이용해 UE4에 맞는 형태로 다시 내보내기를 해야 한다.

UE4로 콘텐츠 가져오기

콘텐츠를 제작하고 내보내기 작업을 완료하고 나면 이를 UE4에 임포트한다. 이 과정에서 임포트하는 각 애셋에 대해 .uasset 콘텐츠 패키지가 생성된다. 이렇게 생성된 .uasset 패키지에는 주로 임포트한 데이터 사본과 이 애셋과 관련된 메타 데이터와 여러 기타 정보가 포함된다.

스크립트와 기타 도구를 활용하면 내보내기를 통해 파일을 생성하는 워크플로를 자동화할 수 있다. 여러 파일을 한 번에 임포트하는 작업이 지원되기 때문에 일반적으로 임포트 과정에는 큰 어려움이 없다.

콘텐츠를 활용해 레벨 구성하기

콘텐츠를 임포트하면 **콘텐츠 브라우저**에서 해당 콘텐츠를 확인할 수 있다. 그런 다음 해당 콘텐츠를 콘텐츠 브라우저에서 3D 뷰포트로 끌어다 놓으면 월드에 콘텐츠를 생성시킬 수 있다.

레벨에 추가하는 각 메시^{Mesh}는 .uasset의 인스턴스로서 프로젝트에 임포트된 .uasset을 참조한다. 씬에 동일한 모델을 30번 드래그하면 30개의 사본을 생성하는 대신 라이브러리에 있는 애셋에 대한 30개의 동일한 참조만 생성되기 때문에 램에는 한 개의 사본만 로드된다. 따라서 해당 .uasset을 수정하면 이 .uasset을 참조하는 모든 모델이 이와 일치하도록 업데이트된다.

또한 조명, 대기 효과, 애니메이션, 그 외의 기타 콘텐츠를 추가해 여러분이 원하는 모양과 느낌을 만들 수 있다. 후처리^{Post-Processing} 효과는 실시간으로 적용된다. 블룸^{bloom}, 렌즈 플레어^{lens flare}, 모션 블러^{motion blur}, 뎁스 오브 필드^{depth of field}, 심지어 엠비언트 오클루전^{ambient occlusion}도 모두 밀리초(1/1000초) 단위로 계산되어 실시간으로 합성돼 아름답고 멋진 품질의 이미지를 만들어낸다.

상호작용 추가하기(프로그래밍!)

이 시점에서 정적 카메라 경로를 생성하고 비디오로 전달할 프레임을 통해 씬을 렌더링하는 것이 가능하며 매우 높은 품질의 렌더링 결과를 얻을 수 있다.

하지만 상호작용하는 기능을 추가하지 않고 UE4에 콘텐츠를 추가하는 데 모든 노력을 쏟는 것은 중요한 사항을 놓치고 있는 것이다.

간단한 궤도를 움직이는 카메라를 추가하는 것만으로도 이를 사용하는 사용자는 다른 플랫폼에서는 불가능한 방식으로 매우 사실적인 시각화 제품 조작이 가능하다.

UE4에서는 블루프린트 스크립트 편집 시스템을 활용해 코드를 단 한 줄도 작성하지 않고도 매우 다양하고 사용자와 상호작용하는 세계를 구성할 수 있다. 또한 C++ 또는 사용 가능한 그 외의 많은 스크립팅을 연동하는 것도 가능하다.

테스트와 다듬기

상호작용에는 사용자가 관련돼 있기 때문에 필연적으로 버그가 발생하게 된다. 시각화 제품에 대한 시각적인 버그에는 익숙할 것이다. 렌더링 오류와 모델링 오류에서 데이터 오류에 이르기까지 UE4로 제작된 상호작용 제품에서도 이런 오류가 발생한다. 또한 사용자와 상호작용하는 과정에서 발생하는 버그도 처리해야 한다.

자연스럽게 실행되며 사용하기 쉬운 인터페이스, 씬을 제공하는 애플리케이션 제작은 그리 쉬운 일이 아니다. 제품을 사용하는 사용자들은 여러분이 제작한 인터페이스에 대한 매우 높은 기대치를 가지며, 시스템과 인터페이스를 다듬는 작업은 예상보다 많은 시간과 자원을 필요로 한다.

추가 기능이 많아질수록 테스트와 반복 작업이 증가하고, 제품을 사용하는 고객층이 넓어질수록 더욱 엄격한 테스트를 필요로 하게 된다.

최대한 빠른 시점에 고객 또는 대중의 손에 여러분의 애플리케이션을 전달하고, 가능하다면 이들이 제품을 사용하는 과정을 지켜보자. 최대한 빨리 그리고 최대한 많은 의견을 얻는 것이 중요하다. 이것이 마지막 시점에 개발 과정이 붕괴되는 상황을 피할 수 있는 가장 좋은 방법이다.

패키지

인터랙티브한 시각화 제품이 테스트 완료되고, 깔끔하게 정리된 인터페이스를 사용해 빛나는 조명처럼 실행되며 제품의 유용함을 고객이 알아차릴 정도가 됐다면 마침내 개발 환경에서 벗어나 대중들의 컴퓨터, 태블릿 그리고 폰으로 여러분의 제품을 전달할 때다.

이를 위해서는 프로젝트의 **패키징** 과정을 거쳐야 한다. 패키징 과정은 여러 단계를 거쳐야 하는 작업이다. 먼저 UE4는 프로젝트의 모든 콘텐츠를 'cook'한다. 쿠킹 과정은 단순히 모든 .uasset 파일을 가져와 배포하려는 플랫폼에 상관없이 처리하고, 원본 콘텐츠 또는 불필요한 내용을 제거해 배포하는 시스템에서 로드하는 데 가장 효율적인 파일만 남긴다.

쿠킹 처리된 콘텐츠는 에디터와 기타 개발 도구가 제거된 UE4 엔진 버전과 병합된다. 그런 다음 프로젝트를 실행하기 위해 필요한 모든 내용이 포함된 실행 파일이 생성돼 기기에 설치할 수 있는 완전한 휴대용 버전의 프로젝트가 완성된다.

배포

애플리케이션을 고객이나 일반 대중에게 전달하는 과정은 이메일을 통해 이미지를 전송하거나 유튜브에 동영상을 업로드하는 방법보다는 좀 더 복잡한 과정을 필요로 한다.

UE4 애플리케이션 설치 프로그램은 일반적으로 수백 메가바이트 크기이며, 그보다 큰 기가바이트 이상이 되는 경우도 많다. 간단한 드롭박스^{Dropbox} 링크를 사용하면 몇 명의 사람들에게 파일을 전송하기에 충분하지만 수백 명의 사람들이 접속하는 경우에는 부족할 수 있다.

제품 지원

애플리케이션을 배포한 후에 사용자들은 여러분이 상상하지 못한 방식으로 테스트하고 사용한다. 여러분의 고객은 여러분이 존재하는지조차 몰랐던 하드웨어와 소프트웨어를 사용해 애플리케이션이 호환되지 않는 경우를 발견해낼 수도 있다. 따라서 모든 프로젝트를 지원하기 위한 시간을 계획하고 고객의 수가 증가함에 따라 이를 적절하게 늘려가는 것이 중요하다.

요약

기존 프로그램에서 씬의 시각화에 필요한 구성을 마친 다음 프로젝트 작업이 완료됐다고 생각되어 Render 버튼을 클릭했다면 UE4에서는 상호작용하는 시각화 기능을 위한 후반부 개발 작업이 여기에 추가된다. 이를 위해 작업 인원, 기술 역량 등을 고려해 인터랙티브 시각화 애플리케이션 개발을 위한 적절한 기간 설정이 매우 중요하다.

3장

콘텐츠 파이프라인

기존 씬과 콘텐츠를 UE4로 가져오는 작업은 에디터를 실행시킨 후에 가장 먼저 해야 할 작업 중 하나다. 특히 기존의 대규모 광추적 시각화 씬을 UE4로 변환하려는 경우에는 처음으로 넘어야 할 장애물처럼 느껴질 수 있다. 콘텐츠를 UE4에서 사용하기 위한 준비에 필요한 내용을 이해하고 '언리얼 방식'을 사용하면 이런 콘텐츠 변환 작업에 걸리는 시간을 상당히 절약할 수 있으며 언리얼 엔진 4에서 기대하는 품질과 성능을 얻을 수 있다.

콘텐츠 파이프라인 개요 ▬▬▬▬▬

여러분은 아마 모델링 작업 도구, 머티리얼 시스템, 렌더러^{renderer}가 통합된 3D 애플리케이션에서 작업하는 데 익숙할 것이다. 3D 애플리케이션에 여러분이 제작한 데이터가 있으면 버튼을 눌러 씬을 렌더링할 수 있다. 선택한 3D 애플리케이션에서 제공하는 도구를 활용해 머티리얼과 조명을 적용, 애니메이션을 만들고 스토리를 제작할 것이다. 외부 애플리케이션에서 텍스처와 그 외 기타 데이터를 준비할 수도 있겠지만 대부분의 작업은 3D 애플리케이션에서 진행할 것이다.

이미지나 애니메이션이 렌더링된 후에 이 결과물을 후편집^{post-editing} 애플리케이션에서 불러온 다음 효과, 제목, 화면 편집, 오디오 등을 추가한다. 작업이 완료되면 최종 결과물은 비디오나 이미지파일로 렌더링되며 고객에게 공유된다(그림 3.1).

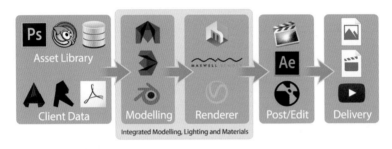

그림 3.1 기존의 시각화 제품 제작 워크플로

UE4는 독립형 애플리케이션이기 때문에 어떠한 3D 애플리케이션과도 직접 통합되지 않는다. 그 대신 2D와 3D 애플리케이션을 사용해 3D 모델과 텍스처를 제작하고 이렇게 제작한 3D 모델과 텍스처를 적절한 포맷(FBX, TGA 등)으로 내보내기를 한 다음 UE4로 임포트하는 작업을 한다(그림 3.2).

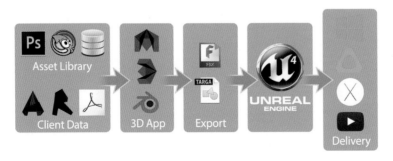

그림 3.2 UE4 시각화 제품 제작 워크플로

콘텐츠를 UE4로 가져온 다음에는 UE4 에디터를 통해 조명, 머티리얼, 상호작용 기능 등을 추가해 월드를 제작한다. UE4에는 Render 버튼은 없지만 모든 내용을 뷰포트에서 실시간으로 렌더링한다. 모션 블러, 뎁스 오브 필드(피사계 심도), 컬러 그레이딩color grading 등의 후처리 효과를 포함하는 최종 품질의 이미지가 렌더링된다.

상호작용 기능을 추가할 때는 블루프린트, C++, 사용자 인터페이스와 화면 타이틀 작업을 위한 언리얼 모션 그래픽UMG을 사용한다. 시퀀서를 사용하면 비선형 편집 도구, 물리 기반 카메라, 카메라 리그rig를 활용한 헐리우드 수준의 시네마틱 영상을 제작할 수 있다.

프로젝트가 완성되면 맥, 윈도우, VR, 모바일 등 다양한 플랫폼으로 애플리케이션을 배포할 수 있다. 또한 고품질의 스틸 이미지와 애니메이션 또한 렌더링 가능하다.

콘텐츠 준비

UE4에서 사용할 콘텐츠를 준비할 때는 추가로 주의해야 할 점이 있다. 이름 지정 규칙, 라이트 맵 UV 좌표, 콜리전Collision, LOD 등의 작업을 적절하게 진행해야만 원활하고 빠른 워크플로, 고성능, 고품질의 렌더링 결과가 보장된다. 씬을 준비하기 위해서는 해야 할 작업이 훨씬 더 많기 때문에 자동화와 작업의 일관성은 생산성을 향상시키고, 프로젝트를 안정적이고 효율적으로 유지하며 생산 비용을 낮추는 데 필수적이다.

UE4 워크플로는 광추적 방식의 렌더링 도구보다 아티스트들에게 훨씬 더 많은 작업 시간을 요구한다. 매우 놀라울 정도로 빠른 렌더링 시간(1장에서 다룬 프레임당 0.16~0.33초)을 기억해보면 그 이유를 알 수 있다. 콘텐츠를 빠르게 렌더링하는 가장 좋은 방법 중 하나는 사전에 필요한 작업을 처리하고, 다양한 방법으로 이렇게 처리한 결과를 저장해 사용하는 것이다. 라이팅 결과를 구워서 저장하고, 노멀 맵을 사용해 디테일을 기록하고, UVW 좌표를 할당하는 작업 모두 렌더링 속도를 빠르게 하는 데 도움을 준다.

이 작업은 대부분 매우 빠르게 처리되기 때문에 작업을 위해 기다려야 하는 시간은 제로에 가깝다. UE4에서 데이터 내보내기, 가져오기 그리고 데이터 처리하는 과정은 매우 빠르게 진행된다. 시간이 오래 걸리는 작업은 일반적으로 스레드를 통해 병렬로 처리되기 때문에 라이팅을 굽거나 다른 플랫폼에서 실행하기 위해 프로젝트를 컴파일하는 동안 에디터에서 다른 작업을 계속 진행할 수 있다.

> **노트**
>
> 시간이 오래 걸리고 프로세서를 많이 필요로 하는 계산 중 일부는 에디터에서 병렬로 처리할 수 있을 뿐만 아니라 네트워크를 통해 분산 처리도 가능하다. 기존의 워크 스테이션이나 렌더링 팜(렌더링에 사용되는 장치)을 이용해 라이트매스 렌더링, 콘텐츠 쿠킹, 컴파일 등의 작업 속도를 크게 향상시킬 수 있다.

또한 렌더링을 위해 오랜 시간을 낭비하지 않아도 된다. 3ds 맥스와 마야Maya의 뷰포트는 라이팅을 처리하고 적절한 모습으로 렌더링된 씬을 전달하는 데 악명이 높으며, 종종 머티리얼과 텍스처를 제대로 보여주지 못하는 경우도 있다. 이런 이유로 인해 변경이 있을 때마다 몇 분, 때로는 몇 시간 동안 최종 이미지의 제대로 된 모습을 보기 위해 기다려야 하는 경우가 발생한다.

UE4는 콘텐츠를 로딩할 때도 빠른 속도를 자랑한다. 콘텐츠 브라우저에서 애셋을 열면 실시간으로 미리보기를 할 수 있으며 복잡한 콘텐츠도 다양한 에디터를 통해 신속하게 열 수 있다. 대규모 레벨도 몇 분 아니고 몇 초 만에 열린다. 그 결과 짧은 시간에 더 많은 작업을 수행할 수 있는 워크플로가 제공되며, 언리얼이 제공하는 간단한 지침을 따르면 자동화를 통해 많은 작업을 언리얼이 대신 처리한다.

3D 씬 설정하기

UE4가 제시하는 표준과 규칙에 콘텐츠를 일치시키는 것이 중요하다. 이 중 대부분은 기술적인 부분이고, 또한 상당수가 리소스에 관련된 부분이지만 UE4가 이런 표준과 규칙을 제시하는 이유가 있다.

원본 아트 파일(맥스, 마야, 포토샵 파일)을 준비하는 작업부터 시작해야 한다. 적절한 이름을 위해 시간을 할애하는 것 역시 중요하다.

이름 변경, 크기 조절, 정점 수, 피벗 포인트 등은 디지털 콘텐츠 작성 프로그램DCC에 서 이름 변경, 이동, 스케일 등의 기능을 클릭함으로써 쉽게 처리할 수 있다. 이런 애 플리케이션은 메시와 비트맵을 처리하기 위해 제작됐고 그런 기능에 장점을 보인다. 또한 여러분은 이런 프로그램을 능숙하게 다룰 수 있을 것이다. UE4에 콘텐츠를 임 포트하고 나면 이런 작업을 처리하는 일이 훨씬 더 복잡하다(이런 작업이 UE4에서 가 능한 경우라도).

단위

언리얼 엔진 4는 기본 씬 **단위**unit에 센티미터cm를 사용한다. 따라서 아트 제작 프로그 램에서 1 unit = = 1 cm 단위로 제작하는 것이 가장 이상적이다. 하지만 다수의 시각 화 제품에서 이렇게 설정하는 것은 그리 쉬운 일이 아니다. 종종 원본 데이터의 제한 이나 워크플로 요구사항에 의해 기본 단위를 변환하는 것이 쉽지 않은 경우가 있다.

이런 문제를 우회하는 몇 가지 방법이 있다. FBX 익스포터exporter를 사용하면 내보내 기를 하는 동안 메시에 스케일(크기)을 적용할 수 있고 UE4는 메시에 대한 임포트 스 케일(및 회전)에 관련된 설정을 제공한다. 이런 옵션은 콘텐츠에 따라 동작하지 않을 수도 있으며, 어쩔 수 없는 경우가 아니라면 권장하지 않는다. 그 대신 내보내기를 하 기 전에 콘텐츠의 크기를 조절하는 방법을 찾는 것이 좋다.

맥스는 **디스플레이 단위**를 설정하는 옵션도 제공한다. 이 옵션은 데이터나 씬에는 아무 런 영향을 주지 않는다. 단순히 씬의 단위 크기를 UI의 시각적 요소로 변환한다. 이를 통해 콘텐츠 단위는 센티미터로 유지하고 작업에 사용하는 단위는 기존에 사용하던 단위를 계속 사용할 수 있다.

통계

정확한 **통계**statistics를 얻는 것은 콘텐츠를 최적화하는 데 필수적이다. 가장 중요한 요 소는 삼각면triangle과 정점의 수다. 폴리Poly나 표면Face 또는 그 외의 다른 용어를 사용 하지 않고 삼각면이라고 언급한 데 주목하기 바란다. UE4는 렌더링을 위해 모든 지 오메트리를 정점으로 정의된 삼각면으로 분해하기 때문에 삼각면과 정점 외의 다른 항목은 중요하지 않다.

뒷면 컬링과 노멀

Backface Cull(보이지 않는 뒷면 제거)은 삼각면이 카메라를 바라보지 않는 경우에 화면에 그리지 않는 방법으로 렌더링 최적화에 사용되는 방법이다. Backface Cull은 **양면 렌더링**two-sided, double-sided이라 부르기도 한다.

많은 3D 애플리케이션은 기본적으로 양면 렌더링을 사용해 물체의 양쪽 면을 보여준다. 하지만 UE4에서는 기본적으로 카메라를 바라보지 않는 뒷면을 화면에 그리지 않도록 설정돼 있기 때문에 지오메트리가 제대로 보이지 않는 경우가 발생할 수 있다. UE4에서 개별 머티리얼이나 머티리얼 인스턴스를 적용해 양면을 그리게 설정할 수는 있지만 이는 효율적인 방법이 아니며, 풀잎 같은 특정 표면을 렌더링하기 위한 기능이다.

3D 애플리케이션에서 양면 렌더링 옵션을 꺼서 UE4에서 보이는 모습과 동일하게 작업해야 한다. 따라서 3D 애플리케이션에서 표면과 정점 노멀에 대한 문제가 있는 경우 UE4로 콘텐츠를 가져오기 전에 이를 해결해야 한다.

UE4에서 사용할 지오메트리 준비하기

언리얼 엔진 4에서는 3D 오브젝트를 **스태틱 메시**Static Meshes 또는 **스켈레탈 메시**Skeletal Meshes라고 부른다. 하나의 메시는 스무딩 그룹, 다수의 머티리얼, 정점 색상 등을 가질 수 있다. 메시는 고정적(스태틱 메시)이거나 변형되는(스켈레탈 메시) 구조일 수 있다. 3D 애플리케이션에서 각 메시를 FBX 파일로 내보내기 한 다음 UE4 프로젝트로 가져온다.

노트

이 책에서는 스태틱 메시만 사용해 씬을 구성한다. 스태틱 메시는 그 이름에서 유추할 수 있듯이 스스로 이동하거나 다른 물체에 의해 이동될 수 없다. 스태틱 메시에서 '스태틱(정적)'이라는 부분은 정점에 대한 것이다. 스태틱 메시는 뼈(bone)를 기반으로 변형시킬 수 없다. 뼈를 기반으로 변형시킬 수 있는 메시를 스켈레탈 메시라 부른다.

건축물과 소품 메시

개인적으로 스태틱 메시 애셋을 건축물과 소품^{prop} 이렇게 두 가지 범주로 생각한다. 둘 다 비슷한 규칙을 따르지만 각각 훨씬 더 쉽게 처리하기 위해 고려할 사항이 있다.

건축물

건축물 메시는 벽이나 바닥, 지형, 도로 등과 같이 고유하며 특정 위치에 배치되는 특징이 있는 물체를 말한다. 일반적으로 이런 물체는 한 씬에 한 개의 사본만 특정 위치에 배치된다.

따라서 주로 원본 아트 애셋에 있는 물체와 Content 폴더, 그리고 UE4 레벨 간에는 1:1 대응 관계를 유지하게 된다(예를 들어 SM_Wall01은 정확한 위치에 한 개씩만 배치된다).

이런 물체를 제 위치에서 내보내기를 한 다음 UE4로 가져와서 씬에 0,0,0(또는 다르게 정의된 원점) 위치에 배치한다. 3D 애플리케이션의 물체와 UE4 콘텐츠를 서로 동기화시키는 방법을 사용하면 물체나 씬 전체의 위치를 변경하지 않고 내보내기와 가져오기를 할 수 있기 때문에 쉽게 작업할 수 있다.

소품

소품 메시는 레벨 내 여러 위치에 반복적으로 배치해 재사용할 수 있는 메시를 말하는데 테이블 위의 접시를 예로 들 수 있다. 이를 위해 고유한 스태틱 메시를 사용할 수도 있지만, 사용하는 소품이 동일한 경우 한 개의 애셋을 참조하고 뷰포트에서 위치를 조절할 수도 있다. 테이블 또한 소품이 될 수 있으며 쉽게 다른 곳으로 이동시킬 수 있다.

여러 소품이 하나의 애셋을 참조하도록 하면 메모리 부담을 줄일 수 있고, 콘텐츠 수정과 반복 작업이 수월해진다.

네이밍

다른 모든 디지털 프로젝트와 마찬가지로 프로젝트를 위한 명확한 네이밍^{naming} 규칙을 세우고 이를 지키는 것은 UE4를 개발하는 모든 이들에게 중요한 작업이다. 프로젝트는 결국 수천 개의 개별 애셋으로 이뤄지며 이것의 확장자는 모두 .uasset이다. 3D 애플리케이션에서 물체 이름을 지정하는 작업은 매우 쉽고 빠르지만 UE4에서는 그렇지 않을 수도 있다.

특정 데이터 파이프라인을 수용할 수 있는 자신만의 표준과 시스템을 만들어 사용할 수도 있겠지만 언리얼 엔진 4 커뮤니티와 콘텐츠를 공유하고 싶은 경우에는 이들과 동일한 방법을 사용하는 것이 좋다.

네이밍 기본 규칙

UE4에서 이름을 지정할 때는 공백이나 특수 문자, 유니코드 문자를 사용하지 않는다 (메시, 파일, 변수 등). 때로는 이런 규칙을 어기는 경우가 생길 수 있지만 그렇게 되면 나중에 공백이나 특수 문자를 허용하지 않는 시스템을 사용하는 경우에 이를 해결하는 작업이 힘들어질 수 있다.

UE4 네이밍 규칙

언리얼 콘텐츠의 기본 네이밍 규칙 체계는 에픽 게임즈와 언리얼 엔진을 사용하는 개발자들이 지난 15년 동안 사용해온 방법이다. 이는 다음의 기본 규칙을 따른다.

```
Prefix_AssetName_Suffix
```

여러분이 UE4에 포함된 콘텐츠를 살펴봤다면 이런 네이밍 규칙을 이미 확인했을 것이다.

> **노트**
>
> 엔진과 에디터는 이런 네이밍 규칙을 강요하지 않는다. 따라서 원하는 방식으로 콘텐츠 이름을 지정할 수 있다.

접두사

접두사Prefix는 콘텐츠 유형을 식별할 수 있는 한 글자, 또는 두 글자 정도의 짧은 문자를 말한다. 일반적인 예로 머티리얼의 M_과 스태틱 메시의 SM_이 있다. 접두사는 주로 간단히 앞 글자를 따거나 약자를 사용하는 것을 알 수 있다. 하지만 때로는 충돌 문제나 스켈레탈 메시의 SK_ 같이 전통적으로 사용해온 문자를 사용하는 경우도 있다(접두사에 대한 전체 목록은 https://wiki.unrealengine.com/Assets_Naming_Convention에서 확인할 수 있다).

애셋이름

기본 이름 BaseName은 간단하고 이해하기 쉬운 방식으로 객체를 설명할 수 있는 단어를 선택한다. WoodFloor, Stone, Concrete, Asphalt, Leather 같은 단어가 훌륭한 예다.

접미사

몇몇 애셋은 미묘한 변경 사항을 이름에 기록해야 하는 경우가 있다. 가장 대표적인 예로 텍스처 애셋이 있다. 텍스처 애셋은 모두 T_ 접두사를 사용하지만 노멀 맵이나 러프니스 맵 같이 엔진에서 특별한 용도로 사용하기 위해 제작된 다른 종류의 텍스처가 존재한다. 접미사Suffix를 사용하면 이렇게 다른 종류의 텍스처 개체를 그룹으로 깔끔하게 정리할 수 있다.

예시

일반적인 UE4 프로젝트에서 표 3.1에 있는 예시를 쉽게 찾을 수 있다.

표 3.1 애셋 이름 예시

애셋 이름	내용
T_Flooring_OakBig_D	큰 오크 재질 바닥의 기본 색상(디퓨즈) 텍스처
T_Flooring_OakBig_N	큰 오크 재질 바닥의 노멀 맵 텍스처
MI_Flooring_OakBig	큰 오크 재질 바닥 텍스처를 사용하는 머티리얼 인스턴스
MI_Flooring_MasterMaterial	큰 오크 재질 바닥 머티리얼 인스턴스가 참조하는 상위 계층의 머티리얼
SM_Floor_1stFloor	MI_Flooring_OakBig 머티리얼이 적용된 스태틱 메시

UE4에는 이 외에도 여러 종류의 콘텐츠 유형이 있으며 이에 사용되는 네이밍 규칙이 다르다. 언리얼에서 제안하는 접두사와 접미사에 대한 모든 내용은 https://wiki.unrealengine.com/Assets_Naming_Convention에서 참조할 수 있다. 이 목록에 나온 규칙은 매우 철저하지만 이런 이름 규칙을 꼭 지켜야만 하는 것은 아니다. 가장 중요한 점은 일관성을 유지하는 것이다. 따라서 일관성을 유지할 수 있는 시스템을 개발하고 이를 충실히 지키는 것이 좋다.

UV 매핑

UV 매핑^{UV mapping}은 모든 3D 아티스트에게 도전 과제이며 시각화 제품을 제작하는 경우에는 더욱 그렇다고 할 수 있다. 시각화 제품의 렌더링은 대부분 UVW 매핑이 제대로 되지 않거나 UVW가 설정되지 않은 채로 렌더링될 수 있지만 UE4에서는 그럴 수 없다.

UVW 좌표는 다양한 기능과 효과에 사용된다. 표면에 텍스처를 적용하거나 라이트 맵 좌표로 사용하는 것이 대표적 사례다.

모든 3D 애셋은 고품질의 일관된 UVW 좌표가 필요하다. 간단한 지오메트리의 경우 UVW 맵 설정 도구를 사용해 적용하는 것처럼 쉬울 수도 있지만, 복잡한 지오메트리의 경우에는 좀 더 복잡하게 직접 설정해야 하는 작업이 필요할 수 있다. 하지만 두려워할 필요가 없다. 대부분의 경우 좋은 결과를 쉽게 얻을 수 있다. 단지 UE4로 작업할 때 UV 좌표를 주시하고 집중하면 된다. 진단하기 어려운 렌더링 관련 문제가 발생한 경우 UV 좌표를 확인해보기 바란다.

현실 세계의 크기

많은 3D 애플리케이션에서 실제 크기의 UV 좌표 시스템을 사용할 수 있다. 즉 UV 좌표를 사용하는 대신 머티리얼 내 텍스처의 크기가 조절된다. UE4에서도 이 방법을 사용할 수 있지만 최선의 방법은 아니다.

3D 애플리케이션에서 제작한 씬이 이미 실제 크기로 매핑돼 작업된 경우 도구(맥스의 UVW 스케일)를 활용해 UV 좌표의 크기를 조절하거나 UV 에디터에서 수동으로 UV 정점의 크기를 조절해야 한다.

월드 투영 매핑

시각화 제품에서 일반적으로 많이 사용되는 일종의 '속임수'는 월드에 투영된 텍스처 (XYZ 좌표로 투영된 텍스처)를 반복적으로(타일링) 배치해 복잡한 정적 모델을 신속하게 처리하는 방법이다. 이 방법은 좋은 결과를 얻기 위해 잘 설정된 UV 좌표를 필요로 하지 않는다. UE4에서도 이 방법을 사용할 수 있으며 개인적으로도 이 방법을 많이 사용한다.

라이트매스를 사용해 미리 계산된 라이팅 결과를 사용하려는 경우, 월드 투영 매핑 World-Projection Mapping을 사용하더라도 정확한 라이트 맵 UV 좌표를 명시적으로 제공해야 한다. 이는 라이트매스가 정확한 렌더링을 위해 고유한 UV 공간을 필요로 하는 라이팅 정보를 텍스처 맵에 저장하기 때문이다.

타일링 좌표와 고유한 좌표

대부분의 시각화 제품은 타일링 텍스처를 광범위하게 사용한다. 사실 텍스처는 타일링되지 않는다. 그 대신 UV 좌표가 설정되거나 머티리얼에 의해 타일링이 허용되도록 수정된다. 타일링이 적용된 UVW 좌표는 UV 표면에 중복될 수 있고 0~1 사이의 UV 공간을 벗어날 수 있다. UV 좌표의 특성이 따라 0~1 사이의 범위를 벗어나면 타일링되어 배치된다. 따라서 0.2, 1.2, 2.2는 모두 동일한 픽셀을 나타낸다.

고유한 UV 좌표는 좌표가 0~1 사이의 범위를 벗어나지 않도록 정의되며, 각 표면은 UV 맵 공간에서 중복되지 않고 고유한 영역을 차지하게 된다. 이는 각 픽셀을 모델 표면의 특정 위치에 대응시킬 수 있기 때문에 정보를 '베이킹baking'해서 텍스처 맵에 저장할 때 특히 유용하다(그림 3.3).

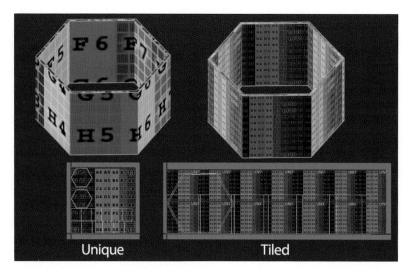

그림 3.3 고유한 UV 좌표와 타일 방식으로 처리된 UV 좌표

데이터를 텍스처로 베이킹하는 대표적인 예로는 재투영reprojection을 이용해 하이-폴리곤 모델에서 생성된 노멀 맵이나 UE4에서 라이트매스를 사용해 **라이트 맵**Lightmaps이라 불리는 텍스처 맵에 라이팅 정보와 전역 조명 정보를 기록하는 경우가 있다.

다중 UV 채널

언리얼 엔진 4는 다중 UV 채널을 지원하며 라이트매스를 활용해 구운 라이팅 정보 같은 엔진-레벨의 여러 기능을 위해 다중 UV 채널을 권장한다.

3D 애플리케이션은 종종 뷰포트에서 여러 UV 채널을 시각화하는 데 문제가 발생할 수 있으며, 이를 위한 워크플로도 잘 정리돼 있지 않거나 다중 UV를 지원하지 않고 더 큰 텍스처에 세부사항을 적용하도록 하는 경우도 있다. 이는 좋은 방법이 아니다. 텍스처 크기가 커지면 많은 양의 VRAM을 소비하기 때문에 씬을 화면에 그리는 데 느려질 수 있다.

그 대신 크기가 큰 물체의 경우 머티리얼에서 다중 UV 채널과 UV 채널을 활용해 디테일을 적용하는 것이 좋다.

> **노트**
>
> UE4는 0을 UV 좌표의 기준점으로 사용한다. 즉 3D 애플리케이션(3ds 맥스 등)에서 UV 채널의 기준점
> 으로 1을 사용하는 경우 UE4에서는 이를 인덱스 0으로 가져온다.

라이트 맵 좌표

라이트 맵 UV 좌표 생성은 번거로운 작업처럼 보일 수도 있다. 하지만 이 역시 두려
워할 필요 없다. 라이트 맵 좌표는 제작하기 쉬우며 단순히 몇 가지 규칙을 준수하는
두 번째 UV에 불과하다.

- 프로젝트에서 동적 라이팅만 사용하는 경우에는 라이트 매핑 좌표를 전혀 염
  려할 필요가 없다.
- 라이트 맵 좌표는 고유해야 하며 겹치거나 중복되지 않아야 한다. 표면이 겹
  치게 되면 라이트매스가 어떤 표면의 라이팅 정보를 픽셀에 기록해야 하는지
  정할 수 없기 때문에 치명적인 오류가 발생할 수 있다.
- UV 차트^{UV Chart}(UV 에디터에서 연결된 표면의 그룹) 사이에는 공백이 존재해야
  한다. 이를 **패딩**^{padding}이라 부르며 한 삼각면의 픽셀이 인접한 삼각면의 픽셀과
  섞이지 않도록 해야 한다.
- 마지막 주요 규칙은 두 부분으로 나눌 수 있다. 매끄러운 표면에 해당하는 라
  이트 맵 UV를 분할하지 않는다. 이로 인해 보기 흉한 경계선이 발생할 수 있
  기 때문이다. 그리고 스무딩 그룹의 경계를 따라 좌표를 분할하면 스무딩 그
  룹 주변의 빛 번짐 문제를 방지할 수 있다.

> **노트**
>
> 종종 매끄러운 표면의 UV 경계선을 배치해야만 하는 경우도 있다. 이런 경우에는 사용자가 바라볼 가
> 능성이 높은 곳에서 멀리 떨어진 위치를 선택해 UV 좌표를 지정하는 것이 최선의 방법이다(뒷면이나
> 물체의 바닥을 선택하는 것이 일반적이다).

라이트 맵 UV 자동생성 기능

라이트 맵 UV 자동생성^{Auto Generate Lightmap UV} 임포트 옵션은 라이트매스를 사용해 라이팅을 위한 모델을 준비할 때 가장 많은 시간 절약을 할 수 있는 방법 중 하나다. 따라서 이 기능의 사용을 적극 권장한다. 이 옵션을 선택하면 임포트 과정에서 (또는 그이후) 고품질의 라이트 맵 좌표를 빠르게 생성하고 최적의 결과를 위해 아티스트가이를 조정할 수 있다(그림 3.4).

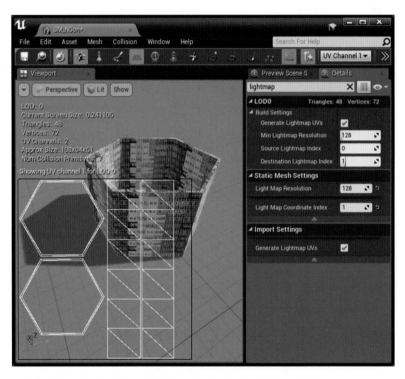

그림 3.4 라이트 맵 UV 좌표가 중첩된 자동 생성된 UV 좌표(그림 3.2와 효율성 비교 참고)

넓은 의미에서 라이트 맵 UV 자동생성 시스템은 원본 채널을 이용해 기존 UV 차트를 가능한 한 효율적으로 0~1 범위의 UV 공간으로 정규화시켜 다시 포장하는 작업을 진행한다. 또한 원본 라이트 맵 인덱스에 의해 설정된 라이트 맵 해상도를 기반으로 차트 사이의 정확한 픽셀 패딩도 추가한다(낮은 해상도의 라이트 맵은 차트 사이의더 큰 공간을 필요로 하는 큰 픽셀을 가지며, 높은 해상도의 라이트 맵은 작은 공간을 필요로 하는 작은 픽셀을 가진다).

이 작업은 기본 UV 채널 좌표가 스무딩 그룹을 따라 분할되는 규칙을 따르고 스트레칭(좌표 늘리기)이 필요하지 않은 경우에만 필요하다. 이 좌표는 처음에 정확하게 매핑된 경우라면 크기에 제한이 없고, 중첩돼도 된다.

> tip
>
> 단순한 상자 모양으로 매핑하거나 내보내기를 하기 전에 3D 애플리케이션의 UV 툴을 이용해 라이트 맵 지오메트리를 쉽게 제작할 수 있다(예를 들어 스무딩 그룹에 따라 분할하거나 표면 각도에 따라 분할). 월드 투영 매핑과 결합된 UV 매핑 워크플로는 쉽고 빠르며 자동화할 수 있다.

Level of Detail(LOD)

UE4는 훌륭한 LOD 기능을 제공한다. LOD는 화면에서 멀어져 작아질수록 디테일이 덜 적용된 3D 모델로 전환하는 기능을 말한다.

모바일이나 VR용 콘텐츠를 개발하는 경우 LOD와 모델 최적화가 매우 중요하다. 고성능 하드웨어를 대상으로 개발하는 경우에도 하이-폴리곤 모델용 LOD 모델을 제작하는 것이 좋다. 자동차, 사람, 나무, 그 외의 기타 식물 같은 메시를 제작하는 경우 효율적인 LOD 모델을 사용하면 더 많은 애셋을 화면에 유지할 수 있기 때문에 매우 디테일한 시뮬레이션을 구현할 수 있다.

UE4는 FBX로 내보내기를 지원하는 애플리케이션에서 제작된 LOD 체인LOD Chain을 완벽하게 지원한다. 선호하는 3D 애플리케이션에서 LOD를 제작하고 이를 UE4로 가져올 수 있다. LOD 체인을 사용하거나 여러 FBX 파일을 사용해 UE4 에디터에서 수동으로 LOD를 적용하는 것도 가능하다.

자동 LOD 생성

UE4는 에디터에서 LOD를 직접 생성하는 기능을 지원한다. 라이트 맵 생성과 마찬가지로 이 LOD는 UE4에 의해 생성되며 아티스트의 개입이 거의 필요 없이 멋진 LOD를 생성할 수 있다.

에디터에서 LOD 메시를 생성하려면 스태틱 메시 에디터에서 LOD 그룹을 지정하거나 임포트 시에 LOD 그룹을 할당하면 된다. 모바일이나 VR 플랫폼을 대상으로 하는 경우 고밀도 메시를 살펴볼 것을 권장한다.

심플리곤(https://www.simplygon.com)과 InstaLOD(http://www.instalod.io/) 같은 써드파티 플러그인은 전체 LOD 생성 과정을 자동화하며 UE4에 내장된 솔루션보다 강력한 폴리곤 축소 기능을 제공한다.

특히 무거운 메시를 주로 사용하는 경우 UE4 파이프라인에 이러한 외부 플러그인의 연동을 고려해보는 방법을 권장한다. 이런 플러그인은 여러 3D 애플리케이션의 최적화 시스템보다 더 강력한 기능을 제공하며 자동 LOD 생성 기능을 통해 절약할 수 있는 시간 역시 상당하다. LOD를 사용하면 매 프레임 렌더링되는 정점의 전체 수를 줄이고 변형함으로써 명백한 성능상의 이점을 얻을 수 있다.

콜리전

UE4에서 **콜리전**Collision은 복잡한 주제임에 틀림없다. 다른 물체와 상호작용하는 액터는 폴리곤 단위, 저해상도의 프록시 충돌 지오메트리(속도 계산용)를 사용해 충돌과 물리 시뮬레이션을 처리한다. 이 과정에서 충돌할 대상과 충돌을 피해 통과할 대상(예: 로켓은 방패를 통과할 수 없지만 캐릭터는 이를 통과할 수 있는 경우)을 결정하는 다양한 설정이 적용된다.

다행히 대부분의 시각화 제품에서는 복잡한 물리 상호작용이 필요하지 않기 때문에 충돌 처리와 관련해 간단한 접근 방법을 사용할 수 있다.

건출물 메시 콜리전

크기가 크고 고유한 건축 구조물의 경우 간단히 폴리곤 단위complex의 콜리전을 사용할 수 있다. 벽, 바닥, 도로, 지형, 인도 등에서는 이 방법을 사용하더라도 성능을 크게 저하시키는 문제를 발생시키지 않는다. 여기서 명심해야 할 점은 메시가 더 복잡할수록 계산량이 더 많아지기 때문에 이를 처리하기 위한 비용이 비싸진다는 점이다. 따라서 적절한 판단이 필요하며 복잡하고 큰 메시의 경우 여러 개로 분할하는 것이 성능 문제를 피하는 방법이 될 수 있다.

소품 메시 콜리전

크기가 작고 디테일이 더해진 메시의 경우 폴리곤 단위의 콜리전은 너무 많은 메모리와 성능을 필요로 한다. 그 대신 저해상도의 콜리전 프록시 메시나 단순한 구조의 콜리전을 사용해야 한다.

3D 패키지에서 저해상도의 폴리곤 **콜리전 메시**[1]를 직접 생성하거나 UE4 에디터를 사용해 직접 기본 충돌 메시(박스, 구체, 캡슐)를 생성할 수 있다. 또한 에디터에서 제공하는 충돌 메시 자동 생성 옵션도 살펴보는 것이 좋다.

컨벡스 분해(자동 컨벡스 콜리전)

UE4는 **컨벡스 분해**^{Convex Decomposition}라 불리는 훌륭한 자동 충돌 생성 시스템을 제공한다. 이 기능은 양질의 기본 모양의 충돌 메시를 생성하기 위해 폴리곤 오브젝트를 3D 그리드로 분해하는 화려한 복셀화^{voxelization} 시스템을 사용한다. 이 기능은 복잡한 구조의 메시에서도 사용 가능하며 소품 메시의 폴리곤 수를 줄이는 데도 매우 좋다.

컨벡스 분해 기능을 임포트 과정에서 제공되는 자동 콜리전 생성 옵션과 혼동하지 않길 바란다. 자동 콜리전 생성 기능은 UE3부터 이어져오는 시스템이며, 크고 불규칙하거나 길쭉한 모양을 잘 처리하지 못하기 때문에 대부분의 시각화 제품에서는 사용하기 어렵다.

다수의 삼각면을 가진 메시나 크기가 매우 큰 삼각면을 가진 메시의 경우 컨벡스 분해를 처리하는 데 시간이 오래 걸리기 때문에 임포트 시에는 컨벡스 분해를 사용할 수 없다. 이런 경우 3D 애플리케이션에서 전통 방식으로 충돌 메시를 생성해 이를 모델과 함께 임포트하는 방법이 좋다.

언리얼 공식 문서와 http://www.tomshannon3d.com/p/ue4viz.html에서 충돌 생성에 대한 자세한 내용을 참조할 수 있다.

---

1 메시와 함께 내보내기에 사용되는 저해상도 폴리곤 충돌 메시를 제작할 때는 특별한 이름 규칙을 따라야 한다. 이에 대한 자세한 정보는 https://docs.unrealengine.com/latest/INT/Engine/Content/FBX/StaticMeshes/index.html#collision의 스태틱 메시 설명서를 참조하기 바란다.

피벗 포인트

UE4는 다른 방식으로 피벗을 가져온다. UE4는 스태틱 메시 임포터의 Transform Vertex to Absolute 옵션을 통해 **피벗 포인트**^{Pivot Point}를 설정할 수 있는 두 가지 옵션을 제공한다. 3D 애플리케이션에서 피벗을 설정하거나(Transform Vertex to Absolute 옵션을 false로 설정) 원래 설정된 피벗 포인트를 무시하고 임포트 시에 피벗 포인트를 씬의 0,0,0 원점으로 설정할 수 있다(Transform Vertex to Absolute 옵션을 true로 설정).

오브젝트를 월드 공간에 배치할 때 피벗 포인트 위치를 옮겨야 하는 이유가 궁금할 수도 있지만, 이 작업을 통해 시간을 많이 절약할 수 있다. 공통된 피벗 포인트를 사용하면 씬에 모든 **건축물 메시**를 레벨에 배치하고 위치를 0,0,0으로 설정하면 이들을 쉽고 안정적으로 배치할 수 있으며 모두 완벽하게 정렬된 상태로 배치할 수 있다.

이 방법은 일반적으로 건축물 메시를 이동시키지 않기 때문에 매우 효과적이다. 따라서 메시를 회전하거나 크기를 조절하는 것과는 관련이 없다. 중요한 것은 이 메시의 3D 공간에서의 정확한 위치다.

소품으로 사용되는 메시는 이와 반대다. 피벗 포인트는 소품 메시를 씬에 배치할 때 이동, 회전, 크기 조절에 필수적이다.

UE4와 3D 애플리케이션의 피벗 포인트를 일치시키는 데 사용할 수 있는 몇 가지 옵션이 제공된다. 소품으로 사용되는 모델의 피벗 포인트를 모두 0,0,0으로 설정해 작업하거나 내보내기를 할 때 피벗 포인트를 이동시킬 수 있다. 최신 버전의 UE4(4.13 이상)를 사용하면 임포트(가져오기) 동작을 재정의하고 메시에 설정된 피벗 포인트를 사용할 수 있다. 이 방법이 피벗 포인트를 일치시키는 데 사용할 수 있는 일반적이며 가장 좋은 방법이다.

FBX 메시 파이프라인

지오메트리 애셋이 준비되면 이를 FBX로 내보내기를 해야 한다. FBX 포맷은 긴 역사가 있으며 결국 3D 데이터에 사용할 수 있는 가장 일반적인 포맷 중 하나로 사용된다.

UE4는 메시와 애니메이션 데이터 모두에서 FBX를 광범위하게 사용하기 때문에 지오메트리 내보내기를 할 때 언리얼 엔진 4가 요구하는 사항을 잘 이해하는 것이 매우 중요하다.

내보내기 설정

가능한 경우 내보내기 설정에서 Smoothing Groups, Tangent and Binormal, 메시의 Triangulate 항목을 선택한다(그림 3.5). 이런 옵션을 통해 메시가 삼각면으로 구성되게 해 3D 애플리케이션과 UE4 모두에서 동일한 방식으로 음영을 처리할 수 있다.

씬 단위가 센티미터가 아닌 경우 씬 단위를 명시적으로 설정해 내보내기를 하면 모든 애셋의 크기를 쉽게 재설정할 수 있다.

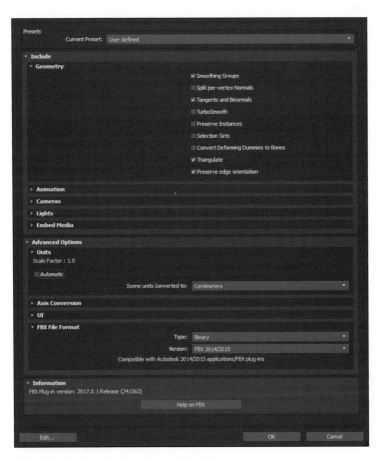

그림 3.5 스태틱 메시를 위한 권장 FBX 설정(3D 스튜디오 맥스)

여러 메시 내보내기

여러 메시 내보내기를 할 때는 몇 가지 워크플로를 선택해 사용할 수 있다. 각 방법에는 장단점이 있다.

단일 FBX 파일

하나의 FBX 파일에 여러 메시를 포함시킬 수 있다. 이런 구조의 메시를 UE4로 가져올 때 해당 메시를 하나의 메시로 결합하거나 개별 메시로 가져오는 옵션이 제공된다.

개인적으로는 이 방법을 선호하지 않는다. 몇 가지 문제로 인해 워크플로가 복잡해지고 때로는 불안정한 경우가 발생할 수 있다.

일반적인 문제는 단일 메시를 모두 업데이트할 때마다 똑같은 메시 세트를 내보내야 한다는 점이다. 이 작업은 관리와 유지가 매우 어렵기 때문에 충돌이나 기타 문제 등이 발생할 수 있다.

씬 가져오기

최신 버전의 UE4는 앞서 언급한 문제를 완화하는 데 도움이 되는 방법이 추가됐다. 씬 임포트는 하나의 FBX 파일에서 모든 메시를 가져와 레벨에 이를 모두 배치한다. 이 기능을 통해 카메라, 라이트, 애니메이션 등을 모두 가져올 수 있다(하지만 이를 위해서는 명확한 관리가 필요하다).

엔진이 발전함에 따라 이 기능을 눈여겨 살펴보기 바란다. 여러분이 제작한 데이터에 적용해보는 것도 좋다. 이 기능은 3D 애플리케이션과 UE4 간의 데이터 교환을 훨씬 쉽게 만들어줄 수 있다.

다중 FBX 파일

여러 개의 FBX 파일 내보내기 방식을 개인적으로 선호한다. 대부분의 3D 애플리케이션에서 이런 방식의 내보내기 기능을 기본적으로 지원하지 않지만 내보내기 과정을 일괄 처리할 수 있는 여러 가지 스크립트와 도구를 사용할 수 있다. 이 스크립트는 www.TomShannon3D.com/UnrealForViz에서 선택해 사용할 수 있다.

UE4는 FBX 파일의 전체 폴더 구조를 빠르게 가져올 수 있다. 이 방법을 활용하면 단일 애셋이나 애셋 그룹의 업데이트를 해야 하는 경우 FBX 파일을 쉽고 안정적으로 교체하고 이를 UE4로 다시 가져올 수 있다. 잘 정돈된 이 접근 방법은 많은 제어 기능을 제공하며 사용했을 때 문제를 발생시킬 위험이 가장 적고 기술적으로도 복잡하지 않다.

리임포트

반복 작업에서 사용하기 쉬운 워크플로는 내보낸 FBX를 업데이트한 지오메트리로 덮어쓰는 방법이다. 이 방법을 사용하면 콘텐츠 브라우저에서 파일을 선택하고 리임포트reimport를 하면 UE4에서 애셋을 업데이트할 수 있다.

자동 리임포트

개인적으로는 UE4에서 제공하는 자동 리임포트Auto Reimport 기능을 자주 사용한다. 이 기능을 사용하면 디렉터리를 정의할 수 있다. 또한 FBX를 업데이트하거나 임포트 가능한 새로운 파일이 제작되면 UE4 에디터가 이런 변경 사항을 감지하고 기존 애셋을 자동으로 업데이트하거나 새로 제작된 애셋을 가져온다.

이 기능을 사용하려면 에디터 개인설정Editor Preferences을 열어 관찰할 폴더와 이와 연결되는 Content 폴더를 정의한다(그림 3.6).

그림 3.6 에디터 개인설정에서 자동 리임포트 설정하기

> **노트**
>
> 기본적으로 자동 리임포트 기능은 Content 폴더에 활성화돼 있다. 이는 사용하기 쉽고 이해하기 쉽지
> 만 원본 파일을 이 위치에 두는 방법은 권장하지 않는다.
>
> Content 폴더는 에디터 외부에서 수정하지 않는 것이 좋다. 이는 UE4가 선호하는 방식이 아니며 프로
> 젝트가 손상되는 문제가 발생할 수 있다.

FBX 파일 저장 위치

일반적으로는 내보내기한 FBX 파일을 유지할 필요가 없으며 이를 임시 파일로 간주
할 수 있다. 내보내기한 FBX 파일은 여러분이 가장 편하게 생각하는 위치에 저장할
수 있다. 리임포트 기능을 사용할 수 있게 하기 위해서는 일관성 유지가 중요하기 때
문에 동일한 위치에 저장하면 된다.

텍스처와 머티리얼 워크플로

특정 렌더링 소프트웨어에서 다른 렌더링 소프트웨어로 옮겨갈 때는 새로운 렌더러
기능을 이용하기 위해 머티리얼을 다시 제작해야 하는 데 UE4도 이와 다르지 않다.

UE4를 사용해 메시에서 사용하는 머티리얼을 가져오는 것이 가능하지만 가져오기를
통해 사용할 수 있는 옵션이 제한적이고, 원본 머티리얼이 매우 특정한 방식으로 제
작돼야 한다.

물론 UE4에 머티리얼을 가져오는 게 시간 낭비라고 말하는 것은 아니다. 프로토타이
핑과 UE4 방식으로 제작된 머티리얼의 경우 시간 절약에 큰 도움이 될 수 있다. 하지
만 3D 애플리케이션에서 머티리얼을 제작하는 데 너무 많은 시간을 할애하지 않기
바란다. 단순히 디퓨즈 맵이나 색상 설정 정도면 충분하다(이 정도 설정이 UE4로 가져
오기를 했을 때 사용할 수 있는 전부다).

텍스처

UE4는 텍스처에 대해 엄격한 규칙과 제한 사항을 적용한다. 일부 규칙은 너무 엄격해서 텍스처 가져오기에서 실패하는 경우도 발생한다. 다른 사항은 단순히 프로젝트의 품질이나 성능을 저하시키는 요인이 될 수 있다.

대부분의 규칙은 UE4가 실행되는 하드웨어와 소프트웨어에 의한 언리얼 엔진 4에 적용되는 기술적인 제한 사항이다. 그래픽 카드의 Graphical Processing Units[GPU]는 텍스처의 저장, 접근, 렌더링 방식 등이 다르며 UE4는 이런 제한 사항을 고려한다.

지원되는 포맷

UE4는 다음과 같은 이미지 포맷을 지원한다.

- .bmp
- .float
- .pcx
- .png
- .psd
- .tga
- .jpg
- .exr
- .dds
- .hdr

가장 일반적으로 사용되는 포맷은 BMP, TGA, PNG 포맷이다.

TGA 파일은 8비트 이미지로서 게임 산업에서 표준으로 사용되는 포맷이다. 이는 아티스트가 채널별로 이미지 내용에 대한 제어를 할 수 있기 때문이다. UE4는 24비트(RGB)와 32비트(RGBA) TGA 파일을 지원한다.[2]

---

2 이미지 포맷이 혼란스럽게 느껴질 수 있다. 32비트 TGA 파일은 4개의 8비트 채널(RGBA)로 구성돼 있는 반면, HDR 또는 EXR의 경우 채널당 32비트를 표현하는 32비트 이미지 포맷이다.

PNG 파일은 미리 곱한 알파를 사용해 알파 값을 적절히 혼합할 수 있기 때문에 UI 요소에 널리 사용된다. 하지만 이 알파는 다른 텍스처에는 일반적으로 적합하지 않다. 개인적으로는 머티리얼에 사용되는 모든 텍스처에 TGA나 BMP 포맷 사용을 권장한다.

밉맵

밉맵^{Mip-Map}은 미리 계산돼 텍스처의 일부로 저장된 텍스처의 축소된 버전을 말한다. 밉맵은 카메라에서 물체가 멀어질수록 GPU가 작은 크기에 텍스처를 사용할 수 있도록 하는 기술이다. 이를 통해 에일리어싱^{aliasing}이 방지되고 성능 향상에 도움을 줄 수 있다.

해상도

모든 텍스처는 64, 128, 256, 512 등과 같이 2의 지수로 표현 가능한 크기로 설정하는 방법이 좋다. 최대 해상도는 8192×8192이며 이보다 고해상도인 텍스처는 소스 코드 수정이 필요하며 모든 비디오 카드에서 지원되지 않을 수도 있다.

텍스처는 꼭 정사각형일 필요는 없지만, 각 치수가 2의 지수로 표현 가능한 크기를 갖는 편이 좋다. 예를 들어 128×1024는 2의 지수의 크기를 갖기 때문에 알맞게 설정됐다.

2의 지수의 크기가 아닌 텍스처를 가져올 수 있지만 밉맵이 생성되지 않기 때문에 이 경우 프로젝트에서 다양한 시각적인 문제를 발생시킬 수 있다. 따라서 텍스처를 UE4에 가져오기 전에 텍스처에 알맞은 크기를 설정하는 작업을 진행하는 것이 좋다.

알파 채널

다양한 포맷에서 알파 채널을 포함시킬 수 있다. 하지만 알파 채널은 텍스처의 메모리 사용량을 두 배로 늘리기 때문에 알파 채널을 사용하는 경우에만 포함시키는 것이 중요하다.

알파 채널을 별도의 텍스처로 저장하는 방법도 있다. 이 방법은 여러 텍스처에서 동일한 알파 정보를 공유하거나 다른 채널보다 낮은 해상도의 알파 맵을 사용하려고 할 때 도움이 될 수 있다.

압축

UE4는 하드웨어 수준의 텍스처 압축을 사용한다. 대부분의 경우 블록 압축의 문제가 발생할 수 있는 DDS 포맷을 사용하기 때문에 고품질의 원본 이미지를 제작하는 것이 매우 중요하다(다시 말해 압축된 원본 이미지의 사용을 피하는 것이 좋다).

텍스처 단위로 압축을 재정의할 수 있지만 필요한 경우에만 이 방법을 사용해야 한다. 압축되지 않은 텍스처는 메모리 사용량을 최대 8배까지 늘릴 수 있다.

다중 머티리얼

UE4는 단일 메시에서 다중 머티리얼의 사용을 완벽하게 지원한다. 단순히 3D 애플리케이션에서 필요한 표면에 개별 머티리얼을 할당하는 일반적인 FBX 작업 방식을 사용하면 된다. 다중 머티리얼을 사용하는 경우 각 머티리얼이 해당 액터의 렌더링 오버헤드를 증가시킨다는 점만 주의해서 사용하면 된다. 건축 구조물이나 건물 등과 같이 드물게 사용되는 액터의 경우에는 다중 머티리얼을 사용해도 큰 문제가 없다. 하지만 씬에서 자주 사용되는 애셋(차량, 식물, 소품 등)에는 가능한 적은 수의 머티리얼을 사용하는 것이 프로젝트의 성능 면에서 좋다.

콘텐츠 라이브러리로 애셋 가져오기

애셋을 UE4 프로젝트에 가져오는 작업은 애셋을 제작하고 내보내기를 하는 작업에 비해 기술적으로 덜 복잡하다. 시각 데이터를 이용해 작업하는 경우에 애셋을 프로젝트에 가져오는 과정에서 살펴봐야 할 몇 가지 옵션이 있다.

임포트 시작하기

가져오기를 시작할 수 있는 몇 가지 간단한 방법이 있다.

- 파일 브라우저에서 콘텐츠 브라우저로 애셋을 드래그 앤 드롭한다. 가져오기를 위해 여러 파일을 드래그할 수 있으며 콘텐츠 브라우저에 전체 디렉터리를 드래그할 수도 있다.

- 콘텐츠 브라우저에서 마우스 오른쪽 버튼을 클릭하고 임포트 메뉴를 선택한다.

- 콘텐츠 브라우저에 있는 **임포트** 버튼을 사용한다.

- 관찰할 폴더와 프로젝트의 대상 디렉터리 정의를 통한 자동 애셋 임포트를 사용한다.

가져오기를 하는 파일의 유형에 따라 UE4는 다양한 임포트 옵션을 제공한다.

메시 임포트 옵션

필요한 요구사항에 따라 선택하는 옵션이 다르겠지만 대부분의 경우 임포트 과정에서 다음 그림에서 보여주는 옵션 선택을 사용할 수 있다(그림 3.7).

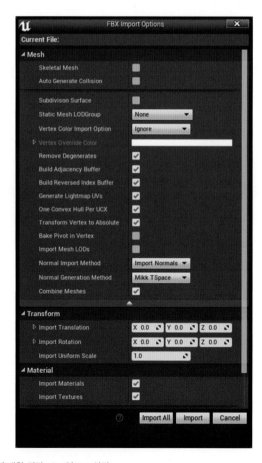

그림 3.7 스태틱 메시에 대한 권장 FBX 임포트 설정

Auto Generate Collision

개인적으로는 Auto Generate Collision 옵션을 사용하지 않길 권장한다. 이 옵션은 UE3에서 계승된 기존 시스템이며 메시를 위해 특별히 콜리전을 제작하지 않은 콘텐츠의 경우 나쁜 결과를 가져올 수 있다.

폴리곤 단위의 콜리전(3D 애플리케이션 또는 에디터에서 기본 모양의 콜리전 배치를 통해) 또는 에디터에서 컨벡스 분해 콜리전 생성 기능을 사용해 직접 콜리전을 생성하는 것이 좋다.

Generate Lightmap UVs

개별적으로 라이트 맵 채널을 직접 생성하는 것보다 Generate Lightmap UVs 옵션을 사용하는 방법을 권장한다. 개별적으로 라이트 맵 채널을 생성하는 대신 기본 UV 채널을 깔끔하게 작업하고 에디터에서 라이트 맵 UV를 생성할 수 있도록 허용하는 것이 좋다.

Import Materials와 Textures

개인적으로는 일반적으로 Import Materials와 Import Textures 옵션을 켜둔 상태로 둔다. 이렇게 하면 메시에서 사용하는 다양한 텍스처가 임포트되도록 설정할 수 있으며 이렇게 임포트된 텍스처가 적용된 머티리얼의 생성과 할당이 편리하다. 또한 나중에 머티리얼 제작을 시작할 때도 편리하기 때문이 이 옵션을 사용한다.

하지만 주의해서 사용하지 않으면 큰 혼란을 발생시킬 수 있다. 이런 문제를 방지하려면 3D 애플리케이션에서 메시를 내보내기 전에 머티리얼이 메시에 잘 할당됐는지 확인하는 것이 중요하다. 또한 머티리얼 인스턴스 할당 시스템을 사용해 머티리얼이 아닌 머티리얼 인스턴스를 생성할 수도 있다. 이 방법은 UE4의 작업 방식과 머티리얼 시스템에 익숙한 개발자들에게는 매우 멋진 기능이지만 초보자에게는 너무 복잡할 수도 있다.

Transform Vertex to Absolute

Transform Vertex to Absolute 옵션을 true로 설정하면 UE4는 메시에 설정된 피벗 포인트를 씬의 0,0,0 위치로 대체한다. 이 옵션을 false로 설정하면 메시에 설정된 피벗 포인트를 사용하게 된다. 이전 섹션 'UE4에서 사용할 지오메트리 준비하기'에서 언급했듯이 이 설정은 건축 구조물 메시를 배치하고 관리하는 데 필요한 시간을 크게 절약할 수 있다.

텍스처 옵션

텍스처를 가져올 때는 임포트 옵션이 표시되지 않는다. 하지만 텍스처에 적절한 옵션이 설정돼 있는지 확인하는 것이 중요하다. 텍스처에 설정된 옵션에 따라 성능과 시각적 품질에 큰 영향을 줄 수도 있다.

텍스처를 프로젝트에 가져온 후 콘텐츠 브라우저에서 텍스처를 더블 클릭하면 텍스처 에디터가 열린다. 다음은 텍스처 설정 중에서 가장 중요한 내용이다.

- **Texture Group**: 대부분의 텍스처는 단순히 World 그룹으로 설정한 채로 둘 수 있다. 노멀 맵, HDR 이미지, UI 이미지, LUT와 벡터 맵 등 기타 특수 텍스처는 적절한 그룹으로 설정해야 한다. Texture Group을 적절히 설정하면 텍스처가 제대로 읽히고 화면에 정확하게 표시될 수 있도록 내부적으로 다양한 옵션이 설정된다.

- **Compression Settings**: Texture Group을 설정하면 Compression Settings가 정확하게 설정되는 경우도 있고 그렇지 않은 경우도 있다. 대부분의 텍스처는 기본 설정을 사용한다. 노멀 맵의 경우 normal map 설정을 사용해야 한다. UI 텍스처의 경우 User Interface 설정을 사용해야 적절한 알파 블렌딩과 스케일 기능을 사용할 수 있다.

- **sRGB**: sRGB 옵션은 색상 정보가 포함된 거의 모든 텍스처에서 true로 설정해야 한다. 이 옵션을 true로 설정하면 엔진이 감마 보정을 통해 씬에 배치된 텍스처가 정확하게 화면에 표시되도록 한다(UE4는 선형 렌더링 파이프라인을 사용하며, 선형 색상 공간과 일치시키기 위해서는 감마 보정을 거쳐야 한다). 마스크 mask나 노멀 맵, 벡터 맵 등과 같이 다른 '데이터' 맵으로 사용되는 텍스처의

경우에는 감마 보정을 거치지 않고 원래 그대로의 데이터가 정확하게 사용될 수 있도록 sRGB 옵션을 false로 설정해야 한다.

카메라 워크플로

여러분은 프로젝트의 여러 측면을 강조하면서 부드럽고 매끄러운 카메라 애니메이션을 사용해 시각적으로 멋진 애니메이션 효과를 제작하는 데 전문가일 것이다. 기술을 갈고 닦으며 경쟁에서 살아남기 위해 여러분만의 도구와 기술을 개발해왔을 것이다.

UE4는 시퀀서를 통해 놀랍고 멋진 시네마틱 시스템과 애니메이션 시스템을 제공한다. 하지만 완전히 새로운 시스템의 학습은 매우 어렵고 불필요한 과정일 수 있다. 이를 위해 UE4는 3D 애플리케이션에서 제작한 카메라를 에디터로 가져오거나 내보내는 강력한 기능을 지원하기 때문에 여러분이 다루는 데 친숙한 도구를 사용해 쉽게 반복 작업을 진행할 수 있다.

간단히 3D 애플리케이션에서 카메라 오브젝트를 선택하고 FBX로 내보내기를 하면 된다. 카메라가 스플라인^{spline}에 연결되거나 표준 트랜스폼을 사용하지 않는 경우에는(예를 들어 다른 오브젝트와 연결돼 있거나 Look-at 컨트롤러나 수정자^{Modifier}를 사용하거나 다른 rig의 일부로 사용되는 경우) 애니메이션 데이터를 구워야 할 수도 있다.

UE4에서는 에디터 툴바의 시네마틱^{Cinematic} 버튼을 클릭하고 Add Level Sequence 메뉴를 선택한 다음 시퀀스 애셋을 저장할 위치를 선택해 새 레벨 시퀀스를 생성한다 (그림 3.8).

그림 3.8 새 레벨 시퀀스 추가하기

새 시퀀스가 생성되면 시퀀서Sequencer에서 시퀀서 애셋을 열고 시퀀서 창에서 동적으로 생성된 카메라 액터에서 마우스 오른쪽 버튼을 클릭한 다음 임포트 메뉴를 선택한다.

그러면 3D 애플리케이션에서 제작한 애니메이션을 불러와 선택한 카메라에 해당 애니메이션이 적용된다. 이 과정에서 피벗 포인트가 돌아가 있거나 위치가 제대로 설정되지 않는 등과 같이 3D 애플리케이션에서 설정한 값과 다른 값이 설정되는 문제가 발생할 수 있다. 따라서 이 기능을 최대한 사용하려면 카메라를 다시 작업하거나 표준 유형으로의 변환 작업을 해야 할 수도 있다.

시퀀서에서 제작한 카메라 애니메이션을 FBX 파일로 다시 내보낸 다음 3D 애플리케이션 또는 Nuke 같은 후편집post-editing 도구에서 이를 불러와 UE4에서 렌더링된 장면을 완성할 수도 있다.

요약

내보내기와 UE4로 가져와 사용하려는 목적으로 콘텐츠를 준비하는 과정은 많은 개발자가 직면하는 가장 큰 장애물이다. 하지만 UE4에서 사용하기 위한 콘텐츠 제작을 위해 시간을 쏟는 만큼 UE4 에디터에서 이런 데이터를 재작업할 때 큰 보상으로 다가올 것이다. 용량이 큰 데이터 세트라 할지라도 UE4로 매끄럽게 가져올 수 있으며 이런 데이터가 씬에 적절하게 배치될 수 있다. 이를 통해 이런 콘텐츠가 여러분의 프로젝트 성공에 기여할 수 있다.

4장

라이팅과 렌더링

UE4에서 가장 매력적인 부분 중 하나는 놀라운 시각적 품질이다. 물리 기반 렌더링(PBR)을 활용함으로써 UE4는 고품질의 사실적인 렌더링 결과를 제공한다. 놀라울 정도로 사실적인 방식으로 표면이 빛과 그림자에 반응한다. 머티리얼 에디터는 비주얼 그래픽 시스템을 사용해 복잡하고 역동적인 물리 기반 머티리얼을 생동감 있게 구현할 수 있게 하며, 머티리얼 인스턴스와 머티리얼 함수를 통해 실시간으로 머티리얼을 재사용하고 수정할 수 있는 기능을 제공한다. UE4를 사용하면 다시는 이전에 사용하던 렌더러로 돌아가고 싶은 생각이 들지 않을 수도 있다.

언리얼 엔진의 물리 기반 렌더링(PBR) 이해하기

지난 10년간 컴퓨터 그래픽은 그 품질 면에서 르네상스를 맞았다. 이는 물리 기반 렌더링PBR의 개발이 미친 영향이 크다. PBR은 전통적인 퐁/블린Phone/Blinn 스페큘러 Specular 셰이딩 방식을 대체하며 러프니스Roughness 같은 표면 파라미터를 기반으로 실제 표면이 빛에 반응하는 방식을 더욱 정확하게 표현한다(그림 4.1).

그림 4.1 동일한 머티리얼을 4가지의 서로 다른 라이팅 환경에서 살펴본 모습

언리얼 엔진 4의 렌더러는 헐리우드 블록버스터 제작을 위해 만든 PBR 기술을 채택했으며, 강력하고 아티스트 친화적이며 배우기 쉬운 머티리얼과 라이팅 시스템을 제공한다. 물리 기반 머티리얼, 라이트, 반사 효과를 통합된 시스템으로 결합해 고화질 이미지를 실시간으로 제공한다.

맥스웰Maxwell 같은 물리 기반 렌더러를 사용해본 경험이 있다면 UE4 렌더러의 개념을 빨리 파악할 수 있다. 물리 기반 렌더러 사용 경험이 없는 경우 처음에는 이런 변화가 혼란스러울 수 있다. 하지만 머티리얼 및 라이팅의 훌륭한 결과와 거의 모든 라이팅 조건을 잘 처리한다는 점을 경험하면 이 시스템이 매우 직관적으로 설계돼 있음을 이해하고, 기존의 스페큘러 기반 머티리얼 시스템으로 되돌아가는 것이 어려울 수 있다.

베이스 컬러

베이스 컬러 Base Color는 단순히 모든 그림자와 하이라이트가 제거된 머티리얼의 색상을 정의한다(UE4는 라이팅 정보를 기반으로 그림자와 하이라이트 정보를 채운다고 가정한다).

이 값은 완전히 검은색을 띠거나 완전히 흰색을 나타내지 않는다. 숯과 순수한 아스팔트는 거의 .02의 값(값의 범위가 0에서 1 사이일 때)을 갖는 반면 순수한 눈snow은 .81의 값을, 순수한 콘크리트와 모래는 .51과 .36 사이의 값을 갖는다.

러프니스

UE4는 스페큘러 채널을 거의 사용하지 않는다. 여전히 스페큘러 값에 접근이 가능하지만 PBR 시스템이 제대로 동작하지 않는 특수한 경우에만 사용된다.

그 대신 단일 그레이스케일grayscale 또는 부동 소수점 값을 사용해 정반사의 밝기와 범위를 결정하는데, 이 값을 **러프니스**라고 한다(그림 4.2). 러프니스에 단일 값을 설정하거나 텍스처를 사용해 값을 설정할 수 있다. 그림 4.2에서는 러프니스 값만 변경됐다는 점에 유의해 살펴보기 바란다. 러프니스 값이 증가함에 따라 정반사 영역과 반사 효과가 모두 희미해지는 모습을 볼 수 있다.

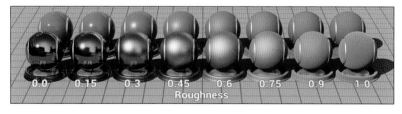

그림 4.2 러프니스 값에 따른 윗줄의 비금속과 아랫줄의 금속 모습

실제 세계에서는 표면이 거칠수록 반사광이 확산되거나 흐려진다. 이는 표면의 미세한 결점 때문이다. 이런 결점은 빛을 산란시키는 반면에 결점이 없는 매끄러운 표면은 반사광을 산란시키지 않아 거울처럼 예리한 반사광을 만들어낸다.

> **노트**
> 정반사 효과를 낮추기 위해 스페큘러 값을 낮추는 유혹을 받을 수 있지만, 이 방법을 사용하지 말고 머티리얼을 더 거칠게(러프니스 값을 높게 설정) 만들어야 한다.

메탈릭

메탈릭Metalic 값은 머티리얼이 얼마나 금속성을 많이 띄는지 정도를 설정한다(그림 4.3). 이 값은 그레이스케일 또는 **스칼라**[1] 값(0.0~1.0 사이의 값)이다. 하지만 거의 모든 표면은 0이나 1이거나 0과 1에 근접한 값을 나타낸다. 0과 1 사이의 메탈릭 값을 갖는 경우는 매우 드물다. 예를 들어 아주 살짝 오염된 금속, 유약 처리된 고급 도자기나 금속성을 띄는 영역인지를 정의하기 위해 마스크를 사용하는 경우가 이에 포함된다.

그림 4.3 메탈릭에 따른 다양한 모습. 반사광 색상은 머티리얼의 베이스 컬러에 의해 제어된다.

PBR 최대한 활용하기

PBR은 좋은 입력 데이터를 필요로 한다. 이를 위해 다양한 곳에서 러프니스, 노멀, 기타 PBR 맵이 포함된 매우 우수한 PBR 텍스처를 다운로드할 수 있는 많은 리소스를 제공한다.

---

1 스칼라 값은 부동 소수점 숫자에 대한 머티리얼 셰이더 언어다.

Substance Bitmap 2 Material^B2M 같은 도구는 PBR 렌더링을 위해 기존의 디퓨즈 텍스처를 준비하는 데 도움을 줄 수 있다.

포토샵이나 다른 이미지 편집 소프트웨어에서 이러한 맵을 직접 제작할 수도 있지만, 섭스턴스, 퀵셀 수트^Quixel Suite, 섭스턴스 B2M 같은 도구를 사용하면 훌륭한 맵을 훨씬 더 빠르게 생성할 수 있다.

이런 도구는 이미지 프로세싱 기술을 활용해 원본 이미지 모양과 라이팅 정보를 분석한 다음 노멀, 러프니스, 베이스 컬러 맵을 생성한다.

러프니스에 디테일 추가하기

러프니스 텍스처 맵은 최상의 PBR 머티리얼을 제작하는 열쇠다. 주위를 둘러보자. 다양한 러프니스는 표면에 대해 알아야 할 모든 내용을 말해주며, 각 표면에 나타나는 거칠기에는 약간의 차이가 나타나는 모습을 볼 수 있다. 스크래치, 먼지, 흠 등이 있는 곳에는 러프니스의 차이가 발생하며 바로 이런 정보를 머티리얼에 추가해야 한다.

베이스 컬러 맵은 단순하게 유지하기

베이스 컬러 맵은 단순하게 유지한다. 여기에는 라이팅 또는 그림자 정보가 포함되지 않아야 하며 오로지 색상 정보만 포함시켜야 한다. 렌더러가 라이팅과 그림자 효과를 채울 수 있도록 기본 색상만 설정하는 것이 중요하다.

UE4의 라이트

언리얼 엔진 4의 라이팅은 다른 3D 패키지의 라이팅과 매우 비슷하다. 스포트 라이트, 디렉셔널 라이트^directional light, 스카이 라이트, 포인트 라이트 등을 배치하고 밝기, 감쇠와 색상을 조절한다. UE4가 다른 점은 품질과 성능의 균형을 맞추기 위해 엄격하게 제한하는 측면이 있다는 점이다.

> **노트**
>
> UE4에는 동적 GI 조명 솔루션이 내장돼 있지 않다. UE4는 최고 품질의 글로벌 일루미네이션(global illumination) 시스템을 라이트매스(Lightmass)를 통해서만 제공하며 라이트매스는 에디터에서 라이트와 그림자 맵을 사전에 오프라인에서 계산한 결과를 사용한다.
>
> **Light Propagation Volumes**
>
> UE4는 제한된 실시간 GI를 Light Propagation Volumes 형태로 프로젝트 설정에서 활성화할 수 있는 실험 기능으로 제공한다. 실험적이기 때문에 제품 단계의 기능에는 미치지 못하며, 이 기능에 대한 지원도 부족하지만 많은 개발자가 이 기능을 사용해 놀라운 효과를 얻었다.
>
> **NVIDIA VXGI**
>
> NVIDIA 역시 VXGI라 불리는 UE4용 GI 솔루션을 제공한다. 이 기능을 사용하려면 NVIDIA에서 수정해 배포한 엔진의 커스텀 빌드 버전을 다운로드한 다음 빌드해야 사용할 수 있으며 이에 대한 내용은 책의 범위를 벗어난다. 이 솔루션은 매우 높은 품질의 결과를 제공하지만 에픽 게임즈에서 직접적인 지원은 하지 않는다.

광추적 방식을 사용하는 엔진의 라이팅은 느리지만 일반적으로 동적으로 작동한다. 햇빛을 쉽게 옮길 수 있으며 색상을 변경해 태양을 시뮬레이션할 수 있다. 완벽한 GI는 각 구석, 모서리, 틈새를 풍부한 빛과 그림자로 채운다. 이를 위해 필요한 건 시간이다. 아주 기본적인 모양의 물체 몇 개가 배치된 간단한 씬의 경우에도 렌더링하는 데 몇 초가 걸린다. 사실적인 세계를 표방하는 씬은 대부분 렌더링에 몇 시간이 걸린다. 실시간 프레임 속도에 맞추려면 1초에 많은 프레임을 렌더링할 수 있어야 한다.

라이트가 할 수 있는 것과 할 수 없는 것을 명확히 제한함으로써 막대한 성능상의 이점을 얻을 수 있었다. 이러한 제한 사항은 처음에는 대처하는 데 어려움을 겪을 수 있지만 할 수 있는 것과 할 수 없는 내용을 이해하고 나면 렌더링을 오래 걸리게 만드는 실수를 피할 수 있다.

라이트 모빌리티 이해하기

레벨에 배치하는 라이트와 메시 액터에는 모두 **모빌리티**Mobility 파라미터가 존재한다. UE4에서 설정할 수 있는 라이트 모빌리티에는 무버블Moveable, 스테이셔너리Stationary, 스태틱Static 3가지가 있다.

무버블 라이트

이름에서 유추할 수 있듯이 라이트나 메시를 움직이고 싶은 경우에는 모빌리티를 **무버블**로 설정해야 한다. 무버블 라이트는 주의해서 사용해야 한다. 물론 UE4는 그림자가 제외된 수백 개의 라이트를 한 번에 렌더링할 수 있지만 UE4가 렌더링하는 데 가장 많은 성능을 필요로 하는 부분이며, 특히 그림자를 생성하는 경우에는 성능에 더욱 더 큰 영향을 미치게 된다.

그림자

무버블 라이트는 무버블 메시와 스태틱 메시에 라이트를 비추고 그림자를 투영시킬 수 있다. 이는 매우 중요하다. 예를 들어 구성하고 있는 씬 지오메트리가 매우 동적일 필요가 있는 경우에는(움직이는 사람이나 자동차가 많거나 씬 지오메트리가 움직이거나 변경되는 경우) 무버블 라이트를 기반으로 씬을 구성해야 한다.

다이나믹 라이트를 위한 그림자 효과 비용이 비싸기[2] 때문에 필요한 부분에만 절약해 사용해야 한다. 라이트의 반경이 커질수록 렌더링하는 데 필요한 계산량이 많아지고 액터가 많아질수록 생성해야 하는 그림자의 수도 증가하게 된다.

동적 그림자 효과는 해상도가 낮고 일반적으로 가장자리가 부드럽지 않고 딱딱하게 그려진다. 동적 그림자 효과를 통해서는 미리 계산된 정적 그림자 효과에서처럼 가장자리가 부드럽게 감쳐되는 효과를 얻을 수 없다(그림 4.4).

---

2 '비싸다'라는 용어는 종종 특정 효과의 성능 저하를 설명하는 데 사용된다. 매 프레임은 보통 특정 '예산'으로 간주하며 라이트, 폴리곤, 그림자 등은 모두 예산에 대한 비용으로 간주한다.

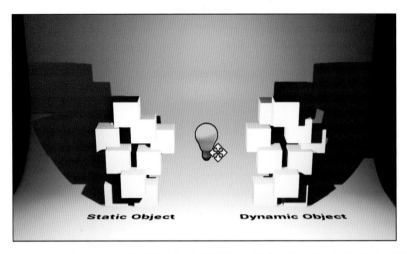

그림 4.4 무버블과 스태틱 오브젝트에 무버블 라이트를 배치했을 때 나타나는 동적 그림자 효과(GI 효과도 적용하지 않음)

전역 조명

무버블 라이트는 전역 조명에 영향을 미치지 않는다. 일부 외부 플러그인이 이를 지원해 엔진에 통합할 수는 있지만 이런 플러그인의 사용과 통합에 대한 내용은 이 책의 범위를 벗어난다.

스페큘러와 반사

무버블 라이트는 표면의 정반사 효과에 직접 기여한다. 무버블 라이트를 통해 PBR 표면을 멋지게 강조할 수 있으며 머티리얼을 강조하는 데 도움을 준다.

스테이셔너리 라이트

UE4 라이트 그룹의 중간에 위치한 스테이셔너리 라이트는 스태틱과 다이나믹 라이트 패스^path를 모두 사용한다. 스테이셔너리 라이트는 이동할 수는 없지만 동적 그림자를 렌더링하고 런타임에 색상과 빛의 세기를 조절할 수 있다. 스테이셔너리 라이트는 전역 조명에 기여하지만 빛의 세기를 조절하면 라이트 맵에 저장된 정적 전역 조명이 아니라 직접 조명에만 영향을 미친다.

스테이셔너리 라이트는 디테일을 추가할 수 있고 동적인 액터에 동적 그림자를 투영할 수 있기 때문에 정적인 조명이 적용된 씬에 유용하다. 하지만 심각한 성능 저하를 발생시킬 수 있기 때문에 신중하게 사용해야 한다.

그림자

스태틱 메시의 그림자는 라이트매스에 의해 섀도 맵Shadow map으로 저장되지만 무버블 오브젝트에 대한 직접 라이트와 그림자는 동적으로 계산된다(그림 4.5).

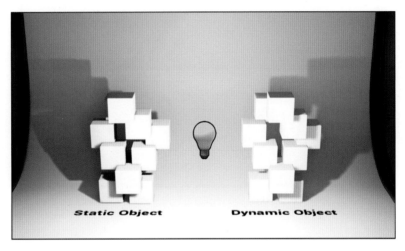

그림 4.5 스테이셔너리 라이트를 통해 그림자가 투영된 스태틱 섀도 맵을 가진 왼쪽의 스태틱 메시와 동적 그림자가 투영된 오른쪽의 다이나믹 메시

스테이셔너리 라이트는 두 라이트의 장점을 모두 제공할 수 있지만 이 마법과 같은 기능에는 중요한 제한 사항이 있다. 각 메시는 한 번에 최대 4개의 스테이셔너리 라이트에만 조명을 받을 수 있다.

단일 메시에 4개 이상의 스테이셔너리 라이트가 영향을 주는 경우 5번째 라이트부터는 동적 그림자 효과를 가진 무버블 라이트로 되돌아가기 때문에 이로 인해 성능이 크게 저하될 수 있다.

이런 상황을 피하는 데 도움을 주기 위해 UE4는 에디터의 뷰포트에서 아이콘과 라이팅을 빌드할 때 경고 메시지를 출력해 이를 알려준다.

에디터에서 적절한 뷰 모드를 선택하면 스테이셔너리 라이트 맵 오버랩^{Lightmap Overlap}을 미리 확인해볼 수 있다. 그림 4.6에서 4개의 스포트라이트 액터와 창에서 들어오는 디렉셔널 라이트는 모두 스테이셔너리로 설정돼 있다. 5번째로 추가된 스포트라이트는 스테이셔너리 라이트로 렌더링할 수 없으며 그 대신 계산량이 더 많은 무버블 라이트로 렌더링된다.

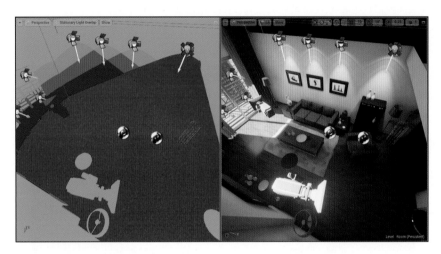

그림 4.6 스테이셔너리 라이트 오버랩 뷰 모드(왼쪽)

전역 조명

스테이셔너리 라이트는 전역 조명^{GI}에 기여할 수 있지만 빛의 색상이나 세기를 변경하면 이런 변경 사항이 GI에 적용되지 않는다. 라이트 액터의 속성에서 GI Contribution 값을 사용해 GI에 기여하는 양을 조절할 수 있다.

스페큘러와 반사

스테이셔너리 라이트는 동적으로 렌더링되는 라이팅 컴포넌트이기 때문에 무버블 라이트처럼 표면에 반사되는 스페큘러 하이라이트에 기여할 수 있다.

> tip
> 스테이셔너리 라이트는 정적 조명을 사용하는 시각화 제품에서 완벽한 햇빛을 구성한다.

스태틱 라이트

이름에서 알 수 있듯이 스태틱 라이트는 완전히 정적인 라이트를 말한다. 스태틱 라이트는 움직이거나 실시간으로 값을 변경하는 것이 불가능하다. 스태틱 라이트의 조명과 그림자 정보는 모두 텍스처로 구워져 저장된다. 스태틱 라이트는 라이트매스의 GI 시스템에만 사용된다.

> **노트**
>
> 스태틱 라이트는 유연성보다는 라이트 품질이 중요한 건축 시각화 제품에서 광범위하게 사용된다. 스태틱 라이트는 라이트매스가 조명 정보를 라이트 맵에 저장한 후에는 이를 처리하는 비용이 고정적이기 때문에 씬에서 기본적으로 라이트 수에 제한 없이 사용할 수 있다.

그림자

스태틱 라이트는 라이트매스를 사용해 조명과 그림자 정보를 포함하는 텍스처인 **라이트 맵**을 렌더링한다. 이 때문에 스태틱 라이트는 동적 오브젝트에 빛을 적용하거나 그림자를 투영할 수 없다(그림 4.7).

라이트 액터의 광원 반경^{Radius} 속성을 변경해 정적 그림자 가장자리의 부드러운 정도를 조절할 수 있다. 이렇게 변경한 효과는 라이트매스를 활용해 라이팅을 빌드해야 해당 효과를 확인할 수 있다.

그림 4.7 라이트 맵이 적용된 스태틱 메시에 투영된 정적 그림자 효과(왼쪽), 투영된 그림자 효과가 없는 다이나믹 메시(오른쪽)

전역 조명

라이트매스로 라이팅을 빌드하기 전까지는 GI 효과를 확인할 수 없다. 스태틱 라이트는 직접 조명과 전역 조명 정보도 라이트 맵에 저장한다.

스페큘러와 반사

스태틱 라이트는 스페큘러 하이라이트에 기여하지 않는다. 하지만 PBR 머티리얼에 정반사 효과를 적용하기 위해 미리 수집된 HDR^{High Dynamic Range} 큐브 맵^{cube map}을 사용하는 리플렉션 캡처^{Reflection Capture} 시스템은 잘 지원한다.

실시간 반사 효과

리플렉션(반사)은 오랫동안 가장 많은 관심을 받는 주제이며 실시간 그래픽을 위한 시각적 효과를 구현하는 데 어려움을 겪어왔다. 광추적 반사 효과의 품질을 모방하기 위해 수백 가지의 기술과 기법이 동원되고 있다.

반사는 PBR 시스템이 동작하는 데 필수 요소다. 씬의 반사 효과가 적용되지 않으면 머티리얼은 뎁스(깊이)를 잃고 표면 정보를 보여주기 위해 직접광의 정반사 효과에만 의존해야 한다. 이는 컴퓨터 그래픽하면 떠올렸던 인공적으로 빛나는 모습으로 이어진다.

반사는 광추적 렌더링 시스템이 강점을 갖는 부분이지만 특히 반사에 흐릿한 효과를 추가하기 시작할 때 처리 속도가 매우 느리다. 그렇다면 UE4는 이를 어떻게 처리할까? 대부분 속임수를 통해 처리한다.

UE4 씬에 사용되는 2가지 주요 반사 효과는 리플렉션 캡처 액터에 의해 생성되는 정적 큐브 맵과 스크린 스페이스^{screen-space} 리플렉션 후처리 이펙트다. 둘 모두 머티리얼에 자동으로 적용되며 적절하게 변경된다. 이는 씬을 위해 머티리얼을 특별히 설정할 필요가 없기 때문에 머티리얼과 씬 조명을 설정하는 데 도움을 준다. 이런 작업은 기존의 게임 엔진이나 다른 종류의 렌더러에서는 필요할 수도 있다.

리플렉션 프로브

UE4는 리플렉션 캡처 액터^{Reflection Capture Actor}라 불리는 **리플렉션 프로브**^{reflection probe}를 사용한다. 리플렉션 캡처 액터는 씬 주변에 수동으로 배치해 대부분의 표면 반사효과를 생성한다. 이 프로브는 주변의 HDR 큐브 맵 정보를 가져와 프로브 반경 안에 있는 모든 머티리얼에 적용한다.

리플렉션 캡처 액터는 다이나믹 메시와 스태틱 메시 모두에 주변광(앰비언트 라이트)에 영향을 주기 때문에 고품질 조명 효과를 구현하는 데 필수적이다.

리플렉션 캡처 액터는 런타임에는 어떤 방식으로도 업데이트될 수 없다.

포스트 프로세스 리플렉션

스크린 스페이스 리플렉션^{SSR, Screen Space Reflection}은 G-버퍼 정보를 사용해 이미 렌더링된 2D 씬으로부터 반사를 재구성하는 매우 놀라운 후처리^{post-process} 기술이다. 디더링 노이즈^{dithering noise}와 화면을 벗어난 정보를 표시할 수 없는 등의 제한 사항이 있지만 대부분의 경우 매우 멋지게 보이는 동적 반사 효과를 제공하며 렌더링 비용도 상대적으로 낮다. 하지만 4K 디스플레이와 VR 같은 고해상도에서는 SSR이 성능 문제를 발생시키는 요인이 될 수 있다. 따라서 성능상의 문제가 발생한 경우 이 옵션을 먼저 끄고 문제를 확인해보는 것이 좋다.

후처리

언리얼 엔진 4는 안티 에일리어싱부터 리플렉션, 앰비언트 오클루전^{ambient occlusion}, 모션 블러에 이르기까지 모든 효과를 후처리에 의존한다.

전통 방식으로 렌더링된 시각화 제품에서 이런 효과를 적용하려면 애프터 이펙트^{After Effects}나 누크^{Nuke} 같은 비디오 편집 도구나 효과를 넣을 수 있는 도구를 활용해 렌더링된 프레임에 효과를 추가해야 한다.

UE4에서는 **포스트 프로세스 볼륨**이라는 씬 액터나 카메라 액터의 포스트 프로세스 설정에서 후처리 효과를 정의해 실시간으로 이런 효과를 적용한다. 이 설정은 씬의 모습과 품질에 극적인 효과를 더하며 시각화 제품을 최대한 멋지게 보이도록 만드는 데 필수적이다(그림 4.8과 4.9).

이 설정은 우선순위 시스템을 사용해 설정이 상속되거나 다른 설정을 덮어쓸 수 있으며, 서로 원활하게 조화를 이루며 적용된다.

UE4의 후처리 효과는 스크린 스페이스에서 처리되며, 이는 화면상에 렌더링되는 픽셀에만 효과가 존재한다는 것을 의미한다. UE4의 후처리 효과 시스템은 직접 렌더링되지 않은 대상에 대해서는 어떠한 효과도 생성하지 못하며 반응도 하지 못한다.

그림 4.8 후처리 효과가 적용되지 않은 UE4 씬(톤 매퍼는 제외)

그림 4.9 다양한 후처리 효과가 적용된 UE4 씬(블룸, 앰비언트 오클루전, 스크린-스페이스 리플렉션, 안티 에일리어싱)

안티 에일리어싱

안티 에일리어싱Anti-aliasing은 처리 속도가 가장 느린 렌더링 작업 중 하나다. 대부분의 렌더러는 수퍼super의 형태나 멀티 샘플링(평균 색상을 더 정확하게 분석하고 가장자리의 에일리어싱을 좀 더 부드럽게 처리하기 위해 고해상도에서 단일 픽셀을 렌더링하는 방식)을 사용한다. 이 방법은 렌더링되는 각 픽셀이 프레임 속도를 감소시키기 때문에 실시간으로 사용하기에는 속도가 너무 느리다.

언리얼 엔진 4는 일부 이미지 선명도와 모션에서 발생할 수 있는 약간의 고스트 아티펙트ghosting artifact[3] 정도의 비용으로 거의 완벽한 안티 에일리어싱 이미지를 생성하는 맞춤형 임시 안티 에일리어싱TAA 시스템을 사용한다. TAA는 다수의 렌더링된 프레임을 연속적으로 샘플링하고 비교한 다음 이에 대한 평균을 이용해 안티 에일리어싱 이미지를 생성한다.

---

3 고스팅(Ghosting)은 고주파수 또는 특정 프레임에서 다른 프레임으로 변경되는 노이즈가 많은 경우 대부분 발생한다. 씬 노이즈를 방지하면 이런 문제를 숨기는 데 도움이 될 수 있다.

이보다는 좀 더 비효율적인 FXAA 스크린 스페이스 안티 에일리어싱 효과 또한 사용 가능하다. 하지만 안티 에일리어싱을 사용하지 않은 경우보다는 낫지만 시각화 제품에 사용하기에는 일반적으로 너무 거칠다.

TAA의 결과로 얻은 부드러운 이미지는 다른 후처리 효과와 함께 사용했을 때 좀 더 사실적인 모습을 표현하는 데 도움이 되며 전체적인 품질을 향상시키는 데 도움이 된다(그림 4.10).

그림 4.10 가장자리의 품질 변화를 보여주는 안티 에일리어싱 방식 비교

블룸, 글레어, 렌즈 플레어

대부분의 디스플레이에서 1 이상의 휘도luminance를 표시할 수 없기 때문에 이미지의 동적 범위를 증가시키는 데 도움을 주기 위해 **블룸**bloom 또는 **글레어**glare 같이 과도하게 빛나는 픽셀을 허용할 수 있도록 블룸이 개발됐다. 블룸은 카메라 렌즈와 우리 눈이 매우 밝은 빛에 노출되었을 때의 효과를 시뮬레이션하기 때문에 효과적이다.

렌즈 플레어lens flare는 카메라의 콘트라스트가 높은 조명 조건에 노출됐을 때 카메라 렌즈 안에 나타나는 반사 효과를 시뮬레이션한다.

UE4는 선형 워크플로를 사용해 씬을 렌더링하며 이 정보를 사용해 고품질의 스페큘러 블룸과 렌즈 플레어 효과를 생성하기 위한 휘도를 결정한다. 이 효과를 필요한 경우에 절약해 사용하면 씬의 HDR 라이팅을 강조하고 시각화 제품의 품질을 높일 수 있다.

눈 적응(자동 노출)

영화와 게임에서 일반적으로 사용되는 효과는 카메라가 희미하고 밝은 조명이 비추는 영역에 들어가거나 해당 영역에서 나올 때 노출을 조절하는 효과다. 이는 극적으로 빛을 발산하며 전통적으로 렌더링된 시각화 제품에서는 일반적으로 처리하기가 까다롭다(그림 4.11).

그림 4.11 빛의 세기의 따른 카메라의 과다 노출을 통해 극적인 효과를 생성

UE4는 단일 씬에서 매우 어두운 영역과 매우 밝은 영역이 공존할 수 있도록 하이 다
이나믹 레인지HDR 렌더링을 지원한다. 플레이어가 실내에서 실외로 이동할 때 플레이
어가 바라보는 관점에서 밝기를 부드럽게 조절하고 자동 노출을 통해 사람의 눈이나
카메라를 시뮬레이션한다.

피사계 심도

피사계 심도DOF, Depth of Field는 대부분의 광추적 렌더러에서 렌더링을 처리할 때 엄청
난 시간이 소요되는 효과 중 하나다. 하지만 UE4는 이를 실시간에서 처리할 수 있다(그
림 4.12).

그림 4.12 원형 DOF를 활용해 물리적으로 정확한 피사계 심도 효과

UE4는 가우시안Gaussian, 보케Bokeh, 원형Circle 등과 같은 몇 가지 종류의 DOF를 제공
한다.

가우시안

가우시안 DOF는 처리 속도는 빠르지만 시각적인 인공물이 포함될 수 있다. 이 효과
는 흐릿하게 보이며, 비현실적이고 물리적으로 정확하지도 않다.

보케

보케는 흐릿하게 보이고 부정확하지만 고대비^{high contrast} 픽셀의 보케(조리개 마스크) 모양 덕분에 훨씬 나은 효과를 구현한다. 모든 보케의 모양은 임계값^{threshold} 보다 밝게 렌더링되는 각 픽셀의 입자를 말한다. 따라서 이 효과는 렌더링을 처리하기 위한 계산량이 많다.

원형

원형 DOF는 비교적 새로운 기능이며, 카메라 조리개와 시야를 기반으로 물리적으로 정확한 피사계 심도^{DOF}를 구현하기 위해 시퀀서와 시네마틱 카메라에서 광범위하게 사용한다.

이 효과는 처리 속도가 빠르며 사실적이고 영화 같은 느낌을 준다. 거의 모든 시각화 제품에서 최소한의 렌더링 비용으로 이 기능을 사용할 수 있다.

필름 효과

필름과 비디오에는 모두 다양한 픽셀 간 노이즈와 비네트^{vignette} 및 색수차^{chromatic aberration}(상의 위치와 크기가 빛의 파장에 따라 변화하는 현상) 같은 기타 렌즈 효과가 나타난다. UE4는 사실적이거나 독특한 스타일의 화면을 구현하는 데 도움을 주기 위해 다양한 영상 후처리 효과를 제공한다.

모션 블러

모션 블러는 전통적인 광추적 렌더러에서 처리 비용이 매우 비싼 또 다른 효과 중 하나다. 물체를 시간과 공간 사이에서 보간하는 작업은 본질적으로 처리 속도가 느리다. 바로 이 부분에서 후처리 작업이 또 한 번 빛을 발한다. UE4는 속도 G-버퍼를 렌더링하는 데 이를 통해 움직이는 물체뿐만 아니라 전체 씬에 고품질이지만 처리 속도가 매우 빠른 모션 블러^{Motion Blur} 효과를 적용한다(그림 4.13).

그림 4.13 고품질의 모션 블러

스크린 스페이스 앰비언트 오클루전(SSAO)

스크린 스페이스 앰비언트 오클루전은 비디오 게임 엔진에서 사용할 수 있는 가장 중요한 그래픽 기술 중 하나이며 대부분의 3D 게임 엔진에서 이 기능을 사용한다. SSAO는 가장자리 위치와 가까운 물체를 판단하기 위해 깊이^{depth}와 노멀 G-버퍼를 사용해 생성되며, AO 맵(앰비언트 오클루전 맵)을 렌더링하고 매 프레임에 실시간으로 이를 합성한다.

SSAO는 동적 조명을 가진 씬에서 시각적 품질을 크게 높이는 데 도움을 준다. 물체가 어떤 표면과 접하고 있을 때 이를 화면에서 읽는 데 도움을 주는 접촉 그림자를 얻는다. 이를 통해 그림자 영역의 깊이를 엄청나게 증가시킬 수 있다. SSAO가 광추적 렌더러나 미리 계산된 AO를 대신할 수는 없지만 이를 통해 시각적으로 품질이 크게 향상된 결과를 얻을 수 있다.

스크린 스페이스 리플렉션

UE4는 월드 노멀World Normal과 깊이 같은 G-버퍼 정보를 기반으로 렌더링된 이미지를 변형시키고 왜곡함으로써 속임수이긴 하지만 시각적 품질이 좋고 처리 속도가 빠른 반사 효과를 생성할 수 있다.

스크린 스페이스 리플렉션은 다이나믹하고 세부적인 반사 효과를 제공하는 리플렉션 캡처 액터를 보완하는 데 도움을 준다(그림 4.14). 이를 통해 가장 정확한 모습의 다이나믹한 반사 효과를 구현하는 데 도움을 준다.

스크린 스페이스 리플렉션은 다른 화면 공간 효과와 마찬가지로 화면 밖에 있는 대상은 렌더링할 수 없다. 이로 인해 씬을 통과할 때 화면에 일부 변형이 생기거나 기타 이상한 효과가 나타날 수 있다. 따라서 이 효과를 사용할 지 여부는 아티스트 결정에 달려있다.

그림 4.14 리플렉션 캡처 액터에서 수집된 큐브 맵 반사 효과와 조화를 이뤄 동작하는 스크린 스페이스 리플렉션

스크린 퍼센티지

UE4는 멀티 샘플링이나 수퍼 샘플링을 통한 안티 에일리어싱[4]을 제공하지 않지만, 이와 비슷한 기능을 제공한다. UE4는 모든 해상도에서 화면과 독립적으로 고화질 이미지를 렌더링할 수 있는 기능을 갖추고 있다.

스크린 퍼센티지Screen Percentage는 화면의 각 픽셀에 렌더링되는 픽셀 수를 제어한다. 예를 들어 100%는 1:1 비율을 의미하며, 80%는 렌더링된 픽셀 수가 80%로 감소됐음을 의미하고 140%는 렌더링된 픽셀이 40% 증가했음을 의미한다. 이 기능은 두 가지 방법으로 사용할 수 있다. 사양이 낮은 기기에서 그래픽 요소가 많은 씬의 렌더링이 가능하도록 이미지 해상도를 낮추거나 강력한 이미지를 보여주기 위해 화면 해상도보다 높은 비율로 증가시킬 수 있다. TAA와 스크린 퍼센티지를 함께 사용하면 매우 선명한 품질, 광추적 렌더러에 근접하는 품질의 이미지를 얻을 수 있다.

프로젝트 해상도를 높이면 화면 공간 효과의 처리 속도가 점점 느려진다. 고해상도 모니터를 사용하는 사용자는 이 설정을 사용하면 더 크게 영향을 받을 수 있다.

포스트 프로세스 머티리얼

UE4는 G-버퍼의 최종 이미지를 머티리얼 에디터에서 합성할 수 있도록 렌더링에 사용하는 G-버퍼를 노출시킨다(에디터에서 사용 가능하도록). UE4를 통해 커스텀 포스트 프로세스 효과를 생성할 수 있다. 이를 활용하면 엔진의 나머지 부분에서 동일하게 사용되는 머티리얼 에디터와 머티리얼 인스터싱 시스템을 활용해 UE4의 렌더링 기능을 확장시킬 수 있다.

포스트 프로세스 머티리얼은 자신만의 비네트 시스템을 만드는 간단한 효과에서부터 셀 셰이딩cell-shading과 외곽선 효과outlining effect를 만드는 복잡한 효과에 이르기까지 다양하게 활용할 수 있다(그림 4.15). 머티리얼 에디터의 확장성 덕분에 이를 활용할 수 있는 효과는 무궁무진하다.

---

4 UE4는 동적 라이팅 같은 디퍼드 렌더링(deferred rendering)의 장점은 사용할 수 없지만 MSAA의 사용이 가능한 포워드 렌더링(forward rendering) 파이프라인을 제공한다.

그림 4.15 포스트 프로세스 머티리얼을 사용해 UE4가 렌더링한 씬의 모습을 완전히 변경한 모습

포스트 프로세스 효과라고 부르지만 실제로는 프로젝트를 실행한 후가 아니라 실행하는 동안에 처리된다. 포스트 프로세스 효과는 매 프레임이 끝나고, 다음 프레임의 렌더링이 시작되는 시점에 렌더링된다. 포스트 프로세스 효과는 실시간으로 동작하며 동적으로 변화하는 씬과 시점에 반응한다.

포스트 프로세스 효과는 씬이 가우디 블룸gaudy bloom, 비네트, 렌즈 플레어로 가득한 미술을 전공하는 학생의 첫 번째 사진 편집 과제처럼 보이게 할 수 있다. 포스트 프로세스 효과를 현명하게 사용하면 매우 사실적인 모습을 제공할 수 있다.

요약

UE4는 가장 강력한 렌더링 시스템 중 하나다. 사실적인 장면을 구현할 수 있는 기능 및 사용 편의성과 품질은 타의 추종을 불허한다. 언리얼에서 사용되는 대부분의 시스템은 기존에 수년간 사용돼 온 기술과 시스템을 기반으로 하기 때문에 익숙하며 이해하기 쉽다.

PBR은 머티리얼의 표면을 바라보고 정의하는 완전히 새로운 관점을 도입했으며, 아티스트에 친화적이고 멋진 화면을 제공한다. 조명 기술과 도구라는 무기를 결합하면 광추적 렌더링을 거친 이미지에 가까운 결과를 실시간으로 얻을 수 있다.

5장

머티리얼

UE4의 머티리얼은 씬의 각 픽셀(픽셀 셰이더)과 정점(버텍스 셰이더)에서 실행되는 비주얼 프로그램과 같다. 머티리얼 에디터를 활용하면 적은 수의 텍스처와 파라미터를 사용해 다수의 표면 제작이 가능하다. 머티리얼 구조가 매우 단순하더라도 PBR 덕분에 놀라운 결과를 보여준다. 머티리얼 제작 기술이 발전하면 이런 머티리얼 시스템을 기반으로 더욱 유연하고 역동적인 기능을 제작할 수 있다.

머티리얼 개요

머티리얼은 매력적이며 상호작용하는 콘텐츠를 제작하는 데 가장 필수적인 요소 중 하나다. 머티리얼은 씬의 각 픽셀이 빛, 그림자, 반사에 반응하는 방식을 정의한다.

실시간으로 처리되는 머티리얼 제작은 기존의 3D 애플리케이션이나 렌더러에서 머티리얼을 제작하는 방법과 크게 다를 수 있다. 대부분의 UE4 워크플로와 마찬가지로 머티리얼 작업 방식 역시 변화에 즉각 반응하며 성능에 초점이 맞춰져 있다.

UE4는 비주얼 머티리얼 에디터를 통해 실시간 머티리얼 미리보기 기능을 제공하며, 말 그대로 픽셀 단위와 정점 단위로 머티리얼이 동작하는 방식을 위지윅(화면에 보이는 대로 결과가 나타나는 형태) 방식으로 프로그래밍할 수 있는 기능을 제공한다. UE4 에디터의 편의성 덕분에 머티리얼이 씬에서 어떻게 보일지에 대한 피드백을 즉각적으로 확인할 수 있다(그림 5.1).

그림 5.1 UE4를 통해 볼 수 있는 머티리얼

머티리얼 생성하기

UE4에서 머티리얼은 메시, 텍스처 같이 애셋이며 콘텐츠 브라우저에 저장된다. 머티리얼은 머티리얼 에디터를 통해서만 생성할 수 있으며 에디터 외부에서는 수정이 불

가능하다. 머티리얼 에디터는 시각적인, 노드 기반의 스크립팅 편집기로 사용이 간단하고 아티스트 친화적인 인터페이스를 사용해 성능이 매우 뛰어난 고수준 셰이딩 언어HLSL 셰이더를 제작할 수 있다.

새로운 머티리얼 애셋을 생성하기 위해서는 콘텐츠 브라우저에서 마우스 오른쪽 버튼을 클릭한 다음 머티리얼 생성Create Material 메뉴를 선택하거나 콘텐츠 브라우저의 **신규 추가**Add New 버튼을 클릭하고 머티리얼 메뉴를 선택하면 된다.

머티리얼 적용하기

메시에 머티리얼을 적용하는 방법은 다양하다. 콘텐츠 브라우저에서 씬에 배치된 메시로 드래그 앤 드롭하거나 스태틱 메시와 스켈레탈 메시 에디터에서 적용할 수 있으며, 오브젝트 프로퍼티 다이얼로그를 통해서도 머티리얼 적용이 가능하다.

본인이 가장 편한 방법을 선택해 사용할 수 있지만, 개인적으로는 스태틱 메시와 스켈레탈 메시 에디터를 통해서 머티리얼을 애셋(씬에 배치된 애셋의 참조가 아닌)에 직접 적용하는 방법을 권장한다. 이렇게 하면 레벨에 메시를 배치할 때 에디터에서 미리 적용한 머티리얼이 적용된 메시를 적절하게 배치할 수 있다.

머티리얼 수정하기

UE4의 시각화 제품에서 실시간으로 머티리얼을 수정하는 작업은 아티스트가 사용하는 도구에 필수적이다. 머티리얼 에디터의 유연성은 타의 추종을 불허하며, 이를 통해 씬에 생동감과 사실적인 장면을 보여줄 수 있는 시각적 효과를 거의 무제한으로 만들어 낼 수 있다.

블루프린트는 로직을 추가할 수 있는 기능을 부여하고 런타임에 동적으로 머티리얼 파라미터를 설정할 수 있는 기능을 통해 이런 유연성을 더 확장시킨다.

UE4 머티리얼 에디터

언리얼 엔진의 머티리얼 에디터는 엔지니어링의 마법과 훌륭한 사용자 인터페이스가 결합돼 아티스트 친화적인 방식으로 복잡한 픽셀과 정점 HLSL 셰이더를 단 한 줄의 코드 작성 없이 제작할 수 있는 도구다.

비주얼 스크립트 스타일의 편집기를 사용해 머티리얼 표현 노드^{Material Expression Node}의 연결을 통해 머티리얼을 제작한다. 각각의 머티리얼 노드는 HLSL 코드의 조각으로 이를 연결하면 엔진이 백그라운드에서 HLSL 코드를 작성한다. 머티리얼 에디터에서 미리보기를 통해 이 코드를 실시간으로 확인할 수 있다.

에디터의 시각적인 특징은 접근과 사용을 쉽게 해주며 PBR 렌더링은 머티리얼을 매우 직관적으로 제작할 수 있게 만든다. 또한 테셀레이션^{tessellation}, 시차 오클루전 매핑^{parallax occlusion mapping}, 정점 변형과 애니메이션 같은 고급 기술을 통해 복잡하고 다이나믹하며 실시간으로 반응하는 머티리얼을 제작할 수 있다.

머티리얼 에디터 열기

콘텐츠 브라우저에 있는 머티리얼 애셋을 더블 클릭하면 머티리얼 에디터에 접근할 수 있다. 프로젝트에 머티리얼이 없는 경우 앞의 '머티리얼 생성하기' 섹션에서 설명한 대로 머티리얼을 생성해야 한다.

에디터 UI

머티리얼 에디터는 대부분의 UE4 에디터에서 사용하는 일반적인 툴바와 메뉴바로 구성돼 있다(그림 5.2). 또한 뷰포트를 통해 실시간으로 머리티얼이 미리보기를 할 수 있으며, 디테일 패널을 통해 선택한 머티리얼 노드에서 사용 가능한 파라미터와 옵션을 확인할 수 있다. 팔레트 창^{Palette Pane}은 사용 가능한 머티리얼 표현 노드의 목록을 보여준다.

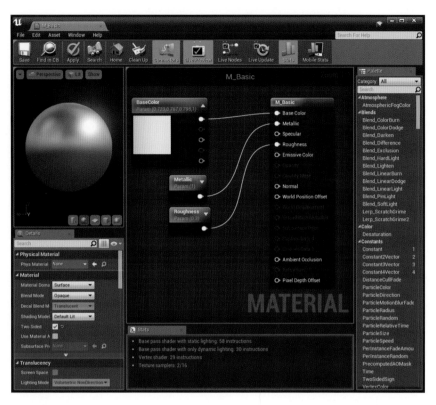

그림 5.2 머티리얼 에디터 UI

가운데에는 **그래프 에디터**가 자리잡고 있는데, 이곳에서는 마법과 같은 일이 벌어진다. 각 머티리얼에는 기본 머티리얼 노드가 존재한다. 이 노드에는 다른 노드를 연결해 값을 수정할 수 있는 머티리얼의 각 요소에 대한 입력이 포함돼 있다.

노드 배치하기

그래프 에디터에서 노드를 배치할 수 있는 방법에는 몇 가지가 있다. 가장 일반적인 방법은 **팔레트** 창을 이용하는 것이다. 팔레트 창에서 머티리얼 표현 노드를 그래프 에디터로 간단히 드래그 앤 드롭을 통해 배치할 수 있다. 또한 그래프 에디터의 빈 공간에서 마우스 오른쪽 버튼을 클릭하면 컨텍스트 팔레트 창이 열리는데 여기에서 사용 가능한 머티리얼 표현 노드에 접근할 수 있다.

다양한 머티리얼 표현 노드를 사용해 머티리얼을 구성할 수 있다. 팔레트 창과 컨텍스트 팔레트 창 모두에서 노드 이름을 검색할 수 있으며 이를 통해 검색 범위를 신속하게 좁힐 수 있다.

미리보기 뷰포트 사용하기

미리보기 기능은 머티리얼 에디터에서 제공하는 가장 좋은 기능 중 하나다. 이를 통해 머티리얼에 대한 거의 모든 수정 사항과 텍스처 패닝 및 물결 효과 같은 시간을 기반으로 하는 효과도 실시간 재생에 대한 즉각적인 피드백을 받을 수 있다.

미리보기 뷰포트는 후처리 기능과 렌더링 기능이 모두 있는 라이브 게임 뷰포트다. 즉 프로젝트에서 머티리얼이 어떻게 보이는지를 1:1로 바로 확인할 수 있다.

또한 미리보기 뷰포트에서 큐브와 구체 같은 표준 모형에 머티리얼을 적용해 미리보기를 할 수 있다. 콘텐츠 브라우저에서 특정 메시를 먼저 선택한 다음 머티리얼 에디터의 미리보기 뷰포트에서 티포트 아이콘을 선택하면 사용자 지정 메시를 미리 볼 수 있다.

기본 미리보기 메시는 높이가 500cm이기 때문에 처음에 볼 수 있는 크기보다 크게 설정돼 있을 수도 있다. 메시가 제대로 보이지 않는 경우 뷰포트에서 F 키를 누르면 메시의 전체 영역이 잘 보이도록 줌^{zoom}이 되면서 메시가 뷰포트의 가운데에 놓인다.

머티리얼은 일반적인 뷰포트 카메라와는 다르게 회전하는 카메라를 사용한다. 물체를 클릭하고 드래그하면 회전시킬 수 있으며 마우스 휠을 사용해 줌 인 줌 아웃 할 수 있다. 빛의 각도를 조절해야 하는 경우에는 L 키를 누른 상태에서 마우스를 왼쪽 버튼을 드래그하면 된다.

미리보기 뷰포트는 매우 훌륭한 머티리얼 미리보기 기능을 제공하지만 조명, 후처리 효과, 그 외의 기타 효과 등이 머티리얼 모습에 영향을 줄 수 있기 때문에 항상 씬에서 테스트하는 것이 중요하다.

셰이더 컴파일하기

에디터에서 노드를 배치하고 연결하면 그 결과가 미리보기 뷰포트에서 실시간으로 업데이트된다. 이 미리보기는 노드 내용이 변경되는 대로 빠르게 업데이트돼 다시 컴파일된다. 하지만 머티리얼이 적용돼 씬에 배치된 메시에서는 이런 변경 사항을 확인할 수 없는데, 툴바의 적용^{Apply} 버튼을 클릭해 해당 머티리얼을 컴파일해야 씬에서 변경 사항을 확인할 수 있다. 또한 저장 버튼을 클릭하면 필요한 경우 컴파일을 진행하기 때문에 저장 버튼을 사용해도 된다.

컴파일을 하면 HLSL 코드를 생성하고 플랫폼별 하드웨어 셰이더를 캐시에 저장하는데, 이 하드웨어 셰이더는 씬에 배치된 메시의 머티리얼을 보여주는 데 사용된다. 일부 머티리얼은 사용되는 방식과 머티리얼에 포함된 머티리얼 파라미터 수에 따라 컴파일하는 데 시간이 오래 걸릴 수도 있기 때문에 이 단계가 필요하다.

머티리얼을 다른 종류의 메시(스태틱, 스켈레탈, 파티클, 폴리지, 터레인, 인스턴스 메시 등)에 적용하면 필요한 머티리얼의 셰이더 수가 증가하며 이로 인해 컴파일 시간이 증가한다.

머티리얼이 컴파일 중이거나 오류가 있는 경우에는 해당 머티리얼이 적용되 씬에 배치된 메시는 기본 회색 머티리얼로 표시된다. 컴파일 후에는 머티리얼 에디터에서 오류가 없는지 확인하는 것이 중요하다. 오류가 발생한 경우 머티리얼 에디터의 출력 창에 오류 내용이 표시된다.

저장하기

아직 작업이 끝나지 않았다! 머티리얼을 저장해야 한다. 변경 사항이 적용된 머티리얼을 씬에서 확인하면 머티리얼이 저장됐다고 생각할 수도 있다. 하지만 컴파일한다고 해서 저장되지 않기 때문에 수동으로 직접 머티리얼을 저장해야 한다(필요한 경우 저장하기 전에 셰이더를 컴파일한다).

언리얼 머티리얼의 동작 원리 ▐▬▬▬▬▬

UE4 머티리얼은 PBR 렌더링 파이프라인을 확장하고 라이팅 및 리플렉션 파이프라인과 긴밀하게 연동된다. 머티리얼은 월드 공간에서의 표면이 조명, 반사, 그림자에 반응하는 방식을 정의한다.

픽셀과 정점 셰이더

언리얼 머티리얼이 동작하는 방식에서 가장 먼저 이해해야 하는 것은 이미지를 렌더링하기 위해 픽셀 셰이더와 정점 셰이더가 어떻게 사용되는지에 대한 내용이다. 이는 대부분의 이미지가 렌더링되는 방식과 비슷하지만, 렌더링 하드웨어GPU와 밀접하게 연동돼 있으며 머티리얼은 하드웨어 인터페이스를 더 많이 노출시킨다.

프레임이 렌더링될 때마다 각 프레임은 정점 셰이더를 통과한다. 이 셰이더는 3D 공간에 있는 씬의 정점을 변환하고, 머티리얼을 할당해 픽셀 셰이더가 평가할 씬을 준비한다. 정점 셰이더에서는 UV 좌표가 변환되고 회전되며, 테셀레이션이 적용되고 그 외의 다른 정점과 지오메트리 관련 계산이 수행된다. 이 모든 과정은 픽셀 셰이더로 전달되기 전에 처리된다.

정점 패스(셰이더 계산)가 완료되면 이미지는 픽셀 셰이더의 의해 픽셀 단위로 렌더링된다. 픽셀이 렌더링될 때마다 표면의 법선 방향, UV 좌표, 픽셀을 렌더링하는 데 필요한 머티리얼과 텍스처 데이터 같은 정점 셰이더에 의해 제공되는 정보가 전달된다.

픽셀 셰이더는 이 정보를 사용해 텍스처를 샘플링하고 수학 연산을 수행해 단일 선형 HDR 픽셀 값을 반환한다. 한 프레임에 필요한 모든 픽셀이 렌더링된 후에 이미지는 톤 매핑과 그 외 다른 효과를 적용시키기 위해 후처리 단계로 전달된다. 이 모든 단계를 거친 이미지는 최종 이미지로 화면에 표시된다.

머티리얼은 수학이다

머티리얼 에디터에서 사용하는 대부분의 머티리얼 표현 노드가 수학 용어라는 사실을 확인할 수 있다. 일반적인 수학 연산에 사용되는 표현식이 존재한다(더하기, 빼기, sin, 제곱, 지수 등).

여기에서 핵심은 각 머티리얼은 복잡한 수학 표현이라는 점이다. 픽셀 색상 값은 빛의 위치, 월드상에서의 위치, 방향, 픽셀의 UV 좌표, 정점의 색상 등과 같은 입력을 기반으로 추가, 차감, 변조된다.

숫자로서의 색상

여러분은 아마 작업 과정에서 쉽게 접할 수 있는 이미지 뒤에 있는 숫자에 대해서는 생각해보지 않았을 것이다. 아티스트의 경우 대부분 RGBA 텍스처는 불투명도^{opacity} 값을 가진 색상 이미지를 의미한다고 생각한다. UE4 아티스트에게 RGBA 이미지는 종종 접근과 수정이 가능한 4개의 그레이스케일 값을 의미한다.

이 개념은 혼란스러울 수 있지만 포토샵과 그 외 다른 이미지 편집 소프트웨어에서 수년간 작업해온 방식이다. 더하기, 곱하기 등과 같은 레이어 연산은 UE4가 더욱 직접적으로 노출시킨 픽셀 연산이다.

선형 색상

UE4의 렌더링은 내부적으로 부동 소수점으로 렌더링되며 텍스처의 각 채널 값은 0~255 사이의 값으로 제한될 수 있지만, 렌더링되는 머티리얼은 부동 소수점 값이 0~1 사이의 값 또는 그 이상의 값을 가질 수 있다. 숫자를 이용해 가능한 작업은 머티리얼 에디터에서 작업이 가능하다.

하지만 0에서 1 사이를 벗어나는 휘도 정보는 모니터에 표시되지 않을 수도 있다. 예를 들어 0 이하의 색상 값은 검정색으로 렌더링되며 1 이상의 색상 값은 흰색으로 렌더링된다(블룸 같은 후처리 효과가 적용될 수 있다).

노멀 맵

"머티리얼은 수학이다."라는 사실을 노멀 맵보다 잘 보여주는 예는 없다(그림 5.3). 노멀 맵은 각 픽셀에 3D 벡터 값(X, Y, Z 방향 값)을 RGB 값으로 저장한다(XYZ=RGB). 언리얼 엔진은 이 정보를 사용해 주변 조명 환경에 반응하는 방식을 변경하기 위해 각 픽셀의 월드 공간에서의 방향을 수정한다.

그림 5.3에서 보라색은 중립 노멀 값으로 렌더링될 때 픽셀의 노멀 값을 변경시키지 않는다. 빨간색 채널은 X 방향을 변경하고 초록색 채널은 Y 방향을 변경한다.

> **노트**
>
> UE4와 여러 3D 애플리케이션에서 트랜스폼 기즈모가 X축에 빨간색, Y축에 녹색, Z축에 파란색을 사용한다는 사실을 눈치챘는가? RGB=XYZ=UVW 이 값은 서로 교환 가능하며 머티리얼에 의해 일반 숫자 배열로 처리되기 때문에 동일한 값으로 간주할 수 있다.

각 픽셀이 렌더링될 때 해당 픽셀 위치에 있는 노멀 맵 값은 최종적으로 정점 셰이더에서 반환되는 모델 표면의 정점 노멀(탄젠트 공간)에 문자 그대로 더해져 새로운 노멀 값이 반환돼 조명이 적용된 후에 다른 색상이 적용된다.

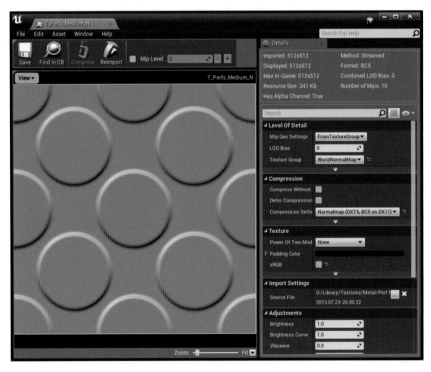

그림 5.3 방향 데이터를 저장하는 노멀 맵

> **노트**
> 다양한 소프트웨어 패키지에서 생성된 노멀 맵은 다소 다른 결과를 산출할 수 있기 때문에 약간의 조정
> 이 필요할 수 있다. 예를 들어 마야(Maya)는 UE4의 표준과 비교했을 때 초록색 채널이 반전된 노멀 맵
> 을 출력한다. 이는 텍스트 에디터에서 Flip Green Channel 옵션을 true로 설정해 쉽게 변경할 수 있다.

다른 모든 데이터-스타일 맵과 마찬가지로 노멀 맵에 sRBG 보정을 설정해서는 안
된다.

압축된 마스크 텍스처

텍스처의 알파 채널에 불투명 마스크 값을 저장하는 것처럼 UE4에서는 다른 3개의
채널(RGB)에 색상 정보 대신 3개의 추가된 마스크 정보를 저장하는 기술이 사용된
다(그림 5.4).

그림 5.4 RGB와 A라는 4개의 마스크를 저장하는 데 사용된 RGB 이미지

이 그림에서 각 텍스트 레이어는 단순히 Additive로 설정된다. 합성된 이미지는 그
자체로는 쓸모 없지만 각 채널에는 4개의 명확한 그레이스케일 이미지가 포함돼 있다.

각각의 마스크 정보는 0에서 1 사이의 값을 필요로 하기 때문에 텍스처 용량과 메모
리를 줄이기 위해 여러 마스크 텍스처를 결합해 하나의 RGBA 이미지로 제작하는 방

법이 널리 사용된다. 이 방법을 사용하면 4개의 마스크 정보를 하나의 텍스처에 저장할 수 있다. 이 텍스처는 제작하기 조금 까다로울 수는 있지만 메모리를 줄이고 복잡한 씬과 머티리얼에서 성능을 향상시키는 데 도움을 줄 수 있다.

> **노트**
> 마스크나 노멀 맵 같은 데이터 스타일의 텍스처는 sRGB 감마 보정을 적용하지 않아야 한다. 따라서 UE4에서 이 옵션이 false로 설정됐는지 확인해야 한다.

머티리얼 함수

머티리얼을 작업하다 보면 다른 머티리얼에서 재사용할 목적으로 특정 기능을 만들고 싶은 경우가 있다. 머티리얼 함수^{Material Function}를 사용하면 프로젝트의 모든 머티리얼에서 머티리얼 표현 노드의 형태로 추가할 수 있는 애셋으로 복잡한 머티리얼 코드 네트워크를 정리할 수 있다.

머티리얼 함수에 입력 값과 출력 값을 추가해 입력을 허용하고 이를 처리해 변환된 값을 반환시킬 수 있다. 머티리얼 함수는 몇몇 색상 값을 입력으로 받고 입력된 색상의 평균을 반환하는 것처럼 간단할 수도 있고, 바다 표면에 모자이크 형태의 파도를 적용하듯이 복잡한 것일 수도 있다.

머티리얼 함수는 심지어 텍스처 및 기타 파라미터와 값을 포함한 전체 머티리얼 정의를 반환할 수도 있다. 하나의 머티리얼에 두 개의 함수를 배치하고 상황에 따라 사용할 함수를 선택하는 마스크를 적용하면 머티리얼 그래프 에디터 코드를 깔끔하고 읽기 쉽게 유지할 수 있다.

표면 유형

UE4 머티리얼은 여러 가지 '표면 도메인^{Surface Domain}' 또는 표면 유형을 사용한다. 각 유형은 서로 완전히 다른 렌더링 코드베이스를 사용하며 기능과 사용 가능한 파라미터가 서로 다르다.

각 유형을 언제, 왜 사용하는지에 대한 이해는 사용 방법에 대한 이해만큼 중요하며 이를 이해하는 것은 어려울 수 있다.

Opaque

Opaque^{불투명} 머티리얼은 프로젝트에서 사용하게 될 머티리얼의 대부분을 차지한다. Opaque 머티리얼은 이름에서 추측할 수 있듯이 불투명하다. 불투명한 픽셀 뒤에 위치한 픽셀은 볼 수 없으며, 따라서 뒤에 위치한 픽셀은 단순히 렌더링하지 않는다.

Opaque 머티리얼은 가장 효율적이며, 완전한 조명 처리가 가능하고, 사용 가능한 머티리얼 중 성능이 가장 뛰어나다. 대부분의 경우 Opaque 머티리얼을 사용하는 것이 좋다.

Masked

Masked 머티리얼은 Opaque 머티리얼과 비슷하지만 1비트의 불투명 마스크 형태로 투명성을 적용할 수 있다. 다시 말해 완전히 불투명하거나 완전히 투명하게 설정할 수 있다.

Masked 머티리얼은 Opaque 머티리얼과 유사하게 매우 빠르게 렌더링 가능하며 품질도 훌륭하다. 하지만 완전히 투명하게 설정된 경우 심한 오버드로우^{overdraw}[1]가 발생할 수 있다. UE4에서 Masked 머티리얼은 약간의 투명도 레벨을 제공하며 고품질의 라이팅 효과를 얻을 수 있기 때문에 폴리지^{foliage}에 주로 사용된다.

Translucent

Translucent^{반투명} 머티리얼은 UE4에서 사용되는 대부분의 머티리얼과는 완전히 다른 렌더링 패스를 사용해 렌더링하고 최종 이미지에 합성된다. 이로 인해 씬에서 Translucent 머티리얼을 사용하기 위해서는 몇 가지 문제점을 고려해야 한다.

---

1 오버드로우는 단일 픽셀에 하나 이상의 표면이 렌더링되는 곳에서 발생한다. 불투명한 표면이 렌더링되면 그 뒤에 있는 물체는 고려하지 않기 때문에 불투명한 픽셀만 렌더링된다. 투명한 표면은 자신 이외의 픽셀도 렌더링해야 한다. 이는 렌더링하는 픽셀의 복잡도가 증가하는 결과로 이어진다.

투명한 표면은 근사치로 계산된 조명 정보를 수신하며 물리적으로 정확하지 않다. Translucent 머티리얼은 대부분 연기나 불 등의 효과에서 주로 사용하기 위한 기능이지만 유리, 물, 기타 반투명한 표면을 가진 물체를 Translucent 머티리얼을 활용해 만들 수 있다. 하지만 광추적 렌더러에서 이런 머티리얼이 가진 품질에는 미치지 못한다.

오파시티(Opacity)

머티리얼을 Translucent로 설정하면 오파시티 입력을 사용할 수 있게 된다. 이 입력은 0~1 사이의 값을 받을 수 있으며 단순히 뒤에 위치한 픽셀과 얼마나 섞어야(블렌드) 하는지를 결정한다. 오파시티에 1이 설정된 표면은 불투명해 보이지만 뒤에 위치한 픽셀을 렌더링하기 때문에 오버드로우가 발생하고 성능이 저하된다.

굴절

Translucent 머티리얼은 **굴절**Refraction 사용을 허용한다. 이 효과는 화면 공간screen-space 효과이며 UE4에서는 제한적이지만, 이 효과를 절약해서 사용할 경우 씬에 배치된 투명한 표면에 다양한 시각적 효과를 추가할 수 있다.

굴절은 픽셀의 스크린 노멀을 사용하며 노멀 방향과 굴절 양을 곱해 픽셀 샘플을 조절한다. 직관적이지는 않지만 1.0은 굴절이 없는 상태, 0.9는 -10%만큼의 픽셀 왜곡, 1.1은 10%의 왜곡을 나타낸다.

0.95에서 1.05 사이의 값이 대부분의 사실적인 왜곡 효과를 내려는 목적으로 사용하기에 적합하다.

머티리얼 인스턴스

동적으로 변경 가능하며 관리가 쉬운 머티리얼의 핵심이 바로 **머티리얼 인스턴스**다. 사용하기에 가벼우며, 프로그래밍 언어에서 클래스 간의 부모-자식 관계와 다르지 않은 상속 구조가 적용된 머티리얼의 인스턴스 버전이다(그림 5.5).

모든 머티리얼은 변경이 발생하면 컴파일을 수행하지만 머티리얼 인스턴스는 컴파일 과정이 필요 없다. 여러분의 머티리얼에서 **머티리얼 파라미터**를 사용하면 에디터와 프로젝트 실행 중에 머티리얼을 동적으로 업데이트할 수 있다.

씬을 수정하는 동안 머티리얼 인스턴스의 속성을 변경하면 이를 씬에서 실시간으로 확인할 수 있다. 머티리얼의 설정을 완성해가는 동안 최종 조명과 후처리 효과가 적용된 씬에서 즉시 업데이트된 모습을 확인할 수 있다.

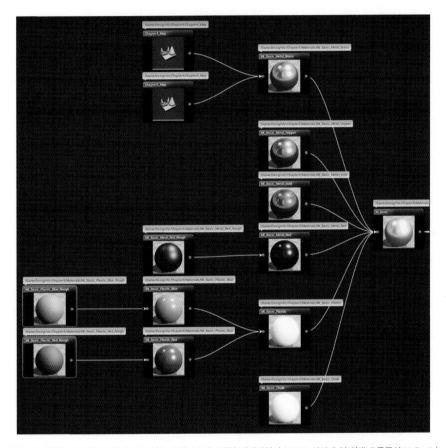

그림 5.5 다양한 머티리얼 인스턴스의 상속 그래프 모습. 단일 머티리얼이 부모로 설정돼 있다(맨 오른쪽의 M_Basic).

머티리얼 파라미터

파라미터는 머티리얼에서 특별한 입력 노드이며 머티리얼 인스턴스에 노출된다. 파라미터는 색상(벡터), 텍스처, 스칼라(float) 값을 사용할 수 있다. 파라미터는 머티리얼 인스턴스 에디터에서 개별 라인 아이템으로 나타나며 부모 값을 그대로 사용하거나 부모 값을 덮어쓸 수 있다. 파라미터를 활용하면 광범위한 재사용과 조절 가능한 머티리얼을 제작할 수 있다.

상속

높은 수준에서 볼 때 머티리얼 인스턴스는 가벼운 인스턴스 또는 머티리얼을 참조하는 사본이다. 머티리얼 인스턴스는 머티리얼 에디터에서는 수정이 불가능하며, 머티리얼 인스턴스를 더블 클릭하면 열리는 머티리얼 인스턴스 에디터를 사용해 수정이 가능하다.

머티리얼 인스턴스는 부모로 설정된 머티리얼, 머티리얼 인스턴스의 파라미터 값을 모두 상속inheritance받는다.

이는 두 가지를 의미하는데, 머티리얼 인스턴스에서 속성을 변경하더라도 부모로 설정된 머티리얼은 영향을 받지 않으며, 부모 머티리얼을 변경하면 이를 상속하는 모든 머티리얼 인스턴스는 부모에 영향을 받아 내용이 업데이트된다.

복잡한 머티리얼 상속 관계를 적용해 다른 머티리얼 인스턴스의 머티리얼 인스턴스를 만드는 것도 가능하다. 하지만 작업하는 내용을 정확히 이해하는 상태가 아닌 경우에는 인스턴스의 인스턴스를 만드는 것은 상속 관계를 어지럽게 만들고 지나친 관계 설정일 수 있다. 인스턴스의 상속 관계를 설정하기 전에 명확한 계획을 수립하는 것이 좋다. 때에 따라서는 하나의 인스턴스를 복제해 속성을 수정하는 것이 인스턴스의 인스턴스를 만드는 방법보다 훨씬 나을 수 있다.

파라미터 재정의

머티리얼 인스턴스에서 머티리얼 파라미터를 재정의(덮어쓰기)하면 부모 머티리얼과 다른 값을 설정할 수 있다. 이를 위해서는 옆에 위치한 체크박스를 클릭해 재정의

overriding할 각 속성을 명시적으로 선택해야 한다. 파라미터를 재정의하고 값을 변경하면 이를 상속하는 자식 인스턴스가 모두 업데이트된다.

분류

각 파라미터에는 설정할 수 있는 그룹 값이 존재한다. 그룹 값은 머티리얼 인스턴스 에디터의 파라미터 목록을 정리organization하는 데 사용된다. 그룹 값이 설정되지 않은 파라미터는 기본Default 그룹에 배치된다.

파라미터가 많은 머티리얼의 경우에는 목록이 복잡해지고 불편해지기 쉽기 때문에 입력을 추가할 때 그룹 값을 할당하는 습관을 갖는 것이 중요하다.

마스터 머티리얼

머티리얼 인스턴스를 사용하면 프로젝트에서 모든 표면 유형을 처리하는 단일 머티리얼을 제작하는 것이 전적으로 가능하다. 이 방법은 처음에 생각했을 때 좋은 방법처럼 보일 수 있지만 다양한 표면과 액터 유형을 위한 여러 개의 마스터 머티리얼을 제작하는 것이 좋다.

예를 들어 나무 바닥의 렌더링과 촛불에서 피어나는 연기의 렌더링을 처리하는 동일한 마스터 머티리얼을 제작하는 것은 좋은 방법이 아니다.

이론적으로는 모든 상황을 처리할 수 있는 충분한 파라미터를 가진 단일 머티리얼을 생성할 수는 있지만 이 단일 머티리얼은 문제가 될 수 있다. 컴파일 시간이 너무 오래 걸리고 엔진에서 셰이더의 복잡도를 처리하기 위해 너무 많은 수의 셰이더를 생성하기 때문에 셰이더 캐시cache가 커진다.

따라서 단순한 구조로 하지만 필요한 만큼의 변형을 만들 수 있는(너무 과하지 않게) 마스터 머티리얼을 제작하는 것이 중요하다.

간단한 머티리얼

UE4에서는 매우 단순한 구조의 머티리얼로 훌륭한 품질과 다양한 효과를 얻을 수 있다. 이번 섹션에서는 머티리얼 인스턴스에 사용할 파라미터를 가진 단순한 구조의 머티리얼을 살펴볼 예정이다. 그런 다음 이를 상속하는 다수의 머티리얼 인스턴스를 제작하고, 적은 수의 파라미터를 이용해 매우 다양한 표면을 생성할 수 있다는 점을 데모를 통해 살펴본다.

그림 5.6은 UE4에서 가장 기본적인 머티리얼 설정을 보여준다. Base Color라 이름 붙여진 유일한 벡터 파라미터(RGBA)와 Metalic과 Roughness라 부르는 두 개의 스칼라(float) 파라미터가 머티리얼 그래프에 배치됐다. 이들은 동일한 이름을 가진 입력에 연결돼 있다.

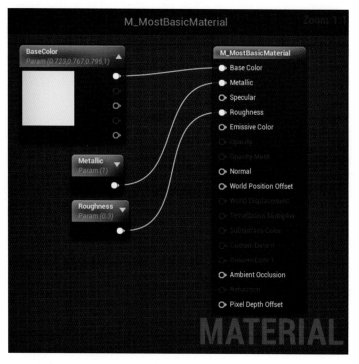

그림 5.6 가장 기본적인 머티리얼 설정

파라미터 노드 배치하기

노드 팔레트에서 'Parameter'를 검색하면 사용 가능한 모든 파라미터 표현 노드를 볼 수 있다. 꽤 많은 목록을 볼 수 있지만 이 머티리얼을 제작하는 데는 스칼라^{Scalar}와 벡터^{Vector} 유형만 필요하다.

파라미터를 생성하면 파라미터 이름과 기본 값을 설정해야 한다. 또한 파라미터 수가 많은 경우에는 각 파라미터 그룹도 할당할 수 있다.

그런 다음 각 파라미터 출력 노드와 적절한 입력 노드를 서로 연결한다. 이 경우에는 머티리얼의 입력 속성과 파라미터를 연결한다.

머티리얼에 노드를 추가하다 보면 텍스처 샘플^{Texture Sample}이나 스칼라 값 같은 고정 값을 파라미터로 변환하고 싶은 경우가 발생한다. 벡터, 텍스처, 스칼라 머티리얼 노드 같은 특정 노드 타입에서 마우스 오른쪽 버튼을 클릭하고 **파라미터로 변환**^{Convert to Parameter}을 선택하면 고정 값을 동적 파라미터로 빠르게 변환할 수 있다.

또한 키보드의 단축키를 사용해 여러 노드를 배치할 수 있다. T 같은 특정 키를 누르고 그래프 에디터의 빈 공간을 클릭하면 텍스처 파라미터^{Texture Parameter} 노드가 생성된다. S 키를 누른 상태에서 클릭하면 스칼라 파라미터^{Scalar Parameter} 노드가 생성되고, V 키를 누르고 클릭하면 벡터 파라미터가 생성된다.

이렇게 간단히 3개의 파라미터만 이용하더라도 엄청난 종류의 머티리얼 인스턴스를 생성할 수 있다. UE4에서는 이 단순한 머티리얼 조차도 PBR의 요구에 따라 빛의 물리적 법칙을 준수하며 훌륭한 결과를 보여준다.

머티리얼 인스턴스 만들기

머티리얼 인스턴스는 몇 가지 방법을 통해 만들 수 있다. 한 가지 방법은 콘텐츠 브라우저에서 신규 추가^{Add New} 또는 마우스 오른쪽 버튼을 클릭하면 나타나는 메뉴에서 머티리얼 & 텍스처 그룹의 머티리얼 인스턴스 메뉴를 선택해 생성하는 방법이다. 그런 다음 생성된 애셋을 더블 클릭해 열고 부모 계층으로 설정할 머티리얼을 직접 할당한다.

좀 더 쉬운 방법은 인스턴스 생성을 원하는 머티리얼에서 마우스 오른쪽 버튼을 클릭하고 메뉴에서 **머티리얼 인스턴스 생성**Create Material Instance을 선택하는 방법이다. 이 방법을 사용하면 선택한 머티리얼이 부모로 설정돼 머티리얼 인스턴스가 생성된다. 생성된 애셋의 이름만 지정하면 된다.

머티리얼 인스턴스에 부모 머티리얼이 할당된 후에는 디테일 패널에 부모 머티리얼에 정의된 파라미터가 목록으로 나열된 모습을 볼 수 있다(그림 5.7). 속성 옆에 있는 체크박스를 선택하면 이제 부모 머티리얼에서 값을 변경하더라도 부모 머티리얼에 정의된 파라미터 값을 더 이상 사용하지 않고 값을 덮어쓴다. 그림 5.7에서 M_Basic이 부모 머티리얼로 정의됐음을 볼 수 있다. Base Color와 Roughness 파라미터가 재정의돼 부모 머티리얼과 완전히 다른 결과를 보여준다(그림 5.8).

그림 5.7 M_Basic을 기반으로 생성된 머티리얼 인스턴스

그림 5.8 M_Basic에서 다양하게 생성된 머티리얼 인스턴스 모음

러프니스 맵 추가하기

그림 5.10에서 볼 수 있듯이, 간단히 러프니스 맵$^{Roughness\ map}$을 머티리얼에 추가하면
표면에 엄청난 양의 깊이와 디테일이 추가된다.

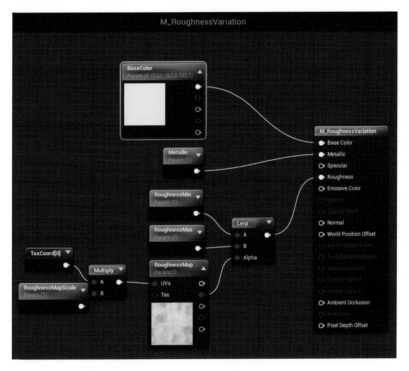

그림 5.9 머티리얼에 러프니스맵 파라미터를 추가하면 더 많은 가능성을 부여할 수 있다.

그림 5.10 러프니스 맵을 적용한 머티리얼 인스턴스 모습

텍스처 파라미터 생성하기

이전에 설명한 파라미터를 추가하는 방법 외에도 콘텐츠 브라우저에서 머티리얼 에디터로 텍스처를 드래그하면 텍스처 샘플 노드를 생성할 수 있다. 이 방법을 통해 생성된 노드는 아직 파라미터 상태가 아니기 때문에 컴파일된 후에 머티리얼 인스턴스에서 이를 수정할 수 없다. 노드를 파라미터로 변환하기 위해서는 텍스처 노드에서 마우스 오른쪽 버튼을 클릭하고 **파라미터로 변환** 메뉴를 선택한다.

파라미터로 변환한 다음에는 파라미터 이름을 입력해야 하며 의미 있는 이름을 선택하는 것이 좋다. 이제 이 머티리얼의 인스턴스는 텍스처 맵을 독립적으로 정의하거나 블루프린트를 통해 런타임에 변경할 수 있다.

Lerp 노드 사용하기

머티리얼 인스턴스의 가장 중요한 기능 중 하나는 실행 중에 머티리얼의 모습을 조절할 수 있는 기능이다. 이를 수행하는 가장 좋은 방법 중 하나는 Lerp^{선형 보간, Linear Interpolation} 노드를 사용하는 것이다.

최대, 최소 스칼라 파라미터를 추가하면 아티스트가 인스턴스별로 러프니스 맵의 값을 동적으로 조절하는 것이 가능하다.

Lerp 노드를 사용해 머티리얼을 쉽게 구성할 수 있기 때문에 개인적으로 가장 선호하는 노드 중 하나다. 또한 A 입력을 1로 설정하고 B 입력을 0으로 설정해 알파^Alpha 값을 거꾸로 설정할 수도 있다. Lerp는 RGB 색상을 포함한 모든 종류의 입력에 적용이 가능하며 두 값을 혼합하는 데 활용할 수 있는 훌륭한 방법이다.

> **노트**
>
> Lerp 노드의 A 입력과 B 입력은 거의 모든 입력 데이터 유형(스칼라, 벡터 등)으로 설정할 수 있다. 하지만 Alpha 입력에는 단일 그레이스케일 채널 값만 사용할 수 있다. Component Mask 노드를 활용하면 Alpha 입력에 사용할 채널을 선택할 수 있다.

텍스처 맵 스케일링

UE4에서 텍스처의 크기 조절과 타일링 효과를 구현하려면 이미 익숙한 텍스처 크기를 조절하는 방법 대신 UV 좌표에 스칼라 값을 곱해 크기를 조절해야 한다.

머티리얼 인스턴스 만들기

머티리얼 인스턴스 에디터를 확인해보면 러프니스를 조절하는 데 사용되는 텍스처를 완전히 재정의할 수 있는 기능을 포함해 더 많은 파라미터가 나열된 모습을 볼 수 있다(그림 5.11).

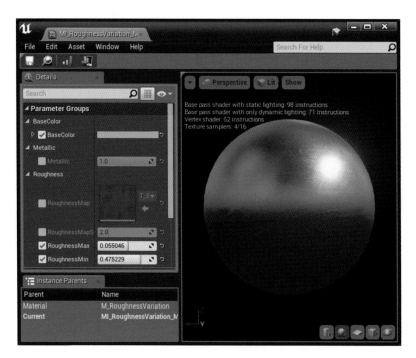

그림 5.11 Roughness 파라미터 그룹을 보여주는 머티리얼 인스턴스 에디터

노멀 맵 추가하기

노멀 맵은 범프bump 맵과 비슷하지만 훨씬 더 효율적이며 유연하다. 노멀 맵은 평면 폴리곤에 표면 디테일을 추가하는 데 도움이 되는 공간에서의 각도를 정의한다(그림 5.12).

머티리얼에 노멀 맵을 추가하면 시각적 깊이와 풍부함을 더할 수 있다(그림 5.13). 노멀 맵이 너무 강한 경우, 노멀(법선)의 크기를 조절하고 FlattenNormal 머티리얼 함수를 사용하면 아티스트가 노멀 맵의 톤을 다운시킬 수 있다.

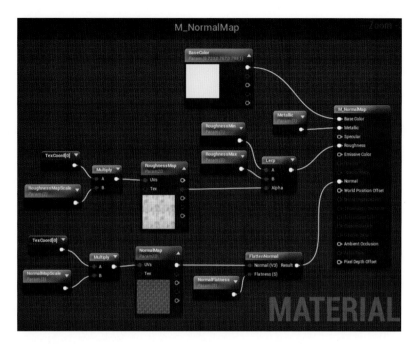

그림 5.12 머티리얼에 추가된 노멀 맵

그림 5.13 다양한 노멀 맵이 적용된 모습을 보여주는 노멀 맵 머티리얼의 인스턴스

베이스 컬러 맵 이해하기

베이스 컬러Base Color는 여러분이 사용하는 것보다 실제로는 덜 중요하다. 심지어 베이스 컬러 텍스처를 사용하지 않고도 훌륭한 머티리얼을 제작할 수 있다. 물론 많은 머티리얼에서 색상 변화를 주고 싶은 경우에는 베이스 컬러 텍스처가 필수적이다.

UE4의 라이팅 시스템이 매우 강력하기 때문에 러프니스와 노멀 맵이 기존에 디퓨즈 맵Diffuse Map으로 저장되던 방대한 양의 표면 정보를 정의할 수 있다.

이로 인해 색상 정보를 전달하기 위한 기본 색상만 남게 된다. 베이스 컬러 맵Base Color Map에는 어떠한 조명 정보나 그림자 정보도 추가돼서는 안 된다. 중간에서 낮은 수준의 디테일을 가진 순수한 색상만 저장하는 것이 좋다. 디테일 정보는 러프니스와 노멀 맵에 저장해야 한다.

베이스 컬러는 또한 머티리얼의 메탈릭Metalic 입력이 1일 때 메탈릭 색상을 정의한다(메탈릭 입력은 스칼라 값 또는 그레이스케일 입력만 허용된다). 이를 통해 멋진 메탈릭 효과를 위해 메탈릭 스페큘러(정반사)의 색상을 조절할 수 있다(그림 5.14).

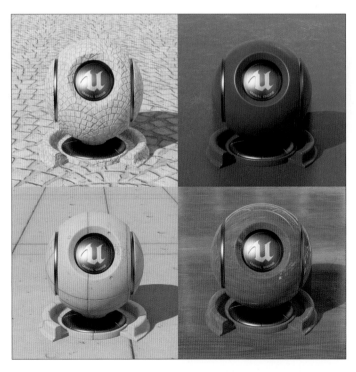

그림 5.14 전체적인 텍스처 맵 세트(베이스 컬러, 노멀 맵, 러프니스)가 다양하게 적용된 최종 머티리얼의 인스턴스

요약

UE4에서 머티리얼을 개발하는 과정은 환상적인 경험이다. 머티리얼은 아티스트에 초점이 맞춰져 있으며 배우기 쉽게 구성돼 있다. 하지만 매우 강력하며 광추적 렌더러 품질에 근접한 모든 종류의 머티리얼을 만들 수 있는 유연성도 제공한다.

머티리얼 인스턴스와 머티리얼 함수를 사용하면 이미 강력한 머티리얼 시스템에 정리 기능, 조절 기능, 재사용성이 추가되며 블루프린트 스크립팅과 머티리얼 파라미터를 사용하면 시각화 제품의 모든 부분에서 동적으로 즉각 반응하는 머티리얼을 제작할 수 있다.

UE4의 머티리얼 에디터, 실시간으로 반응하는 뷰포트, PBR 렌더링을 사용해 머티리얼의 제작을 시작하면 다시는 다른 도구를 사용하기 힘들 것이다.

6장

블루프린트

UE4는 코드를 한 줄도 작성하지 않고도 프로그래밍의 힘을 최대한 활용할 수 있는 비주얼 스크립팅인 블루프린트를 도입했다. 블루프린트와 상상력 그리고 기본적인 프로그래밍 개념을 활용하면 조명 스위치나 문 같은 간단한 기능에서부터 전체 교통 시뮬레이션이나 멀티플레이 VR 콘텐츠에 이르기까지 무엇이든 만들 수 있다.

블루프린트 소개

UE4의 시각적인 측면이 가장 주목을 받고 있지만 비주얼 스크립팅 시스템인 **블루프린트**는 UE4를 더 특별하게 만든다. 코드를 작성하지 않고 누구든지 자신의 애플리케이션과 게임을 위해 필요한 기능을 제작할 수 있다.

더 이상 프로그래머를 고용해야만 하거나 프로그래밍 언어를 습득하기 위해 팀원 중 한 명이 희생하지 않아도 된다. 누구든지 쉽게 블루프린트를 배워 자신이 만드는 세상에 생명을 불어넣을 수 있다.

블루프린트는 실제 프로그래밍 언어이며 대부분의 스크립팅 시스템보다 훨씬 더 강력하다. 그리고 클래스, 상속, 반복문, 변수, 함수 등과 같은 프로그래밍 개념을 기반으로 설계됐다. 이미 3D 애플리케이션에서 스크립트를 작성해봤거나 프로그래밍을 해본 경험이 있다면 지금 바로 비주얼 스크립트를 활용한 기능 제작이 가능할 것이다. 물론 이런 경험이 없다고 해서 두려워할 필요는 없다.

블루프린트는 프로그래밍을 단순화하고 여러 사람이 프로그래밍에 접근할 수 없게 만들었던 많은 장애물을 제거했다. 시각적인 환경, 친절한 인터페이스, 소스 코드 접근 기능, 풍부한 참고 문서 등을 통해 블루프린트를 쉽고 편리하게 학습할 수 있다.

UE4에서 상상할 수 있는 거의 모든 것을 만들어 낼 수 있지만 기본 원리를 올바른 방법으로 적용하면 상호작용하는 간단한 기능을 가진 애플리케이션도 빛나게 만들 수 있으며, 프로그래밍을 하면서 어려웠던 점을 없앨 수 있다. 강력한 성능과 잘 설계된 인터페이스는 전문적이며 매력적인 경험과 사용자를 좌절시키고 혼란스럽게 하는 제품 사이에서 뚜렷한 차이를 만들어낸다.

시각화 제품 디자이너로서 우리의 목표는 최대한 많은 정보를 통해 사용자 및 플레이어와 최대한 명확하고 사실적인 의사소통을 할 수 있는 제품을 만드는 것이다. 블루프린트를 활용하면 비선형non-linear적인 방식과 미리 정의되지 않은 방식으로 데이터를 보여줄 수 있다. 플레이어가 직접 실험하고 탐색하고 발견하도록 제품을 만드는 것이 상호작용하는 시각화 제품을 강력한 의사 소통 수단으로 만들고 아티스트와 디자이너로서의 특권을 누리게 만든다.

6장은 프로그래밍의 배경 지식이 없는 사람과 있는 사람 모두를 위한 내용이다. 기본적인 프로그래밍 개념에 익숙하더라도 자신이 사용하는 애플리케이션이 어떻게 설계돼 있는지 이해하고, 개발자와 커뮤니티에서 사용되는 용어를 이해하는 것은 언제나 많은 도움이 된다.

객체, 클래스, 액터

UE4와 UE4에서 지원되는 문서에서 객체^{Object}, 클래스^{Class}, 액터^{Actor}라는 용어를 많이 보게 될 것이다. 이 용어는 비슷하거나 똑같이 느껴질 수도 있지만 그렇지 않다. 서로 밀접하게 연관돼 있지만 각각은 뚜렷하게 구별되며 그 차이점을 배우는 것은 UE4에서 프로그래밍을 배우는 데 필수적이다.

객체

UE4는 객체 지향 응용프로그램이다. 객체 지향 프로그래밍$^{OOP, Object-Oriented Programming}$은 프로그램을 현실 세계의 방식대로 생각하고 프로그래밍을 논리 단위로 분해하는 방법이다. 전체 애플리케이션은 하나의 스크립트로 동작하는 대신 엄청난 양의 스크립트로 동작되며, 각각의 요소 또는 **객체**는 자신의 코드와 기능을 갖고 프로그램 내 다른 객체와 정보를 교환하거나 이벤트를 발생시키기 위해 통신한다(의사소통한다).

객체는 애플리케이션에서 모든 부분이 될 수 있다. 예를 들어 버튼이나 드롭 다운 메뉴는 고유한 객체 유형이며 파티클 효과는 다른 객체를 생성하는 객체다.

현실 세계의 예로 사과가 놓여있는 그릇을 생각해보자. 그릇과 사과로 구성된 컴포넌트(구성요소) 각각은 완전히 독립적이지만(객체) 서로 상호작용하면서 전체를 구성한다.

클래스

각 객체의 속성은 **클래스**로 정의되며, 클래스에는 프로그래밍 규칙, 함수(기능), 자신의 동작을 정의하는 변수로 구성된다.

객체는 클래스의 사본 또는 **인스턴스**^{instance}다. 각 각체는 **부모** 클래스로부터 상속받은 자신만의 고유한 파라미터나 변수(위치나 회전 같은)를 포함한다. 동일한 클래스의 모든 객체는 씬에 배치된 다른 객체의 클래스의 다른 인스턴스와 동일한 명령과 기능을 공유한다.

사과 예제에는 사과^{apple}와 그릇^{bowl}이라는 두 개의 클래스가 있다. 그릇 클래스의 인스턴스 하나와 사과 클래스에서 인스턴스로 만들어진 여러 객체가 있다.

단일 클래스는 이 클래스로부터 인스턴스로 만들어진 수백 개의 객체를 가질 수 있으며, 각각의 객체는 자신만의 고유한 데이터와 속성을 가질 수 있다.

액터

액터^{Actor}는 특별한 종류의 객체다. 이 객체는 레벨의 3차원 세계에 존재할 수 있으며 렌더링될 수 있다. 일반적인 예로는 스태틱 메시 액터와 포인트 라이트 액터가 있다. 액터는 콜리전, 물리 시뮬레이션, 머티리얼, 애니메이션, 스크립트 로직 등을 가질 수 있다.

사과 예제에서 그릇과 사과는 모두 액터다. 그릇과 사과는 모두 공간에서 특정 위치를 차지하며 3D 트랜스폼 정보(위치, 회전, 스케일)를 가진다.

UE4에서 라이트, 사운드, 파티클 시스템, 카메라 등은 모두 액터 클래스의 다른 예다.

> **노트**
>
> 게임 세계에서 볼 수 있고, 배치될 수 있으며 상호작용할 수 있다면 이들은 모두 액터다. 라이트, 볼륨, 트리거, 티포트, 로켓 등은 모두 액터의 사례다.

플레이어

대부분의 시각화 제품은 선형적이며 변경이 불가능하다. 시각화 제품은 일반적으로 이미지, 애니메이션 또는 기타 선형적인 방식의 포맷으로 제공되며 크게 변경되지 않는다. 따라서 시각화 제품을 경험하는 사람들은 모두 다른 사람들이 경험하는 것과 동일한 경험을 하게 된다.

상호작용하는 시각화 제품은 비선형적non-linear이다. 각 **플레이어**(사람이 뒤에서 조정하며 입력이 주어지는 대상)에게는 각자 원하는 방식으로 시각화 제품의 세계를 탐험할 수 있는 자유가 주어진다. 여러분은 디자이너로서 플레이어가 할 수 있는 작업을 제한하고 조절할 수 있다. 하지만 궁극적으로 플레이어가 이야기의 진행 방식을 결정한다. 플레이어는 UE4가 만드는 세상의 중심이다. UE4에서 행해지는 모든 일은 플레이어와 플레이어의 경험을 위한 것이라 해도 과언이 아니다.

플레이어 컨트롤러

플레이어 컨트롤러Player Controller 또는 **PC**는 플레이어의 입력을 기반으로 가상 세계world를 변경하는 기능을 담당하는 클래스다.

애플리케이션의 각 플레이어에 이를 담당하는 플레이어 컨트롤러가 생성된다. 플레이어가 게임에 참여하면 월드에 의해 플레이어 컨트롤러가 자동으로 생성되고 플레이어가 게임에서 떠나면 자동으로 삭제된다.

플레이어 컨트롤러는 어떠한 형태도 갖지 않으며 볼 수도 없다(플레이어 컨트롤러는 월드상의 객체지만 액터는 아니다). 플레이어 컨트롤러를 월드상에서 플레이어의 가상 표현이라고 생각할 수도 있다(영혼이나 정신, 의지 등으로 생각해볼 수 있다).

하나의 플레이어 컨트롤러는 한 번에 하나의 폰Pawn에 빙의Possess할 수 있다. 플레이어 컨트롤러가 무언가에 빙의하면 그 즉시 빙의한 객체에 접근이 가능하며 객체에 명령을 전달하거나 변경을 할 수 있다.

게임이 진행되는 도중에 서로 다른 능력을 가진 폰을 바꿔서 빙의할 수 있게 하면 하나의 플레이어가 게임을 즐기는 방식을 극적으로 변화시킬 수 있다.

입력 처리

플레이어 컨트롤러는 입력 시스템이 입력을 처리한 후에 처리한 입력을 처음으로 전달하는 대상이다. 플레이어 컨트롤러 블루프린트는 마우스와 키보드 입력에서부터 VR 모션 컨트롤러와 모바일 장치의 터치 입력에 이르기까지 다양한 입력에 접근할 수 있다.

폰이나 다른 액터도 입력 이벤트를 받아서 사용할 수는 있다. 하지만 다양한 클래스 사이의 입력 처리 과정에서 발생할 수 있는 충돌을 줄이기 위해 플레이어 컨트롤러에서 먼저 입력을 받고 입력이 필요한 폰이나 다른 시스템에 이를 전달하는 방식이 주로 사용된다.

다른 객체에서 사용자 입력을 직접 처리해야 하는 상황도 물론 존재하지만(예를 들어 UI 버튼이 눌렸는지를 판단하는 경우), 개인적으로는 플레이어 컨트롤러에서 거의 모든 입력을 처리하는 방법을 사용한다.

플레이어 데이터

플레이어 컨트롤러가 가진 가장 좋은 측면 중 하나는 플레이어 컨트롤러가 어디에나 존재한다는 점이다. 플레이어가 있는 곳이라면 플레이어 컨트롤러가 존재한다. 즉 시스템이 신뢰할 수 있는 단일 객체와 데이터를 주고 받아야 하는 경우에 플레이어 컨트롤러를 사용할 수 있다.

모든 액터 블루프린트는 Get 함수를 통해 빠르고 쉽게 플레이어 컨트롤러에 접근할 수 있다. 따라서 플레이어 컨트롤러는 이름, 팀 색상 등과 같은 플레이어 데이터를 저장할 수 있는 좋은 장소가 된다. 좀 더 복잡한 게임에서는 데이터 관리에 특화된 클래스(인벤토리 클래스 등)를 제작해 사용할 수도 있지만, 일반적으로 플레이어 컨트롤러를 사용해 관리되거나 생성된다.

회전

플레이어 컨트롤러의 가장 중요한 역할 중 하나는 플레이어의 회전^{rotation}을 추적하는 일이다. 플레이어 컨트롤러는 3차원 위치를 갖지 않으며, 카메라나 다른 3차원 표현 역시 갖지 않는다. 하지만 플레이어 컨트롤러는 회전 변수는 갖고 있다.

플레이어의 회전을 추적해 위치와 별도로 유지하면 몇 가지 장점을 얻을 수 있다. 특히 플레이어의 관점(시야)이라는 측면에서 볼 때 일관되고 부드럽게 플레이어의 시야를 제공할 수 있다. 시야 회전을 하나로 관리하면 하나의 변수만 추적하면 되며 필요할 때 이를 수정하면 되기 때문에 프로그래밍 역시 쉬워진다.

마우스 인터페이스

플레이어 컨트롤러 클래스는 시각화 제품을 위한 몇 가지 중요한 설정을 제공한다. 가장 눈에 띄는 설정은 마우스 커서를 보여주는 기능이다.

기본적으로 UE4와 대부분의 비디오 게임에는 마우스 커서가 표시되지 않는다. 하지만 많은 시각화 제품 프로젝트는 강력한 사용자 인터페이스를 필요로 하며 여기에는 마우스 커서가 필수적이다.

또한 플레이어 컨트롤러에서 마우스 오버와 마우스 클릭 이벤트를 활성화하면 월드 공간에 있는 3D 액터와 직접 상호작용하는 것이 가능하다. 하지만 사용자가 HUD 및 다른 요소와 상호작용하는 방식에 따라 성능에 영향을 줄 수 있기 때문에 프로젝트에서 필요한 부분에만 마우스 이벤트를 활성화해 사용해야 한다.

그 외의 다른 컨트롤러

애플리케이션에서 다른 종류의 컨트롤러를 제작하거나 추가할 수 있다. 이 중 가장 일반적으로 사용되는 컨트롤러는 AI(인공지능) 컨트롤러다. 이런 컨트롤러는 플레이어 컨트롤러와 동일하게 동작하지만 플레이어의 입력을 사용하는 대신 프로그래밍으로 설정된 규칙과 명령을 사용해 사람의 행동과 입력을 시뮬레이션한다.

폰

폰은 컨트롤러(플레이어 또는 AI 컨트롤러)가 빙의할 수 있는[1] 월드 공간의 액터다. 폰을 빙의하면 컨트롤러는 폰에 입력이나 명령을 보내 이동시키거나 적에게 미사일을 발사하는 등의 동작을 수행시킬 수 있다.

폰은 캐릭터, 동물, 자동차 등 제어할 수 있는 모든 유형이 될 수 있다. 컨트롤러가 폰에 '앞으로 이동' 등과 같은 단순한 명령을 보내면 폰이 이를 적절한 방식으로 해석한 다음 적절한 방식으로 이동하거나 그에 맞게 상호작용하는 기능을 수행한다.

플레이어 컨트롤러와 폰을 함께 사용하면 플레이어 컨트롤러에 의해 관리되는 기능과 각 폰에 의해 해석되는 특정 입력 등을 일관성 있게 유지할 수 있다. 이를 통해 하나의 플레이어 컨트롤러에서 상상할 수 있는 모든 종류의 폰을 빙의하는 것이 가능하다.

> **노트**
>
> 필요하면 언제든지 새로운 폰을 빙의할 수 있다. 이를 통해 게임에서 새로운 뷰 모드(화면 보기 모드)나 제어 방법을 제공할 수 있다. 예를 들어 걷는 방식으로 이동하는 폰과 하늘을 나는 드론(Drone) 폰 사이를 전환할 수 있다. 이들 각각은 서로 다른 능력, 모양, 효과, 사운드, 사용자 인터페이스를 제공할 수 있다.

월드

월드The world는 UE4 애플리케이션에서 모든 객체, 액터, 데이터가 존재하는 공간을 의미한다. **레벨**을 로드하면(레벨은 **맵**이라고도 부른다) 새로운 월드가 생성되고 액터와 객체가 월드에 생성돼 배치된다.

월드 내에 있는 객체는 모두 월드 내 다른 객체에 접근이 가능하다. 객체는 다른 객체나 액터를 생성시키거나 삭제시킬 수도 있다.

---

1 빙의(Possession)는 컨트롤러가 액터에 대한 제어권을 소유했을 때 사용하는 용어다. 컨트롤러를 마치 특정 액터에서 다른 액터로 옮겨 다니는 유령처럼 생각해볼 수 있으며 액터를 빙의하지 않은 채로 둘 수도 있다.

월드 역시 블루프린트를 사용해 스크립팅될 수 있고 월드 내 액터와 객체를 생성하거나 삭제와 수정이 가능하다.

레벨

UE4의 각 레벨은 자체적으로 필요한 내용이 모두 포함된 작은 애플리케이션과 같다. 각 레벨은 서로 매우 다른 규칙과 지오메트리 등으로 구성된다. 사실 각 레벨은 서로 완전히 다른 게임으로 구성될 수 있다. 게임 내의 한 레벨에서는 자동차를 운전하며 이동했다가 다른 레벨에서는 발로 이동하는 데 전혀 다른 방식의 컨트롤, 모델, 게임 플레이가 제공되는 경우를 예로 들 수 있다.

> **노트**
>
> 레벨은 종종 맵(map)이라고도 한다. 두 용어가 주로 사용되며 서로 바꿔 쓸 수 있다.

하나의 레벨은 스트리밍이 가능한 여러 개의 하위 레벨을 가질 수 있다. 이 시스템은 애플리케이션에서 특정 시점에 특정 콘텐츠를 로드할 때 사용하기 매우 좋은 방법이다. 블루프린트를 통해 전체 레벨을 로드하거나 해제(언로드)할 수 있으며 레벨을 보여주거나 숨기는 기능을 설정할 수 있다. 이 방법은 에디터와 런타임 모두에서 정보를 관리하는 매우 훌륭한 방법이다.

컴포넌트

블루프린트 액터에는 여러 **컴포넌트**가 포함될 수 있다. 컴포넌트는 특별한 클래스로서 액터와 함께 생성되며 액터와 바로 통신할 수 있다. 스태틱 메시와 스켈레탈 메시, 라이트와 파티클 시스템을 일반적인 예로 들 수 있다.

컴포넌트는 상속이 가능하다. 컴포넌트를 런타임에서 생성하거나 Construction 스크립트에서 생성할 수 있다. 컴포넌트는 또한 블루프린트 에디터에서 컴포넌트 파라미터로 정의할 수도 있다.

컴포넌트는 코드를 재사용하는 매우 좋은 방법이다. 예를 들어 경로를 따라 특정 속도로 이동하는 컴포넌트를 만들면 이 컴포넌트는 프로젝트에 있는 어떤 액터에도 추가할 수 있으며, 이 컴포넌트가 추가되면 해당 액터에 이동 기능이 부여된다.

변수와 변수 유형

모든 객체는 **변수**(프로퍼티라고 부르기도 한다)variable를 이용해 데이터를 저장할 수 있다. 변수는 숫자나 문자열, 다른 객체, 클래스, 액터의 참조 값 등을 저장할 수 있다.

블루프린트의 변수는 변수 유형에 엄격하다. 즉 각 변수는 특정 클래스의 유형으로 설정되고 변경될 수 없다. 변수 유형에 자유로운 스크립트 환경에 익숙한 경우에는 이런 규칙이 어렵게 느껴질 수 있지만 이를 통해 컴파일, 오류 검사, 변수 처리 등을 높은 수준에서 제공할 수 있다. 변수 유형 시스템에서 가장 좋은 점은 각 유형은 자체 함수와 변수를 가질 수 있다는 점이다.

일반적인 변수 유형은 다음과 같다.

- **불린**Boolean: 참true이나 거짓false을 저장할 수 있는 변수
- **플로트**Float **또는 스칼라**Scalar: 0.984, 4356.234, -34.2 같은 십진수 기반의 소수점을 저장할 수 있는 변수
- **인티저**Integer: 23이나 -2354 같이 소수점을 포함하지 않은 숫자
- **스트링**String: 'Hello World' 같은 문자열을 저장할 수 있는 변수
- **텍스트**Text: 텍스트는 스트링과 비슷하지만 지역화Localization에 주로 사용된다.
- **벡터**Vector: 3개의 플로트 값의 배열. 각각은 X, Y, Z 값으로 표현되며, 주로 3차원 공간에서의 위치, 크기, 방향 등을 기록하는 데 사용된다.
- **로테이터**Rotator: 3개의 플로트 값의 배열. 각각은 3차원 공간에서의 롤Roll, 피치Pitch, 요Yaw 회전을 기록한다.
- **트랜스폼**Transform: 위치Vector, 회전Rotator, 스케일Vector 데이터가 결합된 형태다.
- **오브젝트**Object: 스태틱 메시, 카메라, 라이트, 플레이어 컨트롤러를 포함한 월드 내 객체나 액터에 대한 참조reference 값을 저장하는 변수

틱

UE4에서 렌더링되는 모든 프레임은 정확한 작업 순서에 따라 처리된다. 이런 작업 모음(세트)은 게임 루프$^{Game Loop}$ 또는 메인 루프$^{Main Loop}$라고도 한다. UE4에서는 이를 **틱**^{Tick}이라 부른다.

틱마다 플레이어 입력이 저장되며 이런 입력은 이벤트를 발생시키거나 기능을 수행할 수 있는 스크립팅 시스템에 전달된다. 캐릭터는 이동하고, 총은 발사되며, 캐비닛은 머티리얼(재질)을 변경할 수 있다. 그런 다음 게임 내 다양한 시스템은 이런 입력에 반응할 수 있다. 물리, 라이팅, 인공 지능 시스템은 월드에서 주변의 정보를 수집하고 프로그래밍에 의해 정의된 작업을 처리한다. 모든 입력과 로직이 처리되면 씬 지오메트리가 업데이트돼 화면에 렌더링되고 플레이어가 이를 볼 수 있도록 화면에 나타난다.

Delta Seconds

하나의 프레임을 렌더링하거나 틱을 처리하는 데 걸리는 시간을 Delta Seconds 또는 Delta Time이라고 한다. 60프레임으로 실행되는 게임의 평균 Delta Time은 0.0167초다.

Delta Time은 각 틱에서 지난 프레임을 렌더링하는 데(프레임별로 씬이 극적으로 바뀔 수 있기 때문에) 걸리는 시간이 다를 수 있기 때문에 매우 중요하다. 또한 이는 실행되는 컴퓨터의 성능에 따라 달라질 수 있다.

시간과 공간을 기반으로 작업을 처리할 때는 이 값을 추적하고 적용하는 것이 필수적이다.

예를 들어 일정한 속도로 액터를 회전시키려는 경우 간단히 틱마다 회전을 더하면 된다고 생각할 수 있다. 이 경우 틱마다 12도를 회전시켰을 때 30프레임의 속도로 실행되는 컴퓨터는 액터를 1초에 360도 회전시킨다. 반면에 120프레임의 속도로 실행되는 컴퓨터는 액터를 1초에 1440도를 회전시켜 문제가 발생한다.

이를 위해 Delta Time이 존재한다. 원하는 트랜스폼 정보에 Delta Time을 간단히 곱해주면 프레임 기반으로 움직임을 동작시키는 대신 시간 기반으로 동작시킬 수 있다.

이 예제에서는 1초에 회전시키려는 회전 값에 Delta Seconds를 곱해준다. 30프레임의 기기에서는 틱마다 360 * 0.033도 정도(틱마다 약 12도)를 회전시키며 120프레임의 기기에서는 틱마다 360 * 0.00833도 또는 3도를 회전시킨다. 따라서 프레임 속도가 격렬하게 변하는 경우에도 액터는 동일한 속도로 회전하게 된다.

클래스 상속

모든 클래스는 다른 클래스(자식)의 템플릿(부모) 역할을 할 수 있다. 자식 클래스는 부모 클래스로부터 모든 기능을 **상속**받는다. 부모 클래스에서 변경된 사항은 모두 자식 클래스에도 적용된다,

사과 예제로 돌아가보자. 사과 클래스는 빨간 사과, 초록 사과 등 여러 개의 자식 클래스를 가질 수 있다. 각각은 사과 클래스의 기능과 설명(상큼하고, 달콤하고, 둥근)을 상속하지만 색상, 크기, 맛을 나타내는 파라미터는 재정의한다.

자식 클래스는 기능 추가와 재정의를 통해 부모 클래스의 함수를 재정의할 수 있다. 예를 들어 PointLightActor와 SpotLightActor는 모두 LightActor 클래스의 자식 클래스다. 두 클래스 모두 밝기, 색상, 감쇠 등과 같이 동일한 속성을 많이 갖고 있다.

두 클래스에서 각각의 속성을 정의하는 대신 부모 클래스(LightActor)에서 이를 정의하고 상속받는다. 그런 다음 각 클래스에서 새로운 기능을 도입하거나 이를 확장해 부모로부터 받은 기능을 확장시킬 수 있다.

사과 클래스 또한 과일 클래스라는 부모 클래스를 가진다. 과일 클래스에는 사과, 오렌지, 포도, 배 등이 포함된다. 각각은 뚜렷이 구별되며 포도로부터 사과를 만들 수는 없지만, 사과와 포도는 모두 과일 클래스에서 많은 속성과 기능을 공유한다.

UE4는 설계의 거의 모든 측면에서 **상속**이라는 개념을 사용한다(머티리얼 인스턴스가 좋은 예다). 따라서 좀 더 복잡한 시스템과 애플리케이션을 개발하기 위해서는 상속의 개념을 이해하는 것이 필수적이다. 또한 이미 완료된 일을 반복하는 상황을 피하는 데 매우 좋은 방법이다.

생성과 삭제

게임 세계의 모든 객체는 **생성**spawning돼 월드에 입장한다. 객체가 생성되면 해당 객체가 정의된 클래스로부터 인스턴스로 만들어져 게임 월드에 입장한다. 그러면 게임 월드의 다른 객체에서 생성된 객체를 볼 수 있다.

객체는 블루프린트를 통해 런타임에 생성될 수 있다. 게임 월드 내 모든 객체는 다른 객체를 생성할 수 있다.

콘텐츠 브라우저에서 게임 월드로 클래스를 드래그하면 런타임 전에 에디터에서 액터를 생성할 수 있다.

또한 액터를 삭제해 월드에서 액터를 제거할 수 있다. 액터를 삭제하면 삭제된 액터를 참조하는 블루프린트에서 문제가 발생할 수 있기 때문에 참조 관계를 확인하는 데 주의를 기울여야 한다. 'none'을 반환하는 블루프린트 함수로 인해 실행 중에 오류가 발생하거나 프로젝트 빌드에 실패할 수 있다.

생성은 계산량이 많은(비용이 비싼) 작업이기 때문에 많은 액터를 생성하면 애플리케이션 속도가 느려질 수 있다. 동일한 클래스 액터의 생성과 삭제 작업이 많은 경우 이를 삭제하고 다시 생성하는 대신 액터를 재사용하는 방법을 고려해보는 것이 좋다.

Construction 스크립트

액터 객체는 에디터나 런타임에서 생성될 때 특별한 작업을 진행한다. 이들은 Construction 스크립트를 실행한다.

에디터에서 게임이 시작되기 전(레벨에 배치된 경우) 또는 화면에 보이기 전에 블루프린트 액터가 스크립트로 작성된 동작을 수행할 수 있기 때문에 Construction 스크립트 기능은 매우 강력하다. 여기에는 자체 수정, 새로운 메시 또는 다른 컴포넌트 생성 그 외의 기타 작업이 포함될 수 있다.

블루프린트 액터 클래스의 변수를 편집 가능한editable 파라미터로 정의할 수 있다. 배치된 블루프린트 액터에서 이렇게 노출된 파라미터를 수정하면 Construction 스크립트가 실행돼 그 즉시 값이 업데이트된다.

전체 구조나 파라미터를 기반으로 시스템을 제작하는 복잡한 Construction 스크립트를 만들 수 있다. 스플라인^{spline}을 따라 메시를 배치하거나(램프 기둥, 난간, 도로 등) 특정 메시 위에 객체를 흩어 배치하거나(풀, 나뭇잎, 기타 소품 등) 태양의 각도를 기반으로 다양한 컴포넌트가 업데이트되는 시간대 시스템을 예로 들 수 있다. 제작할 수 있는 시스템의 가능성은 무궁무진하다.

Begin Play 이벤트

Construction 스크립트가 실행되고 나면 객체가 초기화돼 월드에 추가된다. 월드에서 사용이 가능해지는 그 즉시 Begin Play 이벤트가 실행된다.

Begin Play 이벤트는 첫 번째 프레임이 렌더링되기 전 또는 액터가 화면에서 보이기 바로 전에 수행해야 하는 작업이나 상호작용을 설정하는 공간이다. 이 단계의 액터는 렌더링되지 않는 상태이지만 월드와 월드에 배치된 다른 객체에 접근이 가능하다.

Begin Play 이벤트는 모든 액터와 객체가 생성되는 틱에 실행되기 때문에 다른 객체에 접근할 때는 해당 프레임에 이미 생성된 다른 객체에 접근하는 것이 안전하다(객체가 초기화되기 전에 실행되는 Construction 스크립트와는 반대).

블루프린트 통신

블루프린트가 서로 통신하거나 블루프린트와 월드 간에 통신하는 작업은 매우 필수적이다. UE4는 객체, 액터, 월드 간에 정보를 교환하고 상호작용하는 데 사용할 수 있는 몇 가지 방법을 제공한다.

블루프린트 직접 통신

특정 블루프린트가 다른 블루프린트와 직접 일대일 기반으로 통신하기를 원하는 경우에는 주로 블루프린트 직접 통신을 사용한다. 이 방법을 사용하기 위해서는 어떤 객체를 월드에서 렌더링시킬지 명시적으로 정의해야 한다.

플레이어가 레벨에 배치된 전구 블루프린트를 변수에 할당한 전등 스위치 블루프린트를 클릭하는 경우를 예로 들어보자. 그러면 전등 스위치는 전구에 불을 켜거나 끄라고 직접 알려줄 수 있다. 이 경우 전구만 영향을 받는다.

이벤트 디스패처

이벤트 디스패처Event Dispatcher를 사용하면 여러 블루프린트가 하나의 이벤트를 관찰하도록 설정할 수 있으며 이벤트가 발생하면 이에 개별적으로 대응시킬 수 있다.

전등 스위치 예제에서 전구가 전등 스위치 블루프린트의 OnSwitch 이벤트를 관찰하도록 설정하면 플레이어와 스위치의 상호작용에 의해 이벤트가 발생했을 때 그에 따라 적절히 전구 상태를 변경할 수 있다.

블루프린트 인터페이스

블루프린트 인터페이스Blueprint Interfaces는 다른 클래스에서 마우스 클릭이나 모션 컨트롤러가 가리키는 입력 등과 같은 동일한 이벤트를 가져야 하지만 각 클래스가 서로 약간 또는 전혀 다른 작업을 수행해야 하는 상황에서 사용할 수 있는 기능이다.

인터페이스는 단순히 예상되는 이벤트를 나열한 목록에 불과하다. 블루프린트에서 인터페이스를 구현할 때 나열된 전체 메소드를 구현하거나 그 중에 일부만 구현하거나 하나도 구현하지 않는 경우 중 선택해 구현할 수 있다.

여러 블루프린트에서 비슷한 기능인데 서로 약간씩 다른 경우에 인터페이스를 사용하는 것이 좋다.

인터페이스는 블루프린트 간 통신 방법 중 가장 적게 사용되는 방법이며 일반적으로는 대부분 인터페이스 사용을 권장하지 않는다. 그 대신 이벤트 디스패처를 사용하자.

블루프린트 형 변환

형 변환Casting은 그래프 에디터에서 특별한 노드를 사용한다. 이 노드는 클래스를 입력받고 입력받은 노드를 특정 클래스로의 접근이 가능한지 변환을 시도한다. 변환 시도가 성공하면 목표 객체의 변수, 이벤트, 함수에 바로 접근이 가능하다.

일반적인 액터나 클래스라면 형 변환을 활용할 수 있다. 입력된 클래스가 특정 클래스에 속하는 경우에는 형 변환에 성공해 변환된 클래스에 있는 모든 변수와 메소드를 사용할 수 있다.

예를 들어 전구 블루프린트는 Actor 클래스를 확장하고 ToggleLight 함수를 갖고 있다고 해보자. 스위치 블루프린트는 씬에 있는 모든 액터에 대해 전구 클래스로 형 변환을 요청할 수 있고, 형 변환에 성공하면 ToggleLight 함수를 바로 실행할 수 있다.

또한 레벨에 배치된 특정 클래스의 모든 액터에 대해 이벤트를 발생시키거나 파라미터를 변경하는 데 형 변환을 사용할 수 있다. Get All Actors of Class 노드를 사용하면 액터 배열에 접근이 가능하기 때문에 한 번에 여러 액터를 쉽게 변경할 수 있다.

스크립트 컴파일하기

블루프린트를 실행하기 전에는 반드시 컴파일해야 한다. 컴파일을 거치면 노드 그래프가 에디터와 게임의 런타임에서 실행되는 실제 코드로 변환된다.

컴파일을 하면 오류를 확인하기 때문에 게임을 실행하기 전에 오류를 발견할 수 있다. 모든 오류를 발견하지는 못하지만 충돌이 발생하기 전에 가장 위험한 유형의 오류는 대부분 확인이 가능하다.

블루프린트를 컴파일할 때는 툴바(도구 모음)에서 컴파일 버튼을 클릭하면 된다. 컴파일의 결과로 발견된 오류에는 대부분 오류가 발생한 위치로 쉽게 이동할 수 있는 링크가 포함된다.

요약

6장에서 설명한 용어와 개념은 UE4 인터페이스, 문서, 커뮤니티에서 널리 사용된다. 이를 통해 UE4 애플리케이션이 '내부에서' 동작하는 방식을 조금 더 이해했을 것이며, 블루프린트에 대한 탐구를 시작하고 조금 더 자신감을 갖고 UE4를 활용해 애플리케이션을 제작하는 데 도움이 됐을 거라 생각한다.

7장에서는 블루프린트를 제외한 시스템에서도 이 개념을 자주 접하게 될 것이다. 상속과 변수, 프로퍼티 같은 개념은 UE4와 UE4의 거의 모든 측면에서 발견된다.

2부

첫 번째 UE4 프로젝트

7장   프로젝트 설정하기

8장   월드 제작하기

9장   블루프린트를 활용해 상호작용 기능 만들기

10장   패키징과 배포

프로젝트 설정하기

첫 번째 UE4 프로젝트에서는 UE4 에디터, 콘텐츠 브라우저, 레벨 뷰
포트에 익숙해지는 데 초점을 맞출 예정이다. 7장에서는 프로젝트의
범위를 정의하고 UE4에서 상호작용하는 기능을 갖춘 가상 세계 제작
을 시작하는 데 필요한 모든 준비를 하는 것에 중점을 둔다.

프로젝트 범위

상호작용 기능을 갖춘 애플리케이션 작업을 시작하기 전에 먼저 프로젝트의 목표를 정의하고 이를 기록하는 것이 중요하다. 견고한 범위와 잘 정의된 최소 요구사항을 통해 집중적이고 체계적인 방식으로 프로젝트를 개발해나갈 수 있다.

첫 번째 프로젝트의 경우 단순하게 유지하려고 한다. UE4는 쉽게 접근할 수 있는 다양한 샘플 콘텐츠를 포함하기 때문에 UE4의 기본을 배우는 데 이를 활용하면 좋다. 이 콘텐츠를 활용해 간단한 레벨을 제작해보고, 레벨을 꾸미고, 레벨을 유유히 걸어 다니는 사용자 지정 폰을 설정하고 이를 벽, 바닥과 충돌하도록 구성해 월드가 단단하고 벽으로 둘러싸인 듯한 느낌을 주려고 한다.

마지막으로 Play-In-Editor^PIE를 사용해 애플리케이션을 테스트한다. 이 모든 과정을 문제 없이 진행한 후에는 스탠드얼론^Standalone형 애플리케이션으로 배포할 패키지를 준비하는 과정을 진행한다.

7장이 끝날 무렵에는 간단한 UE4 애플리케이션을 처음부터 개발하는 방법을 배울 수 있을 것이다. 세부 내용을 목록으로 정리해보자.

1. 플레이어가 가상 환경을 돌아다닐 수 있는 애플리케이션을 제작한다.
2. Start Content를 사용해 조명, 문, 조명을 켜고 끌 수 있는 스위치 등을 가진 간단한 환경을 제작한다.
3. 동적 라이팅을 사용한다.
4. 1인칭 시점으로 설정하고 느리게 일정한 속도로 걷는 기능을 만든다.
5. 보는 시점의 높이를 건축 시각화 제품에 적절하게 설정한다.
6. 플레이어가 벽, 바닥과 충돌이 가능하도록 설정하고 시뮬레이션을 통해 견고한 느낌을 준다.

런처에서 새 프로젝트 생성하기

UnrealEngine.com에서 계정을 만들지 않은 경우에는 에픽 게임즈 런처^{Epic Games} ^{Launcher}를 다운로드하고 설치한 4.14 이상의 엔진 버전(책에서는 모든 예제에 4.14 버전을 사용함)을 설치한다.

새로운 UE4 프로젝트를 만드는 가장 쉬운 방법은 프로젝트 마법사를 사용하는 것이다. 런처에서 엔진을 실행하면 프로젝트 마법사를 실행할 수 있다(그림 7.1).

언리얼 프로젝트 브라우저가 실행된 후 다음 단계를 따른다.

1. 프로젝트 템플릿을 보여주는 **새 프로젝트** 탭을 클릭한다(그림 7.2).

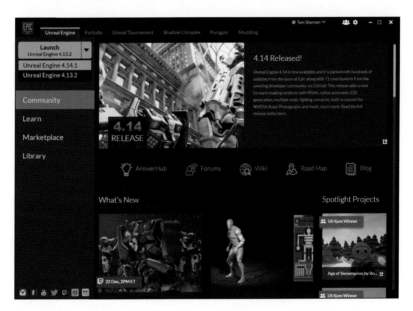

그림 7.1 런처에서 왼쪽 상단의 언리얼 엔진 탭의 실행(Launch) 버튼을 사용해 엔진 시작하기

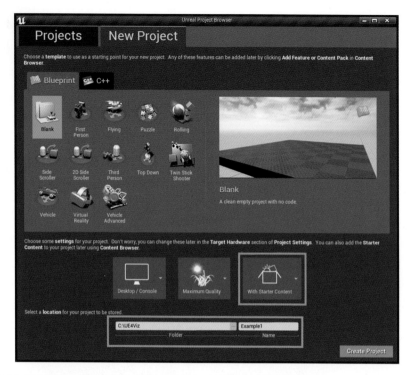

그림 7.2 프로젝트의 설정을 보여주는 언리얼 프로젝트 브라우저의 새 프로젝트 템플릿

여기에서 다양한 스타터 템플릿을 선택할 수 있다. 각 템플릿은 많은 프로젝트에서 프로젝트를 시작하는 데 활용할 수 있도록 잘 제작돼 있다. 또한 스타터 템플릿을 활용하면 UE4의 다양한 게임모드와 게임 스타일을 플레이해볼 수 있다(1인칭, 비행, 횡 스크롤 등).

하지만 책에서 진행할 프로젝트에는 이런 **템플릿**을 사용하지 않는다. 스타터 템플릿은 프로젝트를 시작할 때 활용하기 좋지만 모든 템플릿은 게임을 중심으로 제작됐고 시각화 제품을 위한 프로젝트를 위해서는 직접 설정하거나 기능을 수정해야 하는 부분이 있다.

2. **공백**Blank 블루프린트 프로젝트 템플릿을 선택한다. 공백 프로젝트 템플릿에는 콘텐츠나 코드가 포함돼 있지 않다. 즉 완전히 빈 상태의 프로젝트다.

3. **시작용 콘텐츠**Starter Content를 선택하면 미리 제작돼 레벨을 빠르게 만드는 데 도움을 주는 간단한 애셋을 프로젝트에 추가할 수 있다.

4. 프로젝트를 저장할 위치를 선택하고 프로젝트 이름을 입력한다. 개인적으로는 프로젝트를 사용자 폴더 외부에 저장한다. 하지만 프로젝트 저장 위치는 각자가 선호하는 위치를 선택하면 된다. 가능하면 속도가 빠르고 남은 용량이 많은 로컬 드라이브나 SSD를 선택하는 것이 좋다.

5. 녹색의 **프로젝트 생성**^{Create Project} 버튼을 클릭한다. 그러면 엔진이 새로운 폴더를 생성하고 프로젝트를 실행하는 데 필요한 폴더 구조를 만든다.

프로젝트 파일이 생성되면 UE4 에디터의 새로운 인스턴스가 시작되면서(그림 7.3) 새로 생성한 프로젝트 이름이 나타난다.

그림 7.3 프로젝트 로딩

짧은 로딩 화면이 지나가면 샘플 레벨이 에디터에 나타난다(그림 7.4).

그림 7.4 기본 레벨과 몇 가지 시작용 콘텐츠를 보여주는 언리얼 엔진 4 에디터를 처음으로 실행했다.

시작용 콘텐츠를 포함시키면 샘플 애셋이 배치된 샘플 씬으로 프로젝트의 기본 레벨이 설정된다.

요약

이로서 프로젝트를 시작할 준비가 완료됐다. 템플릿을 활용해 새 프로젝트를 생성하는 방법과 Content 폴더의 초기 파일 구조를 설정하는 방법을 배웠다. 이 방법이 언리얼 프로젝트를 새로 시작할 때 주로 사용할 방법이기 때문에 학습할 가치가 있는 내용이다.

여러 유형의 템플릿은 미리 제작된 설정을 쉽게 살펴볼 수 있게 구성돼 있다. 각 템플릿은 다양한 학습을 위한 좋은 리소스이며 특정 유형의 프로젝트를 시작할 때 활용하기 좋게 구성돼 있다. 따라서 다양한 템플릿을 살펴보기 바란다.

8장

월드 제작하기

레벨에 콘텐츠를 추가하는 방법은 매우 간단하며 아티스트 친화적이다. UE4 에디터는 애셋을 3차원 공간에 배치하고 수정하고 구성하는데 도움을 주는 다양한 도구와 기능을 제공한다. 8장에서는 프로젝트에 포함시킨 미리 제작된 시작용 콘텐츠 애셋을 사용해 간단한 레벨을 만들고 이를 살펴본다.

새 레벨 생성과 저장

개인적으로는 빈 상태의 레벨을 생성해 처음부터 제작하는 것이 원하는 결과를 얻는 가장 좋은 방법이라고 생각한다. 시각화 제품은 대부분의 게임과는 다른 목표를 가지며 제공되는 대부분의 템플릿은 상호작용 기능을 갖춘 시각화 제품에 적합하지 않다.

파일 메뉴에서 **새 레벨**New Level을 선택하고 **공백 레벨**Empty Level을 선택한다.

그런 다음 파일 메뉴에서 **현재 저장**Save Current 메뉴를 선택하거나 툴바의 **현재 저장**Save Current 버튼을 선택해 레벨을 저장한다. **레벨을 다른 이름으로 저장**Save Level As 다이얼로그가 나타나면(그림 8.1) 레벨 이름을 MyFirstMap으로 지정하고 **저장**Save 버튼을 클릭해 맵을 디스크에 저장한다.

그림 8.1 레벨을 다른 이름으로 저장(Save Level As) 다이얼로그

이 예제에서 Content 디렉터리 루트 경로에 Example1이라고 생성된 폴더를 확인할 수 있다. 콘텐츠 브라우저의 다양한 위치에서 마우스 오른쪽 버튼을 이용하거나 콘텐츠 브라우저의 신규 추가Add New 버튼을 사용해 새 폴더를 생성할 수 있다. 모든 파일 관리는 콘텐츠 브라우저에서 진행해야 한다는 점을 명심하자.

맵이나 폴더 이름을 변경하는 경우 마우스 오른쪽 버튼을 클릭해 메뉴를 이용하거나 해당 파일 또는 폴더를 선택하고 F2 키를 누르면 이름을 변경할 수 있다.

Content 폴더에 프로젝트별 디렉터리를 만드는 것은 UE4에서 일반적으로 수행되는
작업이다. 이렇게 하면 프로젝트를 위해 생성된 모든 콘텐츠가 프로젝트별 디렉터리
안에 포함되게 할 수 있고, 외부 프로젝트나 다른 프로젝트가 제작 중인 프로젝트와
합칠 때도 충돌의 위험 없이 진행할 수 있다.

레벨과 맵은 동일한 대상을 가리키는 용어이며, 둘 모두 UMAP 파일을 가리키는 데
사용된다는 점을 명심하자.

애셋 배치와 변경

콘텐츠 브라우저의 애셋을 레벨에 배치하는 가장 일반적인 방법은 콘텐츠 브라우저
에서 애셋을 에디터의 뷰포트로 드래그 앤 드롭하는 것이다(그림 8.2).

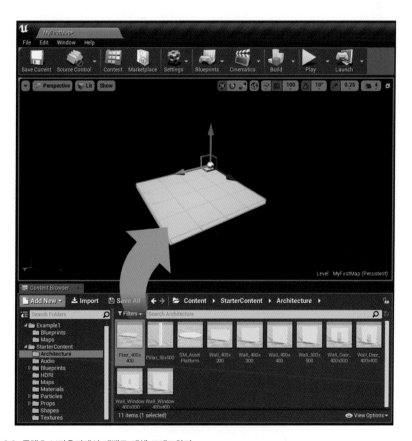

그림 8.2 콘텐츠 브라우저에서 레벨로 애셋 드래그하기

이동, 크기 조절, 회전

액터를 배치하고 나면 친숙한 기즈모gizmo를 사용해 쉽게 이동, 크기 조절, 회전을 시킬 수 있다. 스페이스 바를 사용하거나 뷰포트 상단의 아이콘을 통해 쉽게 이동, 회전, 스케일 모드를 변환할 수 있다.

노트

W, E, R 키를 이용해 이동, 스케일, 회전 모드를 전환하거나 스페이스 바를 이용해 모드를 전환할 수 있다.

디테일 패널 사용하기

디테일 패널은 선택된 액터의 모든 속성을 보여주는 공간이다(그림 8.3). 디테일 패널을 통해 액터의 위치, 스케일, 회전을 직접 설정할 수 있고, 라이트 맵 해상도Lightmap Resolution, Shadow 옵션, 머티리얼 할당 속성 등과 같은 클래스별로 제공되는 속성도 설정할 수 있다.

그림 8.3 선택된 스태틱 메시 액터의 정보를 보여주는 디테일 패널

스내핑

시작용 콘텐츠에 포함된 애셋은 그리드 크기의 100 단위로 제작됐다. 이런 이유로 뷰포트에서 스냅^{Snap} 옵션을 활성화하고 이를 100 단위 크기로 설정하는 것은 좋은 방법이다. 이렇게 하면 액터를 이동시킬 때 $100 \times 100 \times 100$ 단위 크기로 스냅 기능이 적용된다.

뷰포트 오른쪽 상단에 위치한 각 토글 버튼을 활용해 회전과 스케일에 대한 스냅 기능도 설정할 수 있다(그림 8.4). 여기에는 오른쪽에 스냅 간격을 설정할 수 있는 메뉴가 있다. 이를 클릭하면 스냅 간격을 설정할 수 있다.

그림 8.4 뷰포트의 스냅 옵션

복제하기

몇 가지 방법을 통해 액터를 복제할 수 있다. 복사–붙여넣기를 하거나 편집 메뉴와 마우스 오른쪽 버튼 클릭 메뉴의 복제^{Duplicate} 명령을 사용하는 것도 좋은 방법이다.

Alt+드래그 키보드 단축키를 사용하면 선택된 객체가 즉시 복사된다. 액터를 복제할 때 Shift 키를 누르면 카메라가 움직이는 액터를 따라다닌다. Alt+드래그를 통해 여러 액터를 한 번에 복제하는 경우도 가능하다. 이를 위해서는 뷰포트의 트랜스폼 기즈모를 이용해 월드 공간에 다른 위치로 이동시키면 된다. 회전과 스케일 기즈모를 통해서도 액터를 복제할 수 있다.

클래스 브라우저를 통해 액터 추가하기

제작되거나 임포트된 콘텐츠를 콘텐츠 브라우저를 통해 레벨에 배치할 수 있지만 콘텐츠 브라우저에 없는 대상을 게임 월드에 배치해야 하는 경우도 있다.

라이트 같은 클래스는 클래스 브라우저에서 드래그 앤 드롭을 통해 배치한다. 액터가 배치되면 선택된 클래스에서 인스턴스로 만들어진 레벨 액터^{Level Actor}가 새로 생성된다.

모드 윈도우^{Mode window}는 기본 에디터 레이아웃에서 왼쪽 상단에 위치해 있다. 메뉴바에서 **창 > 모드**를 선택해 클래스 브라우저를 띄울 수도 있다.

모드 패널의 첫 번째 탭은 배치^{Place} 모드다. 배치 모드에는 클래스 브라우저가 포함된다.

라이트 배치

액터를 본격적으로 배치하기 전에 씬에 조명이 필요하다. 맥스나 마야와는 달리 기본 내장된 씬 라이트나 뷰포트 라이트가 없다. 따라서 라이팅 시스템을 수동으로 설정해야 한다.

씬에 배치된 조명이 없는 경우에는 Unlit 뷰 모드가 사용된다. 이 뷰 모드는 그림자가 표현되지 않은 물체의 기본 색상만 화면에 보여준다. 이 뷰 모드를 통해 작업하는 것이 가능하지만 물체 간의 깊이를 알기 어렵고 물체가 서로 섞이기 쉽기 때문에 지속해서 작업하기에는 어려움이 있다.

UE4는 매우 훌륭한 실시간 조명과 그림자 시스템을 제공한다. 고성능의 정적 GI 라이팅을 위해 라이트매스를 사용하든 직접 조명을 위한 동적 그림자 효과와 라이팅 시스템을 사용하든 UE4에서 최상의 결과를 얻기 위해서는 라이팅 액터가 필수다.

태양

디렉셔널 라이트 액터를 태양으로 사용할 수 있다. 디렉셔널 라이트 액터를 배치하기 위해 모드 패널을 배치 모드로 전환한다(Shift+1). 라이트(Lights) 탭을 선택하고 디렉셔널 라이트를 씬에 드래그한다.

디테일 패널에서 태양을 무버블^{Moveable}로 설정한다. 이렇게 하면 동적으로 이동과 속성 변경이 가능하고 동적 그림자 효과를 사용한다.

대부분의 건축 시각화 제품에서 라이트매스를 활용한 정적 라이팅을 사용하지만 이에 대한 내용은 9장에서 설명할 예정이다. 지금은 기본 내용에만 집중하자. 동적 라이팅 시스템은 빠르고 수정이 간편한 위지윅 방식을 제공해 복잡한 라이트매스를 고려하지 않고도 쉽게 시험해보고 학습할 수 있다.

대기의 안개 효과

UE4에는 **대기의 안개 효과**atmospheric fog를 시뮬레이션하거나 거리에 따라 빛의 감쇄와 색상을 조절하며 하늘의 음영을 수학적인 방법으로 시뮬레이션하는 기능이 포함돼 있다. 이는 아주 멀리에서 바라볼 때 대기에서 빛이 산란되는 보라색 산의 위엄purple mountains' majesty 효과와 비슷하다.

디렉셔널 라이트 같이 배치 모드를 사용해 애트머스페릭 포그 액터를 배치한다.

씬에 포그 액터를 배치하자마자 기본 하늘 색상과 수평선이 즉시 생성되고 화면에서 적절한 곳을 바라보도록 설정하면 동그란 태양을 볼 수 있다(8장 후반의 그림 8.7 참고).

지금은 태양이 잘못된 위치에 있고 태양이 지는 것처럼 설정된 모습을 볼 수 있다. 이를 위해 태양의 위치와 색상을 수동으로 설정하거나 디렉셔널 라이트를 태양으로 정의하는 설정을 사용하면 동적으로 하늘이 시뮬레이션되는 효과를 얻을 수 있다.

대기에 태양 할당하기

하늘 색상을 결정하는 데 어떤 디렉셔널 라이트 액터를 사용할지 여부를 수동으로 설정해야 한다. 이는 디렉셔널 라이트 액터의 속성에서 **Atmosphere Sun Light** 체크박스(그림 8.5)에서 설정할 수 있다.

이 체크박스는 라이트 액터에 고급 설정으로 숨겨져 있다. 이 설정에 접근하려면 디테일 패널의 라이트 속성에 있는 아래로 향하는 작은 화살표를 선택해야 한다(그림 8.5). 또한 디테일 패널에서 검색바를 사용해 속성을 필터링할 수도 있다(그림 8.6).

그림 8.5 고급 속성이 보이도록 설정된 디렉셔널 라이트 속성에서 Atmosphere Sun Light 속성이 true로 설정된 모습

그림 8.6 디렉셔널 라이트 디테일 창에서 검색바로 필터링을 사용한 모습

스카이 라이트

스카이 라이트^{Sky Light} 액터는 세 번째 액터이자 조명 설정을 위해 추가하는 마지막 액터다. 이 액터는 씬의 HDR 큐브 맵을 포착하거나 사전에 설정된 HDR 큐브 맵 텍스처를 사용해 씬에 조명을 밝힌다.

이 액터를 추가한 다음 모빌리티를 무버블^{Moveable}로 설정한다. 그러면 그림자 영역이 하늘로부터 얻은 파란색으로 채워진다. 색이 너무 밝은 경우 스카이 라이트의 강도^{intensity}를 줄이면 된다.

설정이 완료된 씬은 그림 8.7과 비슷하게 보일 것이다. 동적 라이팅 파이프라인을 사용하기 위해 디렉셔널 라이트, 스카이 라이트, 애트머스페릭 포그는 각각 무버블로 설정한다.

에디터의 레이아웃도 뷰포트와 속성 편집 공간을 좀 더 넓게 사용하기 위해 변경했다.

그림 8.7 디렉셔널 라이트, 스카이 라이트, 애트머스페릭 포그를 활용한 기본 씬 라이팅

씬 살펴보기 ▰▰▰▰▰▰▰▰▰

이제 씬에 조명이 설정됐으니 씬 이곳 저곳을 이동해보고 뷰를 회전시켜보면서 씬을 둘러볼 차례다.

UE4는 게임과 3D 디자인 응용 프로그램 모두에서 기능을 조합한 훌륭한 뷰포트 탐색 기능을 제공한다.

게임 스타일

씬을 돌아다니는 가장 일반적인 방법은 게임 스타일의 탐색 시스템을 사용하는 것이다.

마우스 오른쪽 버튼을 누르고 있으면 뷰포트에서 게임 탐색 모드가 활성화된다. 마우스 오른쪽 버튼을 누른 채 마우스를 드래그하면 뷰를 회전시킬 수 있다. 키보드의 W 키를 누르면 앞으로 이동하고, S 키를 누르면 뒤로 이동하며 A와 D 키를 누르면 각각 왼쪽과 오른쪽으로 이동한다.

또한 E 키와 Q 키를 이용해 위와 아래로 이동할 수 있다.

이동 속도를 조절할 때는 마우스 휠 버튼을 이용하면 레벨 주변을 이동하는 속도를 빠르게 또는 느리게 조절할 수 있다.

물체에 초점 맞추기

키보드의 F 단축키를 이용하면 카메라의 초점을 특정 액터(또는 선택된 액터 그룹)에 맞출 수 있다. F 키를 누르면 선택된 객체에 카메라의 중심을 맞추고 물체가 잘 보이도록 확대한다. 객체에 초점을 맞춘 다음 Alt 키를 누른 채 마우스 왼쪽 버튼을 드래그하면 선택된 액터 주변을 회전시킬 수 있다(orbit view: 궤도 보기 모드).

3차원 공간에서 오브젝트를 확인할 때는 궤도 보기 모드를 활용할 수 있다.

액터에 초점을 맞춘 후에 마우스 휠을 스크롤하면 줌 인zoom in과 줌 아웃zoom out을 쉽게 할 수 있다(이 때는 마우스 오른쪽 버튼을 누르지 않는다).

건축물 제작하기

Starter Content의 Architecture 폴더에 있는 다양한 스태틱 메시를 사용해 간단한 아파트 또는 집을 만들어 보자.

스냅 기능을 활성화 해놓은 경우 단위를 100으로 설정한다. 이렇게 하면 이 폴더에 있는 각 메시는 씬에서 마치 빌딩 블록처럼 스냅이 설정된다.

집을 만들기 위해서는 바닥, 벽, 그리고 기타 메시가 필요한데, 집을 꾸미다 보면 재미를 느낄 수 있을 것이다. 방과 방을 연결하는 곳에 문을 배치하고 돌아다닐 수 있는 방을 꼭 만들어보기 바란다. 각 바닥 면의 크기는 400cm×400cm이기 때문에 각 방은 최소 2×2 이상이어야 한다.

그림 8.8은 개인적으로 여러 블록을 이용해 간단한 구조를 제작해본 결과를 보여준다. 작지만 플레이어가 배치돼 돌아다니기에 충분하게 만들려고 노력했다. Start content의 벽과 바닥 스태틱 메시만 이용해서 100×100 그리드 스냅을 설정해 배치했다. 뷰포트 오른쪽 상단의 최대화/최소화 버튼을 사용해 직교^{Orthographic} 뷰포트가 보이게 설정했다. 또한 원근 뷰포트를 두 개 설정해 여러 3D 뷰를 볼 수 있도록 설정했다.

여러분이 제작한 구조가 더 복잡하거나 덜 복잡할 수는 있지만 이는 각자 선택에 맡긴다. 하지만 플레이어가 단단히 설 수 있는 바닥을 제작하고 벽을 적절하게 배치해 플레이어가 무한의 공간에 떨어지는 일이 없도록 제작한다.

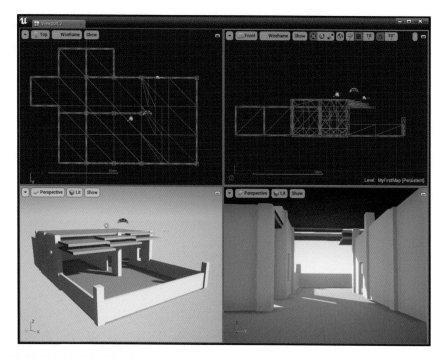

그림 8.8 무한한 공간에 떠있는 집

구조물에 디테일 더하기

이제 구조물이 생겼으니 여기에 디테일을 더해 보자. 콘텐츠 브라우저에서 스태틱 메시 액터를 배치하고 조명 프로파일이 적용된 다양한 색상의 스포트 라이트 액터를 더해 재미있는 조명 효과를 추가해보자.

소품 배치하기

소품Prop은 씬에서 장식할 목적과 비건축 요소로 사용되는 스태틱 메시를 말한다. 샘플 콘텐츠에는 씬을 꾸미기에 좋은 메시가 포함돼 있다.

다른 메시 같이 콘텐츠 브라우저에서 레벨로 드래그 앤 드롭을 통해 배치할 수 있다. 배치가 완료되면 필요에 따라 복제, 위치 설정, 크기 조절 등을 통해 배치를 완료한다.

레벨에 머티리얼과 파티클 시스템을 배치할 수도 있다. 여러 가지 효과로 화려하게 혹은 최소한으로 꾸미거나 각자의 선택에 맡긴다. 최소한으로 필요한 소품은 바닥과 벽이다. 그 외에는 모두 여러분의 상상력을 발휘하는 데 필요한 것이다.

다음 그림 8.9는 드래그 앤 드롭, 복사-붙여넣기, 표면 스내핑, 드래그로 복사하기 등을 통해 작업한 씬이다. 시간을 할애해 콘텐츠 브라우저에서 다양한 소품을 배치하고, 복제와 변형을 통해 집을 꾸몄다. 바위는 구조물을 시각적으로 돋보이게 하는 데 도움이 된다.

그림 8.9 여러 메시를 사용해 디테일을 더한 씬 모습

꾸미는 과정은 다양한 스내핑 옵션을 시도해볼 수 있는 좋은 기회다. 다른 액터에 바로 배치하는 데 도움이 되는 표면 스내핑 옵션도 사용해보기를 권장한다.

라이트 배치

디렉셔널 라이트와 스카이 라이트 액터 같이 클래스 브라우저를 사용해 라이트를 씬에 추가한다.

클래스 브라우저에서 라이트^{Lights} 탭을 클릭하면 사용 가능한 라이트 클래스가 나열된다(그림8.10). 라이트 클래스를 뷰포트로 간단히 드래그하면 라이트 액터가 레벨에 배치된다.

그림 8.10 배치 모드에 나열된 라이트 클래스

스태틱 메시 액터처럼 기즈모를 사용하거나 디테일 패널의 트랜스폼 컨트롤을 이용해 라이트를 이동시키거나 회전시킬 수 있다. 또한 스태틱 메시 액터와 동일한 방식으로 복사-붙여넣기 복제 등을 할 수 있다.

라이트 속성

디테일 패널에서 라이트 액터 속성을 살펴보자. 여기에는 밝기, 그림자 생성, 색상 등 다양한 옵션이 제공된다. 이런 옵션은 대부분 순수하게 시각적인 옵션인 반면, 성능과 밀접하게 연관되는 옵션도 있다.

동적 라이트와 성능

동적 라이팅을 사용하기 때문에 사용하는 조명 수에 주의해야 한다. UE4의 디퍼드 렌더러^{deffered renderer}는 이전 세대의 렌더링 기술에 비해 훨씬 많은 동적 라이트를 허용하지만, 동적 라이팅은 처리 비용이 비싼 효과이며 특히 그림자 효과와 같이 사용했을 때 그 비용이 매우 비싸다.

그림자

동적 그림자 효과는 많은 렌더링 오버헤드^{overhead}를 추가하기 때문에 최대한 절약해 사용하는 것이 중요하다. 그림자를 발생시키는 포인트 라이트는 렌더링하는 데 가장 비싼 유형의 라이트이기 때문에 최소한으로 사용해야 한다.

감쇠 반경

라이트의 감쇠 반경^{Attenuation Radius}을 최대한으로 줄이면 성능을 향상시킬 수 있다. 감쇠 반경 밖에 있는 액터는 라이트에 영향을 받지 않기 때문에 해당 라이트로부터 조명과 그림자 계산을 하지 않는다.

IES 프로파일 추가하기

UE4는 스포트 라이트와 포인트 라이트에 2D IES 프로파일을 지원한다. IES 프로파일은 임포트된 IES 파일을 기반으로 생성된 텍스처를 사용해 라이트 밝기를 조절한다. UE4에는 여러 IES 프로파일이 포함돼 있어 이를 사용하거나 외부에서 IES 프로파일을 콘텐츠 브라우저로 가져와 사용할 수 있다.

다음은 라이트를 몇 개 추가한 씬의 모습이다(그림 8.11). 또한 씬이 좀 더 재미있게 보일 수 있도록 일부 스포트 라이트에 IES 프로파일을 적용했다. 레벨에 배치된 라이트 액터를 선택하면 디테일 패널에서 IES 속성을 찾을 수 있다.

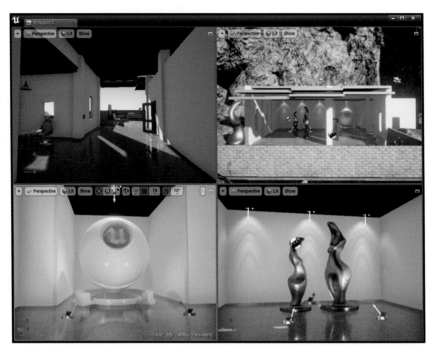

그림 8.11 에디터에서 최종 씬을 확인한 모습. 작업한 씬의 모습을 다양한 각도에서 확인할 수 있도록 4개의 뷰포트 모두 원근 모드로 설정했다.

요약

애셋을 활용해 레벨을 꾸미는 작업이 얼마나 쉬운지 확인할 수 있었다. 라이트, 머티리얼, 액터의 드래그를 통한 배치, 복사와 이동, 회전과 크기 조절은 유명한 3D 응용 프로그램에서처럼 쉽게 할 수 있다. UE4에서 레벨을 제작하는 과정은 쉽고 직관적이며 멋진 조명을 설정하는 작업 역시 애트머스페릭 포그와 스카이 라이트를 사용해 매우 쉽게 진행할 수 있다.

가상 세계를 마음대로 제어할 수 있다는 즐거움과 바닥과 벽의 간단한 요구사항을 제외하면 제한 사항이 거의 없는 상태에서 무언가를 생성하고 꾸미는 작업을 통해 즐거움을 느낄 수 있었을 거라 생각한다.

여러분이 직접 열어보고 플레이해볼 수 있도록 이 씬을 www.TomShannon3d.com/UnrealForViz에 올려놓았다.

9장

블루프린트를 활용해 상호작용 기능 만들기

처음으로 프로젝트를 설정하고, 월드를 꾸미고, 씬을 더 돋보이게 만들기 위해 라이트와 소품 등을 배치해봤다. 여기까지도 훌륭하지만 프로젝트가 더 돋보이려면 상호작용 기능이 추가돼야 한다. 9장에서는 블루프린트 클래스를 제작, 게임모드를 처음으로 설정해보고, 입력 시스템을 사용해 월드 공간을 이동하는 플레이어를 제작해볼 예정이다.

프로젝트 설정하기

이 프로젝트를 위해서는 1인칭 시점과 1인칭으로 걷는 스타일의 이동 기능이 필요하다. 다행히 1인칭 시점의 뷰와 1인칭 스타일로 걷는 이동 기능은 언리얼 엔진이 잘 지원해주는 기능이다.

먼저 플레이어 컨트롤러 클래스에서 처리된 입력을 전달받는 블루프린트 클래스인 폰Pawn을 생성하는 방법을 배운다. 그런 다음 플레이어 컨트롤러를 생성하는 방법도 학습한다. 마지막으로 플레이어 컨트롤러와 폰을 프로젝트의 기본으로 정의하는 데 사용하는 게임모드를 만들어 볼 예정이다.

이 모든 아이템이 제대로 갖춰지면 레벨이 로드된 후 플레이어가 생성될 위치를 지정하는 플레이어 스타트Player Start 액터를 쉽게 배치할 수 있다.

9장의 끝부분에서는 레벨의 이곳저곳을 탐색하고 자유롭게 바라보면서 부드럽게 이동하는 폰을 얻을 수 있을 것이다.

새 게임모드 생성, 플레이어 컨트롤러 완성, 입력 매핑, 폰 설정 과정은 매우 긴 과정이지만 작업을 마친 후에는 UE4에서 입력을 처리하고 플레이어의 이동을 처리하는 방식을 이해할 수 있을 것이다. 또한 이 콘텐츠를 새 프로젝트로 이주시키고 새로운 기능을 추가해 상호작용 기능을 갖춘 여러분만의 시각화 제품을 제작할 수 있다.

플레이하기

이 시점 이전에 이미 에디터의 플레이Play 버튼을 눌러봤을 것이다. UE4에서 프로젝트 플레이하기는 그리 어렵지 않으며 이것이 바로 UE4가 존재하는 이유다. 플레이를 해보자!

에디터에서 플레이 버튼을 누르면 Play in EditorPIE라 불리는 특별한 모드로 게임이 시작된다. PIE는 사전에 미리 로드된 애셋을 사용해 월드를 바로 시작하고 최대한 빠르게 플레이해볼 수 있는 환경을 제공한다. 이는 제작 중인 프로그램을 테스트해볼 수 있는 훌륭한 방법이다.

플레이 모드

플레이 버튼 오른쪽의 옵션 버튼을 선택하면 추가 플레이 모드 옵션을 확인할 수 있다(그림 9.1).

그림 9.1 PIE 옵션

기본 모드는 **선택된 뷰포트**에서 게임을 시작하는 모드다. **새 에디터 창**에서 게임을 시작하는 것 역시 가능하다. 이는 뷰포트가 가려져 있거나 특정 화면 해상도 또는 화면 비율로 테스트를 해보고 싶은 경우에 유용하다.

독립형 게임 Standalone Game을 선택하면 쿠킹되지 않은(리소스가 대상 플랫폼으로 변경되지 않은) 게임 빌드가 커맨드 라인에서 시작된다. 이 모드는 PIE(거의 바로 시작됨)에 비해 시간이 오래 걸리지만 에디터 밖에서 실행될 최종 애플리케이션의 모습을 훨씬 더 정확하게 보여준다.

시뮬레이트Simulate는 일반적인 플레이어 컨트롤러와 폰을 생성하지 않고 게임을 실행하는 독특한 모드로, 제한이 없는 상태에서 레벨을 탐색할 수 있다.

이 옵션 중 하나를 선택하면 마지막에 선택한 모드에 맞게 플레이 버튼이 변경된다.

해상도와 기타 실행 동작을 변경하고 싶은 경우에는 **고급 설정**을 선택한다. 이 메뉴를 선택하면 해상도와 기타 실행 동작을 설정할 수 있는 에디터 설정 다이얼 로그가 열린다.

기본 게임모드

이 시점에서 플레이 버튼을 클릭하면 UE4의 기본 플레이어 컨트롤러와 폰이 생성돼 게임과 비슷한 컨트롤을 가진 비행 캐릭터를 사용해 레벨 이곳저곳을 돌아다닐 수 있다. 이것이 바로 UE4의 기본 **게임모드**default GameMode다.

게임모드는 어떤 플레이어 컨트롤러, 폰, 게임을 시작하는 데 사용되는 기타 클래스를 사용할지를 정의하는 클래스다.

게임모드에서는 유령처럼 취급되는 에디터의 시점과 달리 충돌과 물리에 반응하는 적절한 플레이어를 설정해야 한다는 점에 주의해야 한다. 하지만 처음에는 여기저기를 날아서 빠르게 이동할 수 있다. 이 방법은 여러분이 제작한 공간을 탐색하는 올바른 방법이 아니다. 따라서 자신만의 폰, 플레이어 컨트롤러, 게임모드를 제작하고 프로젝트에 이를 할당해야 한다.

이 작업을 완료한 후에는 프로젝트 범위에 정의된 대로 레벨 주변을 걸어서 이동할 수 있게 될 것이다.

폰 생성하기

월드에서 실제 물리적인 존재를 나타내는 클래스는 **폰**이다. 폰은 물리, 충돌, 월드와 기타 레벨 액터와의 상호작용을 처리한다.

폰은 블루프린트 스타일의 클래스다. 폰에는 컴포넌트, 변수, 이벤트 그래프가 포함된다. 다음 단계에 따라 폰을 생성할 수 있다.

1. 콘텐츠 브라우저에서 **신규 추가**^Add New를 선택하고 **블루프린트 클래스**를 선택한다
   (그림 9.2).

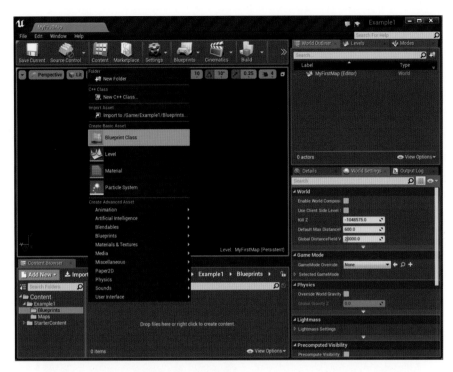

그림 9.2 콘텐츠 브라우저에서 새 블루프린트 애셋 추가하기

2. **부모 클래스 선택** 다이얼 로그에서 Character 버튼을 선택한다. 캐릭터 클래스
   는 고급 폰 클래스로 1인칭과 3인칭 캐릭터 애플리케이션에 광범위하게 사용
   되며, 이 프로젝트의 요구사항을 완벽하게 충족시키고 폰 제작에 필요한 많은
   노력을 줄여준다(매번 바퀴를 새로 발명할 필요는 없다!).

3. 애셋의 이름을 지정한다. UE4의 이름 규칙에 따라 BP_Interior_Pawn이라는
   이름을 선택했다(그림 9.3).

그림 9.3 새로 생성돼 콘텐츠 브라우저에 저장된 BP_Interior_Pawn 애셋

4. 애셋을 더블 클릭해 블루프린트 에디터를 연다.

5. 컴포넌트 목록에서 BP_Interior_Pawn 컴포넌트를 선택하고 툴바에서 클래스
   디폴트Class Default 버튼이 선택돼 있는지 확인한다(그림 9.4).

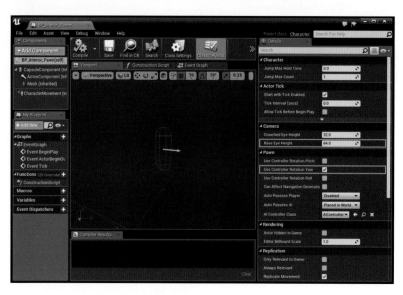

그림 9.4 블루프린트 에디터에서 확인한 폰 클래스 디폴트

플레이어의 시점 높이 설정하기

플레이어 시점(플레이어가 바라보는 시점)을 적당한 높이로 설정하려면 캡슐 컴포넌트 높이의 절반값에 따라 Base Eye Height 파라미터를 설정해야 한다.

플레이어의 눈 높이는 캡슐 컴포넌트 높이의 절반값을 캐릭터의 Base Eye Height로 추가해 설정한다. 눈 높이와 충돌 모두 잘 동작할 수 있게 설정하는 것이 중요하다.

캡슐 컴포넌트 조절하기

폰은 월드 공간에서 캡슐 컴포넌트를 사용해 플레이어의 몸체를 시뮬레이션한다. 블루프린트 에디터의 뷰포트와 컴포넌트 목록에서 캡슐 컴포넌트를 확인할 수 있다(그림 9.5).

컴포넌트 목록에서 캡슐 컴포넌트를 선택하면 캡슐 컴포넌트의 두 변수, Radius와 Half-height에 접근할 수 있다. 변수 이름이 말해주듯이 Half-height는 바닥에서 캡슐 컴포넌트 절반 높이에 이르는 거리를 나타낸다. 기본 값은 88cm로 바닥에서 캡슐 상단까지는 88cm의 두 배인 176cm(약 5피트 9인치)다. 이 값은 대부분 작을 수 있지만 플레이어의 머리가 문틀 상단이나 전등에 걸리는 높이보다 약간 낮게 설정하는 방법이 좋다. 이 값은 기본 값 그대로 사용할 수 있다.

Base Eye Height 설정하기

UE4는 적절한 플레이어의 눈 높이를 얻기 위해 캡슐 컴포넌트의 Half-height 파라미터 값을 Base Eye Height 값에 추가해 캐릭터의 시점 높이를 계산한다.

Base Eye Height 파라미터의 기본 값은 64로 152cm의 눈 높이를 나타낸다. 이 값은 대부분의 사람들에게 너무 낮다. 남성의 평균 눈 높이는 175cm이며 여성의 평균 눈 높이는 160cm다. 168을 목표로 설정해 차이를 나누면 Base Eye Height 값은 80cm가 나온다.

컴포넌트 목록에서 루트 컴포넌트(BP_Interior_Pawn)를 클릭해 캐릭터 클래스의 기본 속성으로 돌아간 다음 Base Eye Height 값을 80으로 설정한다.

Controller Rotation Yaw 사용하기

클래스 디폴트에서 알아볼 다음 속성은 플레이어의 시점 회전을 결정하는 방법을 처리하는 속성이다. 요^{yaw}는 플레이어의 월드 Z 회전을 나타내며 이를 통해 플레이어의 좌우 회전을 제어한다.

이 값을 기본 값으로 유지하겠지만 이 속성에 따라 동작하는 방식을 이해하는 것이 중요하다. 무브먼트^{movement} 컴포넌트에서 회전을 관리하지 않고, 플레이어 컨트롤러가 회전을 관리한다. 또한 위아래로 보듯이 캡슐 컴포넌트의 피치^{pitch} 회전을 허용하지 않고, 부모가 폰으로 설정된 카메라에 피치 회전이 그대로 적용되도록 둔 채, 요 회전만 사용하도록 설정한다.

두 컴포넌트에서 피치와 요를 독립적으로 처리하도록 분리하면 일반적으로 **짐벌락**$^{Gimbal\ Lock}$으로 알려진 문제를 피할 수 있다. 짐벌락이 발생하면 카메라가 회전할 때 수평 안정성을 제대로 관리하지 못하게 된다.

Controller Rotation Yaw 속성을 활성화하면 자동으로 폰의 요가 플레이어 컨트롤러의 Control Rotation 파라미터와 일치한다.

이동 속도 설정하기

CharacterMovement **컴포넌트**는 캐릭터가 씬을 이동할 수 있는 기능을 제공하고 캐릭터의 이동 상태를 관리하는 역할을 한다. 또한 걷는 속도, 기본 이동 모드 등과 같은 캐릭터의 이동과 관련된 기본 설정을 찾을 수 있는 컴포넌트이기도 하다.

컴포넌트 패널에서 CharacterMovement 컴포넌트를 선택해 디테일 패널에서 기본 속성을 살펴보자(그림 9.5). 디테일 패널에서 눈 모양 아이콘 근처의 검색바를 사용하면 속성을 쉽게 필터링할 수 있다.

그림 9.5 변경된 CharacterMovement 컴포넌트 속성

이런 단순한 프로젝트에서는 변경할 속성이 많지 않지만 제공되는 옵션이 많고 이를 활용하면 비행에서 낙하 수영에서 등반까지 서로 다른 유형의 이동을 제작할 수 있다는 사실을 확인하기 바란다.

Max Walk Speed

플레이어는 기본적으로 초당 600cm의 속도로 이동하도록 설정돼 있다(13mph). 이 속도는 방을 이동하는 속도로는 대체로 빠른 속도다. 150~175 사이의 값을 설정해 건물 내부에서 천천히 걷는 속도로 설정한다.

마찰력과 감속

캐릭터의 속도를 줄이는 데 사용되는 속성에는 두 가지가 있으며 두 속성 모두 기본 값으로 상당히 높은 값이 설정돼 있다(초당 6m의 매우 빠른 속도로 걷는 액션이 많은 게임을 위한 설정).

Braking Friction Factor를 1로 설정하고 Braking Deceleration Walking 속성을 0.0 으로 설정한다.

이렇게 하면 대부분에 게임에서 정확한 컨트롤을 위해 갑작스럽게 정지시켜야 하는 경우와 달리 플레이어를 부드럽게 정지시킬 수 있다. 이 설정과 캐릭터 클래스를 사용해 캐릭터의 '느낌'을 실제로 어떻게 보여줄지는 각자의 취향에 따라 다르다.

이제 폰 클래스를 생성했고 필요한 값을 수정했다. 계속 진행하기 전에 프로젝트를 저장하자. 새로 생성된 애셋은 자동으로 디스크에 저장되지 않기 때문에 수동으로 저장해야 한다.

입력 매핑

입력 매핑Input Mapping은 프로젝트 전체에 적용되는 설정이다. 입력 매핑을 이용해 마우스 클릭이나 키 입력 등과 같은 일반적인 입력 이벤트를 설정할 수 있으며 블루프린트에서 설정한 입력 매핑에 접근할 수 있다.

입력 매핑을 설정하려면 메뉴바의 편집Edit 메뉴로 가서 프로젝트 세팅Project Settings을 선택한다.

왼쪽 탭에서 입력Input을 선택하면(그림 9.6) 입력 매핑 설정을 확인할 수 있다.

액션 매핑과 축 매핑

액션 매핑 Action Mappings은 버튼을 누르거나 마우스 클릭 같은 단일 행동 이벤트에 의해 발생되는 일회성 이벤트를 말한다. 이런 이벤트는 한 틱single Tick 동안만 발생한다.

축 매핑Axis Mappings은 숫자로 표현되는 값을 가질 수 있고 여러 프레임에 걸쳐 지속될 수 있는 이벤트를 나타낸다. 축 매핑은 앞으로 이동, 왼쪽 또는 오른쪽으로 전환 등과 같은 움직임에 사용된다. 이 매핑이 축 매핑이라 불리는 이유는 전통적으로 축에 의한 움직임이 정의된 게임 조이스틱을 지칭하기 때문이다.

최근 인터페이스에서 축 매핑은 지난 틱에서 마우스가 몇 픽셀 이동했는지, 키를 얼마나 눌렀는지, 게임패드의 아날로그 조이스틱의 위치가 얼마나 이동했는지를 나타낸다.

플레이어의 이동과 회전을 위해 축 매핑이 사용된다.

매핑 설정하기

축 매핑 배열은 매핑 목록으로 구성된다. 각 매핑은 라벨^{Label}과 스케일 값을 갖는 입력 배열로 구성된다.

라벨은 블루프린트에서 참조할 때 사용할 매핑의 이름을 나타낸다. 라벨에는 'Walk', 'Turn', 'EatShrimp' 등과 같이 원하는 이름을 선택해 입력할 수 있다. 여기에는 표준이 없기 때문에 원하는 값을 입력한다. 라벨에 할당한 값은 입력 이벤트로 사용 가능하며 플레이어 컨트롤러를 통해 Axis Value 변수에 쉽게 접근할 수 있다.

이름이 할당된 각 입력 축은 여러 입력을 가질 수 있다. 예를 들어 'MoveForward'라 이름 붙인 입력 매핑에 W와 S 키 입력을 모두 할당할 수 있다. S 키에는 스케일 값에 -1을, W 키에는 스케일 값에 +1을 설정한다. 이는 플레이어가 W 키를 눌러 이 이벤트가 호출되면 1의 Axis Value가 반환되고, 플레이어가 S 키를 누르면 -1의 Axis Value가 반환된다는 의미다. 이런 방식으로 입력을 그룹화하면 게임 코드에 너무 많은 입력 이벤트를 처리해야 하는 상황을 피할 수 있다.

그림 9.6 입력 매핑이 정의된 입력 매핑 다이얼로그

입력 장치 유연성

이런 방식으로 입력을 설정할 때 얻을 수 있는 다른 이점은 여러 장치의 입력을 포괄적으로 사용할 수 있다는 점이다. 엔터^{Enter} 키 입력과 게임패드의 X 버튼 또는 마우스 오른쪽 버튼 클릭을 동일한 이벤트로 처리할 수 있다. 입력 설정은 전적으로 이를 설정하는 개발자의 몫이다.

이런 유연성으로 인해 UE4는 기본 값을 설정하지 않는다. 따라서 각 프로젝트 입력 시스템의 요구사항에 맞는 입력 매핑을 설정할 수 있다. 이 설정은 프로젝트의 Saved/Config/DefaultInput.ini 파일에 저장되며 프로젝트 설정 인터페이스에 있는 버튼을 이용하거나 입력 파일에 있는 텍스트 내용 복사해 붙여넣기를 통해 내보내기^{Export}와 가져오기^{Import}를 쉽게 할 수 있다.

플레이어 컨트롤러 클래스 생성하기 ▰▰▰▰▰▰

폰과 입력 매핑 작업이 완료됐다. 이제 이 둘을 연결할 차례다. 폰 클래스에 바로 입력과 이동 로직을 추가할 수도 있지만 이는 권장하는 디자인 패턴이 아니다.

이를 위해 플레이어 컨트롤러가 필요하다. 이름에서 알 수 있듯이 플레이어 컨트롤러의 주요 기능 중 하나는 플레이어 입력을 처리하는 것이다. UE4 애플리케이션이 실행되는 동안에는 플레이어 컨트롤러가 항상 존재한다는 사실을 기억하자. 따라서 플레이어 컨트롤러는 입력 처리처럼 항상 동작해야 하는 코드를 추가하기에 좋은 곳이다.

전에 만들었던 폰 및 게임모드 애셋과 동일한 방법으로 플레이어 컨트롤러를 생성한다. **콘텐츠 브라우저**에서 마우스 오른쪽 버튼을 클릭하고 **기본 애셋 생성** 메뉴에서 **블루프린트 클래스**를 선택한다.

부모 클래스 선택 창에서 Player Controller 클래스를 선택하고 새로 생성된 애셋의 이름을 BP_UE4Viz_PlayerController라고 설정한다.

애셋이 처음 생성되면 디스크에 저장되지 않기 때문에 애셋을 저장한다.

블루프린트에 입력 추가하기

입력 매핑 정의를 완료했기 때문에 블루프린트 스크립팅을 사용해 게임에서 이벤트
처리를 시작할 수 있다. 블루프린트 에디터를 열고 콘텐츠 브라우저에 있는 플레이어
컨트롤러 애셋을 더블 클릭하면 블루프린트 에디터가 열린다.

플레이어 컨트롤러가 열리면 입력 처리 코드를 작성할 수 있는 이벤트 그래프를 사용
할 수 있다. 블루프린트 에디터가 열렸는데 에디터 창에 이벤트 그래프가 없고 상단
에 데이터 전용 블루프린트^{Data Only Blueprint}라는 메시지가 표시되는 경우 **풀 블루프린트
에디터 열기**^{Open Full Blueprint Editor}를 클릭하면 전체 블루프린트 에디터 인터페이스가 나
타난다.

블루프린트 에디터가 열리면 이벤트 그래프 탭을 클릭한다.

축 이벤트 추가하기

앞에서 설정한 축 입력 매핑을 감지해 이를 처리해야 한다. 축 입력 매핑 중 하나가
감지되면(일반적으로 플레이어는 개발자가 선택한 동작을 수행한다) 블루프린트에서 접
근할 수 있는 이벤트가 발생한다. 이를 **축 이벤트**^{Axis Event}라 부르며 이는 단일 **축값**<sup>Axis
Value</sup>를 반환한다.

축 매핑^{Axis Value}은 입력 매핑 다이얼로그에서 설정한 스케일 값을 입력 값에 곱한 값
을 나타낸다(그림 9.6). 따라서 W 키를 누르면 키를 누르고 있는 동안 Tick마다 1.0
이 반환되고, S 키를 누르면 입력 이벤트가 동일하게 발생하지만 -1.0 값이 반환된다.
이는 입력 매핑에서 S 키의 스케일 값이 -1.0로 설정됐기 때문이다. 또한 이 값은 누
적되기 때문에 플레이어가 W와 S 키를 동시에 누르면 서로의 입력이 상쇄돼 입력 축
값으로 0이 반환된다.

물론 키보드상의 키는 1이나 0만 반환한다. 하지만 Axis Value는 게임패드 같은 아날
로그 장치에서도 동작할 수 있으며 양쪽 방향을 나타내는 -1과 1을 반환할 수 있다.
또한 마우스가 지난 프레임에 기록된 픽셀에서 얼마나 많은 픽셀을 이동했는지를 값
으로 반환하는 것도 가능하다(이를 Input Delta 또는 두 샘플 간의 차이라고도 한다). 이렇

게 설정하면 다양한 유형의 입력이 동일한 축과 이벤트를 사용하기 때문에 입력 처리
코드를 단순하게 만들 수 있다.

플레이어 컨트롤러에 축 이벤트를 추가할 때는 이벤트 그래프의 그래프 에디터에서
마우스 오른쪽 버튼을 클릭하고 설정 창에 축 이름을 검색한다(그림 9.7). 설정 창에
단어를 입력하면 그 즉시 목록이 필터링된다.

그림 9.7 블루프린트 이벤트 그래프에서 마우스 오른쪽 버튼을 클릭하면 나타나는 컨텍스트 메뉴를 사용해 Move
Forward 축 이벤트를 검색한 모습

이동을 처리하기 위한 축 입력 매핑인 MoveForward와 MoveRight 축 이벤트를 추
가한다(그림 9.8 참고). 회전을 위한 축 입력 매핑인 LookUp과 LookRight도 추가
한다.

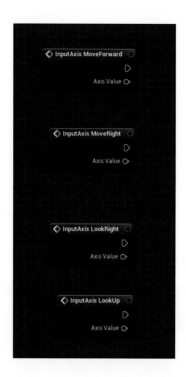

그림 9.8 추가된 축 이벤트

그림 9.8에서 Axis Value 핀을 확인할 수 있다. Axis Value 핀은 입력 매핑에 할당된 입력 스케일^{Input Scale}이 플레이어 입력에 곱해진 값으로 표현되는 부동 소수형^{float} 값을 반환한다.

시점 회전하기(Looking)

시점을 회전하는 방법은 매우 간단하다. 폰을 기반으로 하는 캐릭터 클래스 덕분에 간단히 플레이어 컨트롤러를 회전하기만 하면(플레이어 컨트롤러가 시점 회전을 처리한다는 점을 기억하자) 캐릭터의 시점이 이를 따라온다.

시점 회전은 일반적으로 사용되기 때문에 UE4는 이를 위한 단축키를 제공한다. Add Yaw Input과 Add Pitch Input은 미리 제작된 함수로 입력 값을 받아 회전 값을 플레이어 컨트롤러의 Control Rotation 변수에 더하는 작업을 처리한다.

다음 단계에 따라 회전 처리 노드를 추가한다.

1. 이벤트 그래프에서 마우스 오른쪽 버튼을 클릭하고 Add Yaw Input과 Add Pitch Input을 검색한다.

2. 입력 축 LookRight 이벤트의 **실행 출력 핀**^{Exec Out pin}(노드 오른쪽의 흰색 화살표)과 Add Yaw Input 노드의 **실행 입력 핀**^{Exec In pin}(노드 왼쪽의 흰색 화살표)을 드래그를 통해 연결한다. 순서에 관계없이 한 쪽에서 다른 쪽으로 드래그하면 된다.

3. 입력 축 LookRight 노드의 **Axis Value** 핀을 Add Yaw Input 노드의 **In Val** 핀에 연결한다.

4. LookUp 축 이벤트와 Add Pitch 함수에 이를 반복한다(그림 9.9).

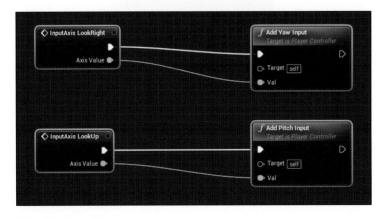

그림 9.9 완성된 회전 입력 스크립트

플레이어 이동

플레이어의 이동은 시점 회전의 설정보다는 좀 더 까다롭다. 플레이어 컨트롤러는 폰에 이동 명령을 전달해야 한다. 이를 위해 블루프린트 통신의 형태를 사용해 폰이 움직일 수 있도록 플레이어의 입력 데이터를 폰에 전달해야 한다.

폰 참조하기

플레이어가 입력 축 매핑 중 한 키를 누르면 해당 이벤트가 발생하고, 이 입력에 따라 폰이 이동하도록 작업해야 한다. 이를 위해서는 폰과의 통신이 필요하기 때문에 먼저 폰에 대한 **참조**^{Reference}를 얻어야 한다.

우리가 생성한 플레이어 컨트롤러가 상속하는 부모 플레이어 컨트롤러 클래스에는 편리하게 사용할 수 있는 **Player Character** 변수가 있으며 이 변수를 통해 플레이어 컨트롤러가 소유하는 캐릭터 폰^{Character Pawn}에 대한 참조 값을 얻을 수 있다. 이 변수를 사용하면 캐릭터에 직접 접근할 수 있으며 쉽게 이동 입력을 추가할 수 있다.

이벤트 그래프에서 마우스 오른쪽 버튼을 클릭하고 설정 창에서 **Character**를 검색하면 Player Character에 대한 참조를 얻을 수 있다. **Get Player Character** 함수를 선택한다.

Is Valid

플레이어 컨트롤러는 월드 공간에 있는 거의 모든 유형의 액터를 소유할 수 있기 때문에 컨트롤이 불가능한 액터나 폰 기반의 캐릭터 클래스가 아닌 경우 Player Character 변수가 **none**을 반환할 수도 있다.

이 문제는 none의 반환 여부를 확인하는 **Is Valid** 분기를 사용해 피할 수 있다(그림 9.10). 이 스크립트는 Player Character 값이 유효하고 접근했을 때 오류가 발생하지 않는 경우에만 스크립트가 진행된다.

그림 9.10 Player Character에 대한 참조값을 얻고 이 값이 유효한지 확인

다른 액터나 객체를 '얻을^{get}' 때는 항상 해당 액터나 객체가 월드에 존재하는지를 확인하는 유효성 검사를 사용하는 것이 좋다.

Add Movement Input

캐릭터 클래스에는 플레이어가 무브먼트 컴포넌트^{Movement Component}를 사용해 씬 주변을 이동하는 데 사용할 수 있는 함수가 포함돼 있다. 이 기능은 Add Movement Input이라는 이름의 함수다. 하지만 이 함수는 지금까지 했던 것과는 다른 방식으로 접근해야 한다.

지금까지는 뷰포트에서 마우스 오른쪽 버튼을 클릭하고 컨텍스트 메뉴를 사용해 노드를 생성했다. 이 메뉴에는 해당 블루프린트 안에서 사용 가능한 노드만 보여준다. 따라서 다른 블루프린트에 저장된 함수, 이벤트, 변수에 접근하기 위해서는 참조를 사용해야 한다.

이를 위해 Get Player Controller의 파란색 Return Value 핀을 그래프 에디터의 빈 공간으로 드래그한 다음 드래그를 해제한다. 그러면 참조된 클래스와 관련된 함수, 이벤트, 변수가 컨텍스트 메뉴에 나타난다(그림 9.11). 컨텍스트 메뉴에서 "Character 오브젝트 레퍼런스를 받는 액션입니다(Actions taking a(n) Character Reference)."라는 메시지가 나타나는 화면을 볼 수 있다. 이는 다른 블루프린트 클래스를 성공적으로 참조했음을 의미한다.

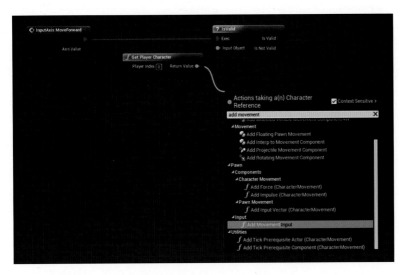

그림 9.11 캐릭터 클래스 레퍼런스를 사용해 Add Movement Input 추가하기

Add Movement Input을 검색하고 검색된 목록을 선택해 이벤트 그래프에 배치한 다음, 그림 9.12에서 보는 것처럼 연결한다.

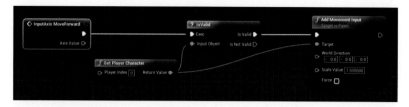

그림 9.12 배치가 완료된 Add Movement Input 함수

그림 9.12에서 Get Player Character 노드의 파란색 선이 Add Movement Input 노드의 Target 입력과 연결된 모습을 볼 수 있다. 이 선은 Player Character의 레퍼런스(참조)를 의미한다.

앞방향 벡터와 오른쪽 방향 벡터 얻기

AddMovementInput 함수는 월드 벡터를 사용해 캐릭터를 이동시킨다. 이 벡터는 플레이어가 바라보는 방향에 따라 변경되기 때문에 변경된 방향을 파악하고 이동 방향을 결정하는 데 이를 사용해야 한다.

이때 사용할 수 있는 함수가 바로 Get Actor Forward Vector와 Get Actor Right Vector 함수다. 이 함수는 각 방향을 가리키는 월드 회전을 정규화된 XYZ 벡터로 전환한다.

Add Movement Input 노드와 마찬가지로 Get Player Character의 Return Value 노드에서 참조를 드래그해 함수 목록에 접근해야 한다. 노드를 검색하고 이벤트 그래프에 배치한다(그림 9.13). 캐릭터 클래스의 다른 컴포넌트에 대한 참조도 확인할 수 있는데 그림과 같이 루트 컴포넌트를 선택한다.

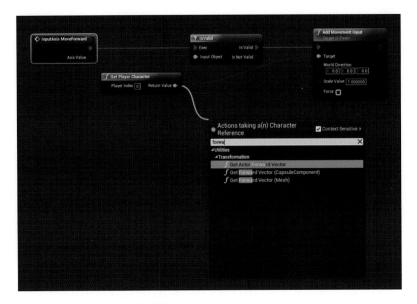

그림 9.13 Get Actor Forward Vector 함수 추가하기

입력 스케일링

벡터 연산에 너무 많이 신경 쓰지 않고 간단히 벡터(X, Y, Z 같은 세 개의 부동 소수형 수)를 입력 축 이벤트의 Axis Value와 곱하면 입력량만큼 각 방향을 조절할 수 있다.

Get Actor Forward Vector 노드의 Return Value 핀을 드래그해 이벤트 그래프의 빈 공간에 놓으면 벡터와 관련된 메소드를 확인할 수 있다. *(별표)를 검색하면 사용 가능한 곱하기 함수를 확인할 수 있고 검색된 목록에서 **vector * float**를 선택한다(그림 9.14).

그런 다음 Forward 방향 벡터와 Axis Value를 곱한 값을 Add Movement Input 함수의 World Direction 입력 핀에 연결하면 앞으로 이동하는 코드가 완성된다. Move Right 입력 축 이벤트를 처리하기 위해 이 과정을 반복한다. Get Actor Forward Vector 함수를 Get Actor Right Vector 노드로 교체한다는 것만 다르고 나머지 과정은 동일하다(그림 9.15).

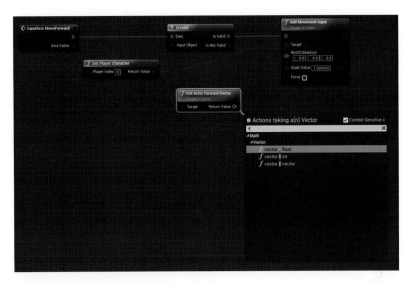

그림 9.14 vector * float 연산 노드 추가하기

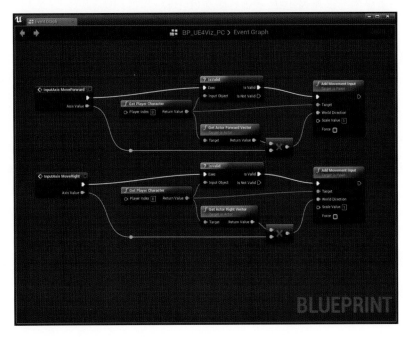

그림 9.15 완성된 Movement Input 스크립트

> **노트**
>
> 마우스 오른쪽 버튼 클릭을 통한 컨텍스트 메뉴와 표준 키보드 단축키를 사용해 그래프 에디터에서 선택된 노드를 복사할 수 있다. 비슷한 코드 블록을 작업할 때 노드 복사를 사용하면 작업 시간을 크게 단축할 수 있다. 하지만 완전히 동일한 코드를 계속 복사해 사용하는 경우에는 그 대신 재사용 가능한 함수의 제작을 고려해보는 것이 좋다.

이것으로 사용자 입력에 따라 플레이어 컨트롤러를 회전시키고 폰을 이동시키는 작업을 마쳤다. 이제 플레이 버튼을 눌렀을 때 게임 월드에서 사용할 클래스의 준비가 완료됐다.

게임모드

엔진에서 레벨을 불러올 때 어떤 플레이어 컨트롤러, 폰, 기타 지원 클래스를 레벨에 생성할지를 결정할 때 **게임모드** 클래스를 확인한다.

게임모드 생성하기

다음 단계에 따라 새로운 게임모드 애셋을 생성한다.

1. 콘텐츠 브라우저에서 신규 추가 버튼을 클릭하고 블루프린트 클래스를 선택한다.

2. Game Mode Base 클래스를 선택하고 애셋의 이름을 BP_UE4Viz_Interior_Game으로 지정한다. 엔터를 눌러 애셋을 생성한다.

3. 콘텐츠 브라우저에 새로 생성된 게임모드 애셋을 더블 클릭해서 연다. 에디터가 열리면 이 게임모드에 정의할 수 있는 클래스 목록을 확인할 수 있다. 예제에서 생성한 폰과 플레이어 컨트롤러를 각각 할당한다(그림 9.16 참고).

4. 블루프린트 에디터를 닫고 **파일**^{File} > **모두 저장**^{Save All}을 선택해 프로젝트를 저장한다.

그림 9.16 게임모드 클래스에 폰과 플레이어 컨트롤러 할당하기

프로젝트에 게임모드 할당하기

UE4 레벨에서 사용할 게임모드 클래스를 정의하는 데는 두 가지 방법을 사용할 수 있다. 프로젝트 세팅 다이얼로그를 사용해 프로젝트 범위의 기본 게임모드를 정의하거나 레벨 단위로 게임모드를 덮어쓰는 방법을 사용할 수 있다. 새로 생성한 게임모드가 프로젝트의 모든 레벨에서 실행되도록 설정하기 위해 프로젝트의 기본 게임모드를 설정한다.

편집^{Edit} > **프로젝트 세팅**^{Project Settings}를 선택해 프로젝트 세팅 다이얼로그를 연다(그림 9.17). 편집 메뉴는 거의 모든 에디터 창에서 사용할 수 있다.

그림 9.17 프로젝트 세팅 메뉴

Project 카테고리 아래 위치한 맵 & 모드^{Maps & Modes} 탭을 선택한다. Default Modes
섹션에서 새로 생성한 BP_UE4Viz_Game 클래스를 선택한다(그림 9.18).

그림 9.18 BP_UE4Viz_Interior_Game 클래스를 프로젝트의 기본 게임모드로 할당하기

플레이어 스타트 액터 배치하기

잊어버리기 쉽지만 필수 액터가 바로 플레이어 스타트^{Player Start} 액터다.

플레이어 스타트 액터가 없으면 독립형 게임이나 패키지로 빌드된 게임이 로드될 때 폰 클래스를 생성시킬 위치를 판단하지 못한다. 에디터에서 작업하는 경우 플레이어 스타트 액터 없이 PIE 모드로 실행하면 현재 활성화된 뷰포트에 있는 현재 카메라의 기본 위치에 폰이 생성되는 모습을 볼 수 있다. 이로 인해 레벨이 정상 동작하는 것으로 착각해 플레이어 스타트의 배치를 잊어버리는 경우가 발생하기 쉽다.

그림 9.19처럼 배치 모드 패널(Shift+1 누름)의 클래스 브라우저에서 플레이어 스타트 액터를 드래그하면 레벨에 배치가 가능하다. 파란색 화살표(노란색 화살표가 아니라 플레이어 스타트 액터의 3D 화살표)는 플레이어가 생성될 때 향하는 방향을 나타낸다.

그림 9.19 플레이어 스타트 액터를 배치하고 씬을 바라보도록 회전시킨다.

이제 플레이 버튼을 누르면 새로 제작한 캐릭터 폰을 게임에 생성시켜 플레이할 수 있다. 플레이를 하면 그 즉시 물리 기능physics으로 인해 바닥에 고정되고 벽을 통과할 수 없다는 사실을 확인할 수 있다.

씬을 충분히 돌아다녀 본 다음 에디터로 다시 돌아오고 싶을 때는 간단히 ESC 키를 누르면 세션이 종료된다.

플레이를 종료한 다음에는 모든 작업이 저장됐는지 확인한다.

요약

UE4의 게임모드, 플레이어 컨트롤러, 폰을 제작해보고 입력 매핑을 추가하고 생성한 클래스를 프로젝트의 기본 모드로 사용하도록 설정하는 작업을 진행했다.

새로운 기능을 추가하고 프로젝트에 필요에 따라 UE4를 확장하는 데 이 클래스가 중심 역할을 할 것이다.

10장

패키징과 배포

이제 레벨과 관련 폰, 플레이어 컨트롤러, 게임모드가 준비됐으니 독립형(Standalone) 애플리케이션으로 실행 준비를 할 차례다. 이 과정을 넓은 의미로 패키징이라고 한다.

설치가 가능한 다른 애플리케이션과 마찬가지로 패키징이 완료된 애플리케이션을 공유할 수 있다. 10장에서는 애플리케이션을 패키징하는 과정을 진행한다.

패키징 vs 에디터 빌드

에디터의 플레이 버튼을 사용해 애플리케이션을 실행하면 에디터 안의 다른 창에서 실행될 뿐 실제 독립형 애플리케이션이 실행되는 것은 아니다. 에디터는 Content 폴더의 애셋과 맵을 사용하고 이들은 이미 램^{RAM}에 로드돼 월드에 배치돼 있으며 에디터 코드가 시뮬레이션을 실행한다. 덕분에 실행, 테스트, 반복 작업이 매우 빠르지만 이를 위해서는 전체 UE4 에디터가 설치돼 있어야 한다.

당연히 여러분의 애플리케이션을 이런 방식으로 고객이나 대중들에게 전달하고 싶지는 않을 것이다.

개발 중인 플랫폼을 대상으로 배포가 쉬운 독립형 애플리케이션을 만들기 위해서는 콘텐츠를 **패키징**해야 한다. 패키징 과정에서는 콘텐츠를 가공해 다른 게임이나 앱처럼 배포가 쉬운 독립형 애플리케이션을 생성한다.

물론 툴바의 플레이 버튼 옵션을 선택해 독립형 게임^{Standalone} 모드로 애플리케이션을 테스트할 수 있다. 이 모드를 사용하면 현재 로드된 레벨을 별도의 프로세스에서 실행시켜 패키징이 완료된 빌드 버전과 비슷해 보이지만 그렇지 않다. 에디터와 패키징을 거친 빌드에서 서로 다른 점이나 버그가 발견될 수 있기 때문에 애플리케이션을 빌드하고 테스트하는 과정은 매우 중요하다.

프로젝트 패키징

넓은 의미에서 패키징은 콘텐츠와 게임 코드를 수집해 최적화를 진행하고 개발자가 선택한 플랫폼을 대상으로 실행 가능한 애플리케이션을 생성하는 것을 말한다.

패키징이 완료된 빌드는 최대한 적게 램에 로드하려고 노력한다. 이는 최상의 성능과 호환성을 보장하기 위한 작업이다. 하지만 이 과정에서 문제가 발생할 수 있다. 특히 레벨 스트리밍과 런타임에 애셋을 로딩하는 과정에서 문제가 발생할 수 있다. 단순한 프로젝트에서는 문제가 되지 않지만 큰 프로젝트에서는 이런 문제를 피하기 위해 주기적으로 패키징을 완료한 빌드를 사용해 테스트를 진행해야 한다.

콘텐츠 쿠킹

쿠킹Cooking 또한 모든 셰이더를 컴파일하고 모든 텍스처 맵을 압축해 프로젝트의 모든 리디렉터redirector를 수정하는 과정을 거친다. 이를 통해 사용자가 애플리케이션을 실행했을 때 이런 작업으로 인해 기다려야 하는 시간을 없앤다.

이 작업은 시간이 걸릴 수 있으며 CPU와 램을 많이 사용하는 작업이다. 따라서 성능이 좋은 기기에서 쿠킹 작업을 진행하는 것이 좋다. 프로젝트에 애셋, 머티리얼, 텍스처가 더 많을수록 이를 쿠킹하는 데 걸리는 시간이 더 오래 걸린다.

그런 다음 쿠킹은 처리된 모든 애셋과 클래스를 수집하고 .pak 파일에 수집한 내용을 복사한다. 이 .pak 파일은 속도가 매우 느린 드라이브에서도 빠르게 읽을 수 있도록 설계됐기 때문에 애플리케이션에서 .pak 파일을 빠르게 읽을 수 있다.

디플로이

패키징은 쿠킹 처리된 콘텐츠를 수집한 다음 이를 바이너리 엔진 파일(빌드된 엔진 파일)과 합치고 배포를 위해 이들을 하나의 폴더에 저장한다. 이 마지막 단계에서 에디터의 설치 없이 실행될 수 있는 독립형 애플리케이션을 생성한다.

패키징 옵션

UE4는 매우 다양한 플랫폼과 시스템을 대상으로 패키징된 프로젝트를 생성할 수 있다(iOS, 윈도우, 맥 등). 따라서 패키징에 사용할 수 있는 옵션이 제공된다.

플랫폼

대상 플랫폼은 프로젝트 실행 파일을 생성하려는 하드웨어와 소프트웨어의 조합을 의미한다.

UE4에서 지원하는 다양한 플랫폼을 대상으로 프로젝트를 패키징할 수 있다. 모바일 장치에서 윈도우, 맥, 리눅스부터 콘솔에 이르기까지 UE4는 가장 인기 있는 장치와 운영 체제 거의 모두를 대상으로 프로젝트를 패키징할 수 있는 기능을 제공한다.

플랫폼마다 서로 다른 최적화 방법, 입력 방법, 고려해야만 하는 제한 사항이 있다. 책에서는 데스크톱 플랫폼(윈도우, 맥)에만 초점을 맞춘다.

빌드 설정

패키징 과정에서 설정해야 하는 중요한 설정 중 하나는 빌드 설정이다. 두 가지 주요 옵션으로 Shipping과 Development가 있다.

Shipping과 Development 빌드의 가장 큰 차이점은 디버깅 도구, 로깅^{logging}, 명령 프롬프트에 대한 접근 권한이 다르다는 점이다. Development 빌드는 이런 도구에 접근이 가능하지만 Shipping 빌드에는 이런 기능이 제거된다.

개인적으로는 대중을 대상으로 널리 배포할 계획이 아닌 경우에는 대부분 Development 빌드를 사용한다. 콘솔 명령, 로깅, 디버그 정보는 문제를 해결해야 할 때 매우 유용하다.

일반 사용자에게 애플리케이션 배포를 원할 때는 사용자의 콘솔 접근을 막는 것이 좋기 때문에 Shipping 빌드 선택이 유용하다.

패키징 방법

에디터를 통해 쉽게 패키징을 진행할 수 있다. 파일 메뉴에서 간단히 패키지 프로젝트 메뉴를 선택하면 된다. 이 메뉴에는 몇 가지 옵션만 제공되며 더 자세한 옵션이 제공되는 프로젝트 세팅 다이얼로그에 빠르게 접근할 수 있는 메뉴가 제공된다(그림 10.1).

그림 10.1 UE4 에디터의 패키징 메뉴

원하는 플랫폼을 선택하면 패키징을 완료한 프로젝트의 저장 위치를 묻는 창이 나타난다. 혼동을 피하기 위해 패키징이 완료된 프로젝트를 프로젝트 폴더에 저장하지 않는 것이 좋다.

패키징은 시간이 걸리는 작업이다. 따라서 패키징이 진행 중이라는 작은 알림 표시가 나타난다(그림 10.2). 이 과정은 완전히 별도의 스레드thread에서 처리되기 때문에 콘텐츠가 백그라운드에서 처리되는 동안 프로젝트의 다른 작업을 계속 진행할 수 있다.

그림 10.2 UE4 에디터의 패키징 알림

애플리케이션 실행하기

패키징이 완료되면 에디터에서 패키징 완료를 알려준다(그림 10.3).

Packaging complete!
Show Output Log

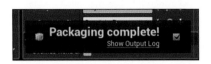

그림 10.3 에디터의 패키징 완료 알림

앞에서 선택한 디렉터리로 가서 WindowsNoEditor라는 폴더를 찾는다(다른 플랫폼의 경우 폴더 이름이 다를 수 있다). 폴더 이름은 변경 가능하다.

폴더 안에는 실행 파일이 있고 데이터와 클래스, 가벼운 바이너리 버전의 엔진을 모두 포함하는 폴더가 있다(그림 10.4).

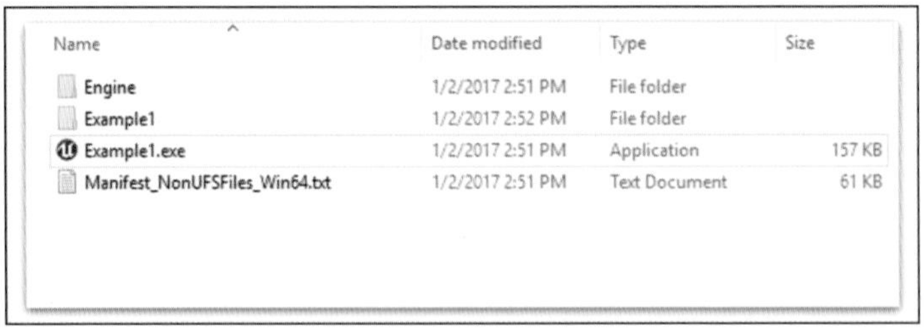
Name
Date modified
Type
Size
Engine
1/2/2017 2:51 PM
File folder
Example1
1/2/2017 2:52 PM
File folder
Example1.exe
1/2/2017 2:51 PM
Application
157 KB
Manifest_NonUFSFiles_Win64.txt
1/2/2017 2:51 PM
Text Document
61 KB

그림 10.4 윈도우 탐색기에서 확인한 패키징이 완료된 프로젝트

실행 파일을 더블 클릭하면 애플리케이션을 실행할 수 있다. 애플리케이션이 실행되면 빌드한 레벨이 로드되고, 마우스 입력을 허용하는 적절한 플레이어 컨트롤러와 폰이 생성될 것이다.

패키징 오류

경우에 따라 패키징 과정에서 오류가 발생할 수 있다. 단순한 블루프린트 오류나 디스크 공간이 부족하다는 오류 등으로 인해 패키징 과정 전체가 중단될 수 있다.

오류가 발생하면 문제를 해결하는 데 유용한 정보가 제공되는 **출력 로그**^Output Log^ 창을 열어야 한다.

출력 로그 창을 열려면 에디터에서 **창**^Window^ › **개발자 도구**^Developer Tools^ › **출력 로그**^Output Log^로 이동해야 한다(그림 10.5). 개인적으로는 이 창에 쉽게 접근하기 위해 콘텐츠 브라우저 옆에 도킹해 사용한다.

그림 10.5 출력 로그

프로젝트 배포하기

이제 이 폴더를 통째로 복사하거나 zip으로 압축해서 원하는 사람에게 보낼 수 있다. 매우 간단한 작업이다.

물론 플랫폼과 하드웨어 호환성에 대한 문제는 남아 있지만 이는 모든 애플리케이션이 거쳐야 하는 과정이다.

이 애플리케이션을 실행하려는 일부 컴퓨터에서 UE4가 요구하는 시스템 컴포넌트가 일부 누락될 수 있다. 이를 **필수 구성요소**Prerequisites라고 한다. 기본적으로 이 파일은 패키징이 완료된 프로젝트에 포함된다. 패키징이 완료된 UE4 프로젝트에서 필수 구성요소가 설치되지 않은 상황을 감지하면, 애플리케이션을 실행할 때 이 파일을 설치할지 여부를 묻는 창을 띄운다.

패키징이 완료된 UE4 애플리케이션은 필수 구성요소 외에는 어떠한 종류의 설치 과정도 요구하지 않는다. 또한 어느 위치에서나 실행이 가능하다.

인스톨러 사용하기

UE4에는 인스톨러installer 패키지 도구가 내장돼 있지 않다. 애플리케이션과 대상 플랫폼을 위해 인스톨러를 사용하거나 개발하는 과정은 전적으로 여러분의 몫이다. 하지만 UE4는 정식 설치 과정이 필요하지 않기 때문에 간단한 지침과 함께 프로젝트 파일을 zip 파일의 형태로 제공하면 충분하다.

물론 바탕화면의 바로가기, 제거 프로그램 등록, 그 외의 인스톨러에서 하는 모든 기능을 원하는 경우에는 인스톨러를 직접 개발해야 한다.

이런 과정은 책의 범위를 벗어나는 내용이지만 다양한 무료나 상용 인스톨러 제작 프로그램을 사용하면 쉽게 인스톨러를 개발할 수 있다.

요약

이로서 UE4에서 처음으로 첫 번째 애플리케이션의 제작을 완료했으므로, 성취감을 느낄 수 있을 거라 생각한다.

11장에서는 데이터 파이프라인과 시각화 제품을 위해 가장 중요한 시스템(라이트매스, 시퀀서, 블루프린트 등)을 살펴봄으로써 더욱 전통적인 스타일의 시각화 제품을 학습할 예정이다.

3부

건축 시각화 프로젝트

11장 프로젝트 설정

12장 데이터 파이프라인

13장 씬에 애셋 배치하기

14장 건축 시각화 제품을 위한 조명

15장 건축 시각화 제품을 위한 머티리얼

16장 시퀀서를 활용한 시네마틱 만들기

17장 상호작용을 위한 레벨 준비하기

18장 중급 블루프린트: UMG 인터랙션

19장 고급 블루프린트: 머티리얼 전환하기

20장 마무리하며

프로젝트 설정

이제 UE4를 사용해 간단한 씬을 구성하는 방법을 이해했으니 본격적인 예제로 들어가볼 차례다. 인테리어 시각화 제품은 건축가, 마케팅, 디자이너, 잠재 고객에게 매우 중요하며 인테리어 시각화 제품이 UE4에서 가장 일반적인 시각화 제품 중 하나다.

11장에서는 라이트매스를 사용해 고품질의 글로벌 일루미네이션 라이팅을 생성하고, 시퀀서를 사용해 시네마틱 영상의 제작과 렌더링 방법을 살펴보고 이 기능을 체험해보겠다. 그런 다음 블루프린트를 사용해 다이나믹한 상호작용 기능을 만드는 방법을 학습한다.

프로젝트 범위와 요구사항

이 예제에서는 클라이언트가 건축 인테리어를 표현한 3D 모델을 제공했다고 가정하고(그림 11.1) 사용자가 1인칭 시점에서 자유롭게 이 공간을 살펴볼 수 있는 상호작용형 시각화 제품 제작에 이 모델을 사용하는 데 동의했다고 가정한다. 이 제품에서 사용자는 마우스 기반의 단순한 사용자 인터페이스를 통해 특정 머티리얼을 수정할 수 있어야 한다. 클라이언트는 또한 시퀀서를 활용한 건축 애니메이션 개발과 오프라인에서의 재생과 편집이 가능하도록 녹화해 달라는 내용도 요청했다.

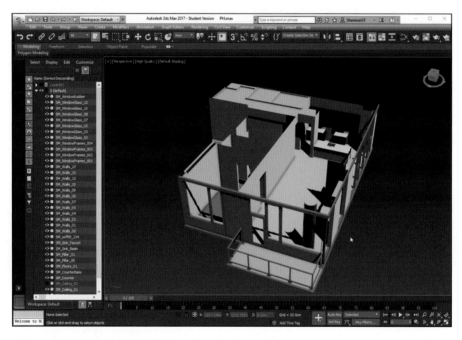

그림 11.1 3D 스튜디오 맥스에서 제작한 3D 모델

첫 번째 단계는 UE4에 임포트할 3D 모델을 준비하는 단계다. 여기에는 적절한 머티리얼, UV 좌표, 라이트 맵 좌표 설정이 포함된다. 적절한 위치에 배치돼 업데이트와 반복 작업이 쉽게 지오메트리를 제작하는 데 초점을 맞춘다. 또한 UE4의 자동 라이트 맵 좌표 생성 기능을 활용해 작업 시간을 절약하고 씬의 품질을 향상시키는 방법도 살펴본다.

UE4로 모델을 임포트한 후에는 머티리얼 적용, 라이트, 리플렉션 프로브, 라이팅 포털, 포스트–프로세스 볼륨post-process volume을 배치하고 확인해 멋진 결과를 빠르게 얻기 위한 반복 작업을 시작할 차례다.

씬 구성이 완료되면 다음 단계는 시퀀서를 활용해 시선을 이동시키는 애니메이션을 제작한다. 흥미로운 애니메이션 제작 방법과 제작된 애니메이션을 사용자 입력을 통해 재생하고 멈추는 방법을 학습한다.

다음은 9장에서 제작한 폰을 새 프로젝트에 합치고, 충돌 시스템을 활용해 플레이어가 걸어 다니면서 씬을 살펴볼 수 있도록 하고 적절한 액터를 배치해 월드 세팅을 설정한다.

마지막 단계는 머티리얼과 블루프린트에서 사용할 지오메트리 전환 시스템과 프로젝트를 다듬는 단계에서 추가할 UMG를 제작하고, 애플리케이션 패키징을 통해 고객에게 전달할 준비를 한다.

> **노트**
> www.TomShannon3D.com/UnrealForViz에서 이 프로젝트와 프로젝트에 관련된 모든 리소스를 다운로드할 수 있고 이를 참고할 수 있다는 점을 잊지 말자.

다음은 이 프로젝트의 요구사항이다.

- 고객이 제공한 3D 모델을 사용해 인테리어 건축 시각화 애플리케이션을 개발한다.
- 라이트매스를 사용해 고품질의 GI 라이팅을 생성하고 사실적인 효과를 목표로 한다.
- 시퀀서를 활용해 다양한 카메라 앵글과 화면 전환 기법을 적용해 사전 제작된 건축 애니메이션을 만든다.
- 9장에서 제작한 폰을 합치고 플레이어가 가상 공간을 이동할 수 있도록 씬을 준비한다.
- 사용자가 다양한 버전의 씬을 전환할 수 있도록 UMG 기반의 UI를 개발한다.

- 마우스 기반의 머티리얼 전환 블루프린트를 개발한다.
- 배포를 위해 프로젝트를 패키징한다.

프로젝트 설정하기

이 섹션에서는 에픽 런처에서 빈 프로젝트를 생성하고 필요한 설정 파일과 함께 플레이어 컨트롤러, 게임모드, 폰을 새 프로젝트에 이주 migration 하는 내용을 다룬다.

이주를 통해 9장에서 제작한 시스템을 기반으로 작업할 수 있기 때문에 UE4에서 사용할 원본 3D와 2D 데이터 소스를 준비하는 데 집중할 수 있다.

프로젝트 생성하기

에픽 런처를 실행한 다음 사용할 엔진 버전을 시작하고 **프로젝트 브라우저**가 나타나면 **새 프로젝트** 탭을 선택한다.

이번에는 시작용 콘텐츠 Starter Content 를 포함시키지 않기 때문에 이 옵션을 해제하지만, **대상 하드웨어** 설정과 최대 퀄리티의 설정은 그대로 둔다.

프로젝트의 이름을 Example2라고 지정한다. 이 프로젝트를 이전 프로젝트인 Example1 옆에 저장한다.

> **노트**
>
> 에디터를 여는 유일한 방법은 프로젝트를 여는 것이다. 에디터의 **파일**(File) > **새 프로젝트**(New Project) 메뉴를 통해 새로운 프로젝트를 생성할 수도 있다.

다른 프로젝트에서 이주시키기

이전 프로젝트에서 완료한 애셋, 블루프린트, 그 외 기타 작업을 수집해 새 프로젝트에 복사하고 싶은 경우가 있다.

UE4는 다른 애셋을 참조하는 애셋의 개념을 기반으로 설계됐다. 예를 들어 머티리얼은 여러 텍스처를 참조할 수 있다. 각 머티리얼은 차례로 해당 머티리얼이 적용된 메시와 해당 머티리얼을 상속한 머티리얼 인스턴스에 의해 참조될 수 있다.

이런 이유로 프로젝트 간에 콘텐츠를 수동으로 복사할 때는 세심한 주의가 필요하며, 정확한 폴더 구조와 이런 참조 대상이 잘 유지돼야 한다. 그렇지 않으면 참조가 유지되지 않고 잠재적으로 로딩 오류, 버그, 심각한 경우 타깃 프로젝트가 깨지는 문제가 발생할 수 있다.

한 프로젝트에서 다른 프로젝트로 콘텐츠를 복사하는 가장 확실한 방법은 에디터의 **콘텐츠 이주** 기능을 사용하는 방법이다. 이주는 복사를 원하는 애셋에 의해 참조되는 모든 애셋이 타깃 프로젝트로 복사되는 작업을 보장한다.

한 프로젝트에서 다른 프로젝트로 콘텐츠를 이주하려면 에디터에서 원본 프로젝트를 연다(복사를 원하는 파일이 포함된 프로젝트). 예제의 경우 Example1 프로젝트를 연다.

프로젝트가 열리면 콘텐츠 브라우저에서 복사를 원하는 애셋을 선택한다. 단일 애셋, 레벨을 선택할 수도 있고 전체 폴더를 선택할 수도 있다. 예제의 경우 **폰, 플레이어 컨트롤러, 게임모드** 애셋(그림 11.2)을 선택한다. 마우스 오른쪽 버튼을 클릭하고 **애셋 액션** Asset Actions ＞ **이주**Migrate를 선택한다.

새 프로젝트에 복사될 파일이 요약된 창이 열린다. 파일 목록을 확인해 복사에 필요한 모든 파일이 포함됐는지 확인한다. 그리고 필요 없는 파일이 포함되지는 않았는지도 확인한다(그림 11.3).

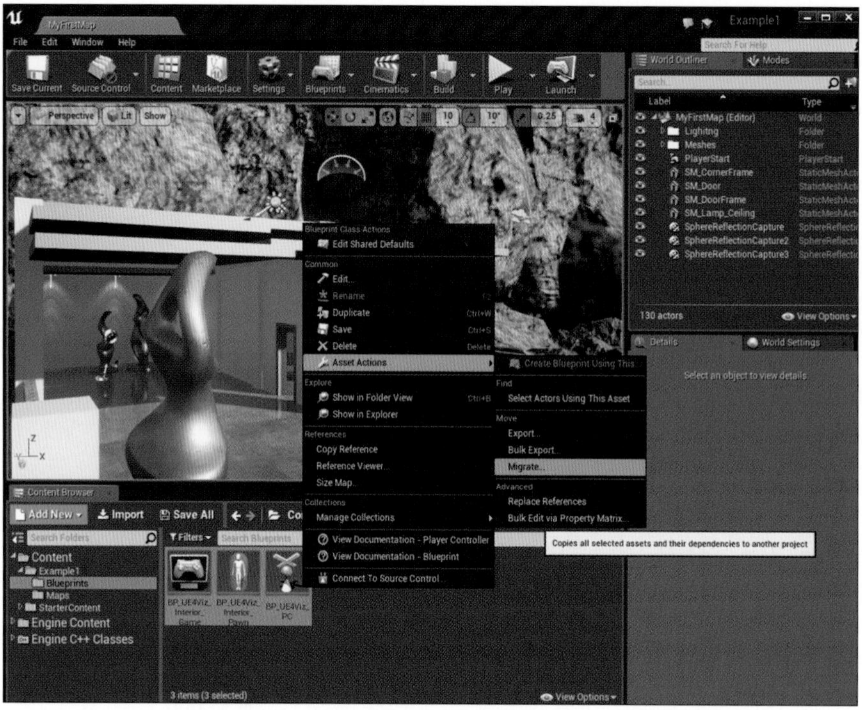

그림 11.2 Example1 프로젝트에서 애셋 이주하기

그림 11.3 이주될 파일 목록

이주될 파일 목록을 확인하면, 새 프로젝트의 Content 디렉터리 경로를 묻는 창이 나타난다. 새 프로젝트의 Content 폴더 경로를 찾은 다음 OK를 클릭한다(그림 11.4).

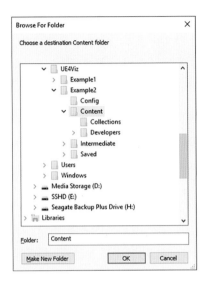

그림 11.4 새 프로젝트인 Example2 프로젝트의 Content 디렉터리 지정

그러면 UE4가 파일을 복사하고 완료되면 성공 메시지를 보여준다. 이주가 완료되면 새 프로젝트의 Content 디렉터리에서 복사된 콘텐츠를 바로 확인할 수 있다.

입력 설정을 잊지 말자

첫 번째 프로젝트의 입력 설정에 들어가 이를 새 프로젝트로 가져오는 것은 쉬운 작업이다. 사실 지금 상태에서는 플레이어 컨트롤러와 폰이 Example1에서 생성된 입력 바인딩을 참조하기 때문에 컴파일에 실패한다.

입력 설정은 프로젝트의 Config 폴더에 저장된다. Config 폴더에 저장된 설정 파일은 콘텐츠 브라우저의 통제를 받지 않기 때문에 콘텐츠 이주 도구를 통해 복사가 되지 않는다. 따라서 이런 설정은 직접 복사해줘야 한다.

이를 위해 원본 프로젝트의 Config 디렉터리(Example1\Config\)로 이동한 다음 DefaultInput.ini 파일을 찾고 이를 대상 프로젝트의 Config 디렉터리(Example2\Config\)에 이를 복사한다.

애셋의 복사, 이름 변경, 이동

Example2 프로젝트를 열면 폰, 플레이어 컨트롤러, 게임모드가 포함된 Example1 폴더를 확인할 수 있다.

따라서 Example1 폴더의 애셋을 프로젝트에 독립적인 새 폴더로 이동시켜 찾기 쉽게 만들고 싶을 것이다. 현재 작업 중인 프로젝트는 Example2이기 때문에 콘텐츠 브라우저에서 Example1 폴더를 제거하기에 좋은 시점이다.

항상 Content 폴더 안에서 이동, 복사, 이름 변경, 그 외의 파일 관련 작업은 콘텐츠 브라우저를 통해 수행해야 한다. 그래야만 이동되거나 이름이 변경된 애셋의 참조가 관리된다. 필요한 경우 **리디렉터**^{redirector}가 생성된다. 리디렉터는 1~2kb 크기의 파일로 애셋의 정확한 위치를 가리키는 포인터 역할을 한다.

애셋의 위치를 변경하기 위해 다음 단계를 진행한다.

1. Content 디렉터리에 **UE4Viz**라는 새 폴더를 생성하고 이 폴더 안에 **Blueprints** 라는 폴더를 새로 생성한다. 이 폴더에 이름 변경이나 그 외의 다른 애셋의 복사가 필요 없이 프로젝트 간에 공유할 수 있는 재사용 코드를 저장한다.

2. 폰, 플레이어 컨트롤러, 게임모드 애셋을 Blueprints 폴더로 드래그한다. 그러면 UE4가 애셋의 이동 또는 복사 여부를 묻는다. 여기에서 이동을 선택한다.

3. Example1 폴더에서 마우스 오른쪽 버튼을 클릭하고 **폴더의 리디렉터 고치기**^{Fix Up Redirectors in Folder}를 선택한다.

4. 콘텐츠 브라우저에서 마우스 오른쪽 버튼을 클릭하고 삭제 메뉴를 선택해 기존의 Example1 폴더를 제거한다.

5. 콘텐츠 브라우저 툴바에서 **모두 저장**^{Save All}을 선택해 변경된 모든 사항을 디스크에 저장한다.

프로젝트 세팅 적용하기

몇 가지 렌더링 옵션을 활용하면 건축 시각화 제품을 위해 엔진을 최적화하는 데 도움이 될 수 있다. 시각화 제품의 씬은 대체로 비디오 게임 씬보다는 성능을 훨씬 덜 필요로 하지만 일부 설정을 조절하면 안정적인 프레임 속도를 유지할 수 있다.

편집 메뉴에서 프로젝트 설정 다이얼로그를 열고 왼쪽 열에서 Rendering 버튼을 선택해 이동한다(그림 11.5). 그림과 다음 목록에 설명된 내용을 참고해 설정을 수정한다.

그림 11.5 프로젝트 Rendering 설정

- **Disable Texture Streaming**: 이 설정은 오래된 PC 하드웨어와 콘솔 기기의 제한된 메모리에서 용량이 큰 게임 월드를 동작시키기 위해 설계됐다. 이 설정은 건축 메시와 고해상도 라이트 맵을 사용하는 경우에 라이트 맵 오류를 발생시킬 수 있다. 텍스처 스트리밍을 비활성화하면 레벨에서 사용되는 모든 텍스처가 램에 한 번에 로드되도록 동작시킨다. 이 설정을 사용할 때는 세심한 주의가 필요하다. 텍스처 스트리밍은 복잡한 씬에서 최적화에 중요한 역할을 하며 이 설정을 비활성화시키면 성능 문제가 발생할 수 있다.

- **Reflection Capture Resolution 설정**: 씬에 배치된 리플렉션 캡처 액터의 해상도를 증가시켜 최상의 반사효과 품질을 얻을 수 있다. 하지만 지나치게 고해상도의 리플렉션 캡처를 사용하면 엄청나게 많은 메모리가 소모될 수 있기 때문에 주의해야 한다. 레벨마다 리플렉션 캡처가 한두 개 정도만 있는 것이 아니라면 512 이상으로 설정하는 방법을 권장하지 않는다.

- **Support Global Clip Plane for Planar Reflections 켜기**: 거울과 반사효과는 시각화 제품의 주요 요소이며 UE4는 거울 스타일의 평면 반사효과를 지원한다. 이 설정은 처리 비용이 매우 비싸기 때문에 꼭 필요한 경우에만 활성화해야 한다. 반사 효과가 화면에 렌더링되지 않는 경우에도 이 효과로 인해 프로젝트 전체의 성능에 심각한 영향을 미칠 수 있다. 디테일 패널에서 Screen-space Ambient Occlusion, Reflections 등과 같이 무거운 기능의 후처리 설정을 비활성화해 성능 문제를 완화시킬 수 있다. 또한 화면에 보이는 액터를 제한하거나 반사효과가 적용된 씬이 렌더링되는 거리를 제한할 수 있다.

- **Separate Translucency 끄기**: Separate Translucency 설정은 불꽃, 폭발 같이 알파 투명도가 적용된 효과를 많이 사용하는 게임에서 성능 향상을 위해 설계됐다. 이런 효과는 피사계 심도^{Depth of Field} 같은 효과에 적용하기에는 비용이 비쌀 수 있다. 따라서 이런 효과는 별도로 렌더링되며 포스트 이펙트 파이프라인에서 무시된다. 하지만 투명한 표면이 최대한 사실적으로 보여야 하기 때문에 이 설정을 적용할 필요가 없다. 이 설정은 Masked 타입의 머티리얼에는 효과가 없기 때문에 일반적으로는 대부분 문제가 없다.

- **Ambient Occlusion과 Ambient Occlusion Static Fraction 끄기**: 이 설정은 Screen-space Ambient Occlusion^{SSAO} 포스트 이펙트에 대한 설정이다. SSAO는 동

적 조명을 사용하는 씬과 물체에 디테일을 더하는 데 매우 훌륭한 방법이다. 하지만 예제 씬은 거의 전체적으로 정적 조명과 고품질의 라이프매스 설정을 사용하기 때문에 특히 고해상도에서 성능 향상을 위해 이 설정을 비활성화할 수 있다. 이 설정은 SSAO에 영향을 주지만 라이트매스에 의해 계산되는 AO 에는 영향을 주지 않는다. Static Fraction은 라이트 맵과 SSAO 효과를 얼마 나 많이 섞을지를 제어하며 성능에 부담을 줄 수 있는 기능이다. 따라서 이 효 과를 끄면 성능 문제를 완화하는 데 도움이 될 수 있다.

프로젝트 세팅은 자동으로 DefaultEngine.ini 파일에 기록되기 때문에 설정 창을 닫 기 전에 따로 저장해줄 필요가 없다. 하지만 평면 반사^{Planar Reflection} 같은 설정은 속성 이 변경되면 에디터를 재시작해야 설정을 초기화할 수 있다. 에디터가 다시 열리면 시간이 다소 걸릴 수 있는 셰이더 재컴파일 같은 작업이 진행될 수는 있지만 이런 작 업은 한 번만 진행될 것이다.

요약 ▐███████████████

이제 프로젝트를 시작할 준비가 완료됐다. UE4의 고급 설정 몇 가지를 활성화하고 불필요한 설정을 비활성화해 이미지 품질을 향상시키고 텍스처 스트리밍, SSAO, 투 명 머티리얼 등에서 발생할 수 있는 문제를 해결했다.

또한 UE4의 콘텐츠 이주 기능을 통해 한 프로젝트에서 다른 프로젝트로 콘텐츠를 안 전하게 복사하는 방법을 학습했다. 입력 설정은 .ini 파일을 통해 복사를 완료했다.

이제 월드 공간에 라이트와 머티리얼을 적용하는 방법을 학습하고 블루프린트와 언 리얼 모션 그래픽^{UMG}을 사용해 사용자가 상호작용을 통해 씬을 변경할 수 있는 기능 을 추가해볼 차례다.

데이터 파이프라인

정교한 건축 데이터를 UE4로 가져오는 작업은 처음에는 어렵게 느껴질 수 있다. 하지만 몇 가지 전략과 워크플로, 내부 동작 방식의 이해를 통해 모든 유형의 데이터를 UE4로 가져오는 작업을 수월하게 진행할 수 있다. 빠른 시간에 큰 어려움 없이 방대한 데이터를 UE4로 가져올 수 있다.

씬 구성하기

12장에서는 UE4로 가져올 3D 모델과 텍스처를 제작하기 위해 상당히 많은 시간을 UE4 외부의 DCC 애플리케이션에 할애할 예정이다.

시나리오: 고객이 제공한 데이터 품질은 우수하다. 이 데이터는 '바로' 사용할 수도 있지만 UE4에 최대한 효율적이며 안정적으로 제공될 수 있도록 콘텐츠 준비에 시간을 투자하고 싶다.

3D 애플리케이션에서 씬을 구성하는 것부터 시작한다. CAD와 엔지니어링 애플리케이션에서 이름을 잘 짓지 못하거나 씬을 잘 구성하지 못하는 경우가 있다. 종종 특정 로직을 사용해 객체 이름을 지정한다. 이는 읽기 어렵거나 UE4 또는 FBX 파이프라인과 호환되지 않는 경우가 있다. 너무 긴 이름이나 복잡한 문자가 포함된 이름은 FBX 익스포터^{exporter}와 UE4에서 문제가 발생할 수 있다.

특정 콘텐츠의 가장 적합한 구조를 결정하고 FBX 파이프라인의 요구에 맞게 도구와 프로세스를 적용하는 것은 콘텐츠 제작자의 몫이다.

이 경우 이름을 변경하는 스크립트를 작성해 씬에 배치된 객체 이름을 단순화하고, 스태틱 메시에 SM_ 접두어를 붙이는 것 같은 UE4의 이름 규칙을 만족시킬 수 있다 (그림 12.1).

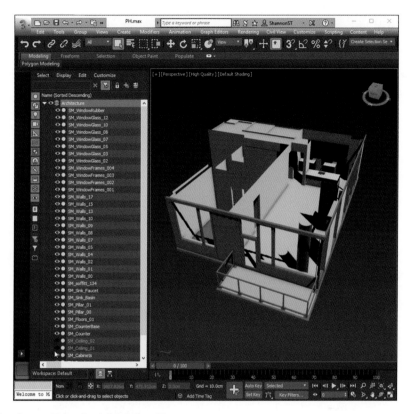

그림 12.1 3D 스튜디오 맥스에서 구성된 3D 씬

이름을 변경하는 스크립트를 사용하면 모델을 내보낼 때마다 일일이 이름을 변경하는 것에 비해 작업이 훨씬 쉽고 빠르다. 게다가 UE4에서 모든 모델의 이름을 변경하는 작업은 훨씬 비효율적이다.

또한 씬을 모델의 유형을 기반으로 레이어로 정렬하는 것이 좋다. 가장 일반적인 모델의 유형은 소품과 건축물이다. 이렇게 정렬하면 내보내기를 하거나 씬에서 객체의 가시성visibility를 조절하기 위해 레이어를 선택할 때 쉽게 할 수 있다.

머티리얼

UE4에서 3D 애플리케이션의 머티리얼 기능을 완전히 지원하지는 않지만, 색상과 간단한 텍스처 맵 같은 머티리얼 기능은 가져올 수 있다. 기본적인 머티리얼만 가져오더라도 초기에 씬을 설정하는 데 걸리는 시간을 많이 절약할 수 있다.

UE4는 또한 지정된 부모 머티리얼의 특정 파라미터에 머티리얼의 속성을 할당하는 기능을 지원한다. UE4로 임포트되는 모든 머티리얼에 대해 머티리얼 애셋을 생성하는 대신, 머티리얼 인스턴스 애셋을 생성하고 파라미터를 설정해 이를 사용할 수 있다. 이 방법은 고급 사용자들에게 매우 훌륭한 작업 방식이며 개인적으로도 작업 효율을 향상시키기 위해 이 방법의 사용을 적극 권장한다.

UE4는 애플리케이션 표준 머티리얼만 지원한다는 점에 주의하자. V-Ray 같은 사용자 지정 렌더러에서 제작된 머티리얼은 UE4로 가져올 수 없거나, 임포트가 되더라도 그 품질이 매우 떨어질 수 있다.

한 예로 Autodesk Architectural Materials를 사용한 원본 모델의 경우 UE4에서 지원하는 텍스처 형식과 입력 방식을 따르지 않는다. 개인적으로는 이를 해결하기 위해 해당 머티리얼을 동일한 이름의 표준 3D 스튜디오 맥스 머티리얼로 변환하고, 모든 파라미터를 없애 가능한 경우 디퓨즈 입력에 간단한 비트맵을 할당하는 단순한 스크립트를 만들었다.

MSO^{Multi-SubObject} 머티리얼은 UE4에서 지원은 되지만 메시를 준비할 때 표면에 머티리얼 ID를 할당하고 각 ID에 고유한 머티리얼이 할당된 MSO 머티리얼이 모두 필요하다.

예를 들어 맥스에서 4개의 머티리얼 ID를 가진 메시에 하나의 머티리얼만 할당한 경우, 이를 UE4로 가져오면 단일 머티리얼 ID를 가진 메시로 임포트된다.

또한 머티리얼과 텍스처 이름을 UE4의 이름 규칙에 맞게 변경해야 한다. 다시 한번 강조하면 3D 애플리케이션에서 이름을 변경하는 것이 UE4에서 변경하는 작업보다 훨씬 수월하다.

건축물과 기구

먼저 벽, 바닥, 천장, 기구, 가전제품 등과 같은 주요 건축물 메시를 UE4로 가져와 씬에 배치한다. 이런 메시는 고유하며 이동하지 않는다. 또한 이 메시는 원본 데이터와 동일한 위치에 배치된다는 점도 중요하다.

깔끔한 지오메트리 작업하기

깨끗한 조명 효과를 위해서는 깨끗하고 잘 조직된 지오메트리가 필요하다. 오랜 시간에 걸쳐 라이팅을 빌드한 후 깜박임, 얼룩, 기타 라이팅 오류가 발생해 이를 고쳐야 하는 경우 지오메트리 수정하고 이를 UE4로 임포트한 다음 라이팅을 다시 빌드해야 하기 때문에 매우 힘들고 지치는 작업이 될 수 있다.

라이팅 문제를 발생시키는 두 가지 주요 원인은 잘못 설정된 표면 노멀(표면이 뒤집힘)과 표면이 겹치거나 동일한 표면이 같은 위치에 쌓인 경우다. 두 경우 모두 조명이 깜박이는 등의 문제를 발생시킨다. 라이트매스는 이런 표면에서 간접 광을 제대로 계산하지 못하며 심한 경우 검은색을 반환한다.

뒤집힌 노멀을 찾을 때는 3D 애플리케이션에서 backface culling 또는 양면double-sided 머티리얼 옵션을 끈다. 또한 일부 애플리케이션은 뒤집힌 표면을 쉽게 찾는 데 도움을 주는 시각화 도구를 제공한다.

겹쳐진 표면을 찾는 것이 좀 더 어려울 수 있다. 성능상의 이유로 UE4는 16비트의 깊이 버퍼depth buffer를 사용한다. 이로 인해 표면이 너무 가까이 겹쳐진 경우 광추적 렌더러에서 사용했을 때보다 조명이 더 깜박거리는 경향이 있다. 겹친 표면이 많은 모델의 경우 이런 표면을 정리해야 한다. 이런 오류 중 다수가 UE4로 가져와 확인하기 전까지는 깜박거리는지 확인하기 어렵다. 하지만 너무 조급하게 생각하지 말자. 이 문제를 모두 해결할 수 있다. 반복 작업을 할 때 좋은 작업 방식을 설정하면 이런 문제를 훨씬 수월하게 해결할 수 있다.

또한 단면 메시(뒷면이 없는 메시)는 피하는 것이 좋다. 조명이 뒷면을 통과하는 경우가 생길 수 있는데 이런 경우 빛이 새어 나가거나 그 외 렌더링 오류가 발생할 수 있다. 이 씬에서는 좋은 조명 효과를 보장하기 위해 외부 벽, 천장, 바닥 면을 부피감 있게 제작해야 했다.

좋은 UV 좌표 사용하기

좋은 UV 좌표를 설정하는 작업은 UE4에서 필수적이다. UV 좌표가 잘못 설정되면 머티리얼을 적용하기 어렵고 품질이 낮을 뿐 아니라 객체의 렌더링 품질에도 안 좋은 영향을 줄 수 있다.

기본 채널(채널 0)

기본 채널인 채널 0은 메시에 텍스처를 적용하는 데 사용하는 기본 채널이다.

제공된 모델은 메시와 적절히 설정된 UV가 포함돼 있지만, 1cm마다 반복되는 촘촘한 타일 형태다(CAD 데이터는 종종 이 같이 실제 단위로 대응되는 경우가 있다). 이를 보정하기 위해 UE4 머티리얼에서 텍스처 크기를 조절할 수 있지만 개인적으로는 메시의 미리보기가 힘들어져 선호하지 않는다(보정이 필요할 정도로 텍스처가 너무 크게 늘어난다).

개인적으로 선호하는 방법은 UV 좌표를 1m 정도로 크기를 조정하는 것이다. 이를 위해 Box UV modifier(그림 12.2)를 적용하거나 이 모델처럼 실제 단위 크기의 좌표가 설정된 경우 UV map scaler modifier를 사용해 UV 좌표를 UE4 친화적인 크기로 설정한다.

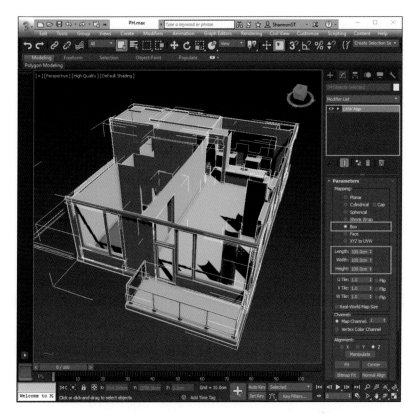

그림 12.2 모든 벽, 바닥, 천장에 단일 Box UVW map modifier 적용

라이트매스(채널 1)

라이트매스에는 깨끗하고 왜곡되지 않은 UV 좌표를 사용해야 한다. 3D 애플리케이션에서 리패킹re-pack하거나 UE4의 리패킹 시스템을 사용할 수 있다.

개인적으로는 UE4의 라이트 맵 좌표 자동 생성 시스템을 사용하는데 이를 위해 모델을 내보내기 전에 적절한 UV 좌표를 설정하려고 노력한다. 복잡한 메시의 경우 최상의 결과를 위해 라이트 맵 좌표를 수동으로 직접 편집해야 하는 경우도 있지만, 대부분의 메시에서 잘 동작한다.

라이트 맵 자동 생성 시스템은 어떤 방식으로도 모서리edge를 분할하거나 UV 차트를 수정하지 않는다. 이 시스템은 단순히 Channel 0 UV 데이터를 수집해 라이트 맵 좌표를 채운다.

12장의 예제를 위해 제공된 모델은 Autodesk Revit에서 제작했고 고품질의 타일링이 적용된 UV 좌표가 설정돼 있다. 이 좌표는 자동 UV 생성 시스템과 호환되기 때문에 UE4로 쉽게 가져올 수 있다.

UV 좌표가 없는 씬이나 씬을 직접 모델링하는 경우에도 UE4의 자동 좌표 생성 시스템을 사용할 수 있다. 하지만 이런 경우에도 기본 UV 좌표는 깨끗하고, 왜곡이 없어야 하며 경계선이 잘 배치돼야 한다.

대부분의 벽, 바닥, 천장은 박스 스타일의 매핑을 사용할 수 있다. 물론 사각형 모양이 아닌 면의 경우 좀 더 주의가 필요하겠지만 기본 텍스처 맵이 보기 좋게 제작됐다면 UE4가 라이트 맵 좌표를 적절하게 생성할 수 있을 것이다.

씬 내보내기

이제 메시가 준비됐으니 UE4로 이 메시를 가져올 차례다. 이를 위해 먼저 UE4에서 임포트할 수 있는 파일 포맷으로 저장해야 한다. 스태틱 메시의 경우 FBX를 파일 포맷으로 선택한다.

모델을 FBX로 내보내는 데 사용할 수 있는 방법에는 여러 가지가 있다. 각 방법에는 장단점이 있으며 각 상황이나 씬에 따라 특정 방법이 잘 동작할 수 있다.

여러 FBX 파일 사용하기

개인적으로는 씬에 있는 여러 객체를 개별 FBX 파일로 내보내는 방법을 선호한다. 이렇게 하면 데이터 업데이트, 내보내기, 리임포트^{reimport} 작업을 쉽고 안정적으로 제어할 수 있다.

대부분의 3D 애플리케이션은 여러 FBX 파일을 한꺼번에 내보내는 방법을 지원하지 않기 때문에 한 번에 하나씩 내보내는 지루한 시간을 보내야 할 수도 있다. 이 때문에 여러 객체를 개별 FBX 파일로 내보내는 데 사용할 수 있는 맥스 스크립트를 개발했다(그림 12.3). 이 스크립트는 www.TomShannon3D.com/UnrealForViz에서 다운로드할 수 있다.

UE4는 임포트된 메시에 3D 애플리케이션에서 할당한 이름을 무시하고 FBX 파일 이름을 사용한다는 점에 주의해야 한다.

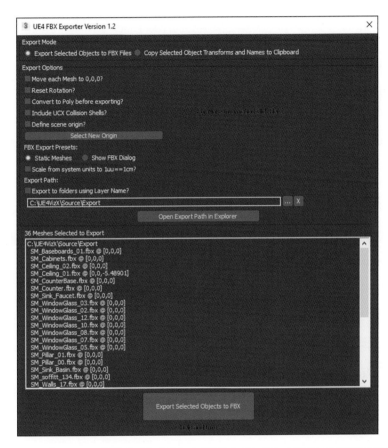

그림 12.3 UE4 용도로 FBX 파일을 한번에 내보낼 때 사용할 수 있는 맥스 스크립트. 더 자세한 내용은 www.TomShannon3D.com/UnrealForViz에서 확인하자.

단일 FBX 파일 사용

씬의 모든 지오메트리를 단일 FBX 파일로 내보내는 것 또한 가능하다. UE4는 여러 객체를 포함하는 단일 FBX 파일을 가져오는 여러 방법을 제공한다. 하나의 단일 메시로 임포트하는 방법부터 콘텐츠 브라우저를 사용해 파일 안의 각 객체를 개별 스태틱 메시로 임포트하는 방법까지 다양한 방법을 제공한다. UE4는 또한 파일 메뉴의

Import to Level 기능을 통해 카메라, 조명, 애니메이션으로 완성된 복잡한 계층 구조의 모델을 임포트할 수 있다.

이 옵션은 사용하기 아주 쉬우며 이를 통해 방대한 양의 데이터를 신속하게 UE4로 가져올 수 있다.

이 방법의 가장 큰 단점은 FBX 파일 안의 특정 메시 또는 여러 메시를 업데이트하기가 어렵다는 점이다. UE4는 리임포트 시 FBX 파일의 구조가 동일하게 유지된다고 예상하기 때문에 내보내기를 통해 FBX 파일로 생성된 각 객체의 구조를 엄격하게 관리하거나 내보내기를 할 때 주의하지 않으면 스태틱 메시를 리임포트할 때 오류가 발생하기 쉽다.

씬 가져오기

내보내기를 통해 생성된 FBX 파일과 씬에서 해당 FBX 파일을 어떻게 관리할지에 따라 UE4에서 콘텐츠를 임포트할 때 사용할 수 있는 몇 가지 옵션이 있다.

콘텐츠 브라우저로 가져오기

개별 FBX 파일로 내보낸 경우, 각 파일을 하나씩 임포트하거나 시스템 파일 관리자 또는 콘텐츠 브라우저의 **임포트** 버튼을 사용하면 여러 FBX 파일의 드래그를 통해 일괄로 임포트할 수 있다.

그림 12.4 윈도우 탐색기에서 콘텐츠 브라우저로 다수의 FBX 파일을 드래그로 가져오기

여러 메시 파일을 포함하는 단일 FBX 파일로 콘텐츠를 내보낸 경우, 하나로 결합된 단일 스태틱 메시 애셋 형태로 콘텐츠 브라우저로 임포트하거나 FBX 파일을 임포트 할 때 나타나는 FBX 임포트 옵션 다이얼로그에서 Combine Meshes 옵션을 선택해 개별 메시 애셋으로 임포트할 수 있다(그림 12.5).

그림 12.5에서 볼 수 있듯이 이 다이얼로그에는 많은 옵션이 제공된다. 몇 가지 살펴볼 만한 옵션을 제외하면 대부분의 옵션은 기본 설정 그대로 사용할 수 있다.

Auto Generate Collision

Auto Generate Collision 옵션은 메시 주위로 아주 단순한 형태의 콜리전 박스를 생성하지만 일반적으로 시각화 데이터(메시 등)에는 적합하지 않다. 제작 중인 씬이 단순하기 때문에 폴리곤 단위의 콜리전을 사용할 수 있다. 이 콜리전은 로우 폴리곤low-polygon 콜리전 프리미티브를 사용하는 것보다 비용이 비싸고 복잡한 씬의 경우 성능 문제를 발생시킬 수 있다. 이 프로젝트의 경우 이 값을 false로 설정한다.

Generate Lightmap UVs

메시에 적절하게 설정된 깨끗한 UV 좌표가 있기 때문에 자동 라이트 맵 생성 시스템이 이를 활용해 좋은 품질의 라이트 맵 좌표를 만들 수 있다. Generate Lightmap UVs 옵션을 true로 설정한다.

Transform Vertex to Absolute

Transform Vertex to Absolute 옵션은 UE4가 3D 애플리케이션에서 설정한 피벗 pivot 포인트를 사용할지 혹은 피벗 포인트를 월드 좌표 0,0,0으로 설정할지를 결정한다. Transform Vertex to Absolute 옵션을 true로 설정한다.

Import Materials와 Import Textures

모델에 적용된 머티리얼과 텍스처를 임포트할 수 있도록 이 옵션을 true로 설정한다.

그림 12.5 FBX 임포트 옵션 다이얼로그. Material 및 Texture Import 옵션과 Generate Lightmap UVs 옵션은 활성화한 반면, Auto Generate Collision 옵션은 비활성화했다.

레벨에 임포트하기

또 다른 옵션으로 **레벨 속으로 임포트**^{Import into Level} 기능이 있다. 이 기능은 연결된 계층 구조, 애니메이션, 라이트, 카메라를 포함한 FBX 파일의 콘텐츠를 임포트할 수 있는 기능을 제공한다.

UE4 에디터에서 **파일**^{File} > **레벨 속으로 임포트**^{Import into Level} 메뉴를 선택하고 임포트할 FBX 파일을 선택한 다음(그림 12.6) 저장할 폴더를 선택한다(그림12.7).

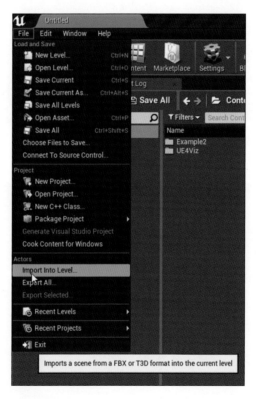

그림 12.6 레벨에 바로 FBX 씬 임포트하기

그러면 임포트될 메시와 머티리얼을 미리볼 수 있는 임포트/리임포트 다이얼로그가 나타난다(그림 12.8). 이를 통해 원하는 콘텐츠가 모두 제대로 임포트되는지 확인할 수 있다.

그림 12.7 대상 폴더 선택하기

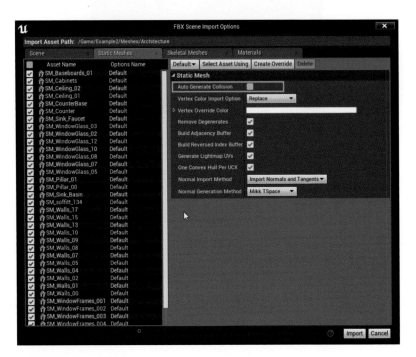

12.8 FBX 씬 임포트 옵션 다이얼로그

건축 시각화 스타일의 메시와 호환되지 않기 때문에 Auto Generate Collision 옵션을 끈다. 벽 메시에 기본 콜리전 오브젝트를 사용하는 대신 폴리곤 단위 콜리전을 사용한다.

Import 버튼을 누르면 임포터^{Importer}가 머티리얼과 머티리얼에 적용된 텍스처와 함께 각 메시를 단일 .uasset 파일로 임포트한다. 임포트할 머티리얼을 저장할 경로로 다른 폴더를 지정할 수도 있다.

각 메시를 참조하는 단일 블루프린트 액터가 생성되고 로드된 씬에 배치된다. 이 블루프린트는 FBX 임포트 데이터 애셋과 연결돼 동작하기 때문에 FBX 파일의 리임포트가 가능하며, 리임포트 시에 FBX 파일과 일치하도록 메시 추가, 제거, 수정 등의 작업이 진행된다.

명시적으로 저장하기 전에는 임포트된 메시가 디스크에 저장되지 않기 때문에 임포트가 완료되면 반드시 저장한다.

소품 메시　

의자, 안경, 접시 등은 모두 **소품**^{prop}으로 간주된다. 소품 메시는 복사해 사용하거나 이동될 수 있으며 에디터에서 배치될 수 있다.

12장의 예제에서 고객이 제공한 메시에는 가구가 없지만 이에 대한 지침과 참고 자료를 제공받았다. 이를 토대로 UE4에서 사용할 3D 모델을 제작하거나 UE4에 가져와 사용할 수 있는 메시를 콘텐츠 라이브러리에서 찾을 수 있다.

> **노트**
>
> 종종 특정 위치에 배치된 소품이 있는 모델을 제공받는 경우가 있다. 이런 모델은 종류가 수백 가지가 될 수 있는데, 도로 가로등이나 조경을 위한 식물 메시 등이 그 예다.
>
> 이런 시나리오는 UE4에서 명백한 워크플로 솔루션이 없는 시각화 제품에 일반적이다. 필자는 메시 위치를 클립보드에 복사하고 UE4로 이를 가져오는 3DS 맥스 스크립트를 작성했다. 이 스크립트는 웹사이트 www.TomShannon3D.com/UnrealForViz에서 다운로드할 수 있다.

3D 애플리케이션에 배치하는 대신 UE4에서 소품을 배치하는 것이 가장 좋은 방법이다. FBX는 인스턴싱Instancing을 허용하지 않고 각 접시, 안경, 의자 등을 고유한 객체로 처리하며, 이를 고유한 .uAsset으로 임포트하기 때문에 메모리, 디스크 공간, 프로세싱 파워를 차지하게 된다. 이는 각 객체에 수정이 필요한 경우 인스턴스를 모두 업데이트해야 한다는 의미다.

씬에 반복 배치되는 객체가 많은 경우, 단일 .uAsset 파일을 저장하고, 이 애셋을 여러 번 참조하는 방식으로 씬을 제작하는 것이 가장 좋다.

또한 적절한 피벗 포인트를 설정하면 명시적으로 직접 배치하는 것보다 메시의 수정, 이동, 애니메이션 등이 훨씬 수월해진다.

피벗 포인트 설정하기

소품과 건축 메시 간의 가장 큰 차이가 바로 피벗 포인트이기 때문에 소품은 건축 메시와 다르게 제작해야 한다. 건축 메시는 원래 위치에서 내보내기와 가져오는 작업이 진행되기 때문에 임포트 시에 피벗 포인트가 0,0,0으로 설정되지만 소품 메시는 적절하게 설정된 피벗 포인트가 필요하다.

피벗 포인트는 UE4에서 직접 수정이 불가능하기 때문에 3D 애플리케이션에서 피벗 포인트를 설정하는 작업이 필수다.

월드와 연결될 위치에 피벗 포인트를 배치한다. 피벗 포인트를 적절히 설정하면 메시의 배치, 이동, 심지어 UE4에서 애니메이션을 작업하는 데 필요한 노력을 크게 줄일 수 있다.

객체 중심을 피벗 포인트 위치로 결정하는 것은 그리 좋은 선택이 아니다. 피벗은 UE4에서 액터가 스케일, 회전, 이동할 때 기준으로 삼는 위치다. 또한 메시를 레벨에 배치할 때 다른 액터의 표면에 스냅 기능으로 연결할 때 기준이 된다. 의자와 다른 가구의 경우 지면과 닿는 위치에 피벗을 설정해야 한다. 벽에 붙일 액자의 경우 뒤쪽에 피벗을 설정해야 한다.

UE4는 롤Roll, 피치Pitch, 요Yaw 축의 조합으로 회전을 다룬다. 롤은 X 축을 기준으로 왼쪽 오른쪽으로 회전하는 동작을 나타내며, 피치는 Y 축을 기준으로 위아래로 회전하는 동작을 나타낸다. 요는 Z 축을 기준으로 액터를 회전시킨다(그림 12.9).

따라서 UE4에서 확인한 내용처럼 3D 애플리케이션에서 X 축의 양의 방향을 바라보도록 모델을 제작해야 한다. UE4는 Y 축의 변환을 관리한다.

그림 12.9 UE4에서 확인한 피벗, 빨간색은 롤(Roll) 또는 X, 초록색은 피치(Pitch) 또는 Y, 파란색은 요(Yaw) 또는 Z 회전을 나타냄

주의 깊은 소품 사용

클라이언트가 제공한 소품은 훌륭한 출발점이 될 수 있지만, 대부분 고급 시각화 제품에 사용되기에는 품질이 충분하지 않다.

따라서 클라이언트가 제공한 가이드를 참고해 제공된 모델을 대부분 가구로 다시 제작했다. 모델 대부분이 아주 단순하게 제작된 모습을 확인할 수 있을 것이다. 최근의 비디오 게임은 메시, 캐릭터, 배경 제작 등을 위해 아티스트의 노동이 많이 필요한 작업 방식을 사용하지만 시각화 제품 프로젝트는 일반적으로 시간, 예산이 없거나 모든 애셋을 제작하는 데 게임 프로젝트만큼의 노력이 필요하지는 않다.

개인적으로는 메시를 제작할 때 깔끔하고, UV 매핑에 신경 쓰며, 가능하면 낮은 폴리곤으로 제작하는 데 중점을 둔다. UE4와 최신 하드웨어는 초당 수백만 개의 삼각 면을 처리할 수 있으며 대부분의 시각화 씬은 비디오 게임 환경과 비교했을 때 필요한 성능이 상대적으로 낮은 편이다. 덕분에 더 많은 폴리곤을 사용해 메시를 제작할 수 있지만 주의 깊게, 최대한 최적화하는 것은 여전히 중요하다.

내보내기

하나의 파일에 모든 소품을 포함시키는 형태로 .FBX 파일을 생성할 수 있지만 이 방법은 권장하지 않는다. 여러 소품 중 하나만 변경하더라도 동일한 메시 전체를 FBX로 다시 내보내야 하기 때문에 작업을 더 어렵게 만들 수 있고 단일 파일에 모든 소품을 포함하는 형태는 비효율적이다.

3D 애플리케이션의 익스포터에서 다음 설정을 사용하거나 비슷한 설정 사용을 권장한다(그림 12.10).

- 내보내기를 할 때 스무딩 그룹^{Smoothing Group}, Tangent and Binormals 옵션을 체크하고 Triangulate와 Preserve Edge Orientation 옵션을 true로 설정한다.
- 센티미터 단위로 설정되지 않은 씬을 작업하는 경우 익스포터의 단위 조절 시스템을 사용해 데이터 크기를 조절할 수 있다. 이를 사용하려면 Automatic 옵션을 false로 설정하고 Scene Unites converted to 옵션을 Centimeters로 설정한다.

각 소품 메시를 개별 FBX 파일로 내보내기 하고 각 FBX 파일의 이름을 임포트될 스태틱 메시 애셋의 이름으로 지정한다. UE4는 파일 이름을 사용해 메시 이름을 설정한다.

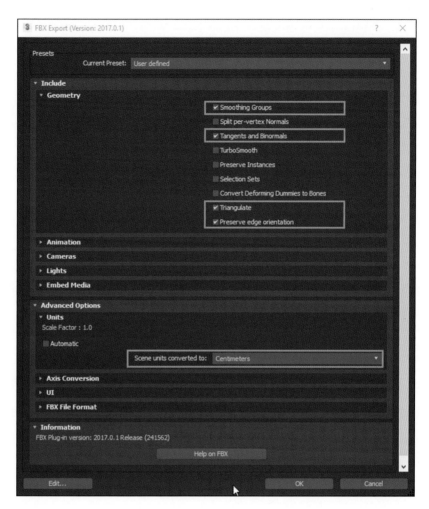

그림 12.10 모든 스무딩 그룹, UV 좌표와 적절한 모서리 방향을 적용해 UE4로 가져올 수 있는 설정을 보여주는 3D 스튜디오 맥스 FBX 익스포터 대화상자를 사용하면 3D 애플리케이션과 동일하게 UE4에 애셋을 정확하게 표시할 수 있다.

가져오기

건축물 메시와 동일하게 콘텐츠 브라우저의 **임포트** 버튼을 사용하거나 콘텐츠 브라우저로 파일을 드래그해서 소품 메시를 임포트할 수 있다. 메시를 하나씩 임포트하거나 여러 파일을 한 번에 가져올 수 있다.

이전과 마찬가지로 스태틱 메시에 대한 UE4 임포트 다이얼로그가 나타난다. 다음 사항을 고려해 그림 12.5에 나온 설정을 사용한다.

Auto Generate Collision

개인적으로 자동 생성되는 콜리전을 권장하지 않는다. 종종 사용자 움직임을 지나치게 제한하는 경우가 발생하기 때문에 필자는 일반적으로 소품 메시에는 콜리전을 사용하지 않는다.

Transform Vertex to Absolute

Transform Vertex to Absolute 옵션을 false로 설정하면 UE4는 씬의 0,0,0 위치 및 메시의 정점에 회전과 다른 트랜스폼 정보를 저장하는 대신 모델에 설정된 피벗 포인트를 사용한다. 3D 애플리케이션에서 소품 메시를 내보내기 전에 0,0,0 위치로 이동시키지 않은 경우, 이 옵션을 false로 설정한다.

요약

데이터와 콘텐츠를 UE4로 가져오는 작업은 처음에는 어렵게 보일 수 있지만, 적절한 가져오기와 내보내기 설정을 적용해 콘텐츠를 준비하면 이 과정이 순조롭게 진행될 수 있다.

이제 소품과 건축물 객체 간의 차이점과 이를 UE4로 안전하게 가져오는 방법을 이해했을 것이다(그림 12.11). 이제 애셋을 배치하고 상호작용 기능을 갖춘 월드 제작을 시작할 준비가 완료됐다.

그림 12.11 임포트된 건축 스태틱 메시 애셋을 보여주는 콘텐츠 브라우저

13장

씬에 애셋 배치하기

UE4에서 씬을 채우는 과정은 시각화 제품을 제작하는 데 또 다른 도전이 될 수 있다. 디자이너는 데이터를 표현하는 작업을 하거나 정밀함과 정확함을 요구하는 디자인을 하는 경우가 있다. 13장에서는 소품과 건축물 스태틱 메시 애셋을 씬에서 정확히 원하는 위치에 배치하는 방법을 살펴본다.

시각화 제품을 위한 씬 구성하기

UE4는 레벨 디자이너[LD]와 아티스트가 환상적인 게임과 시각화 제품을 빠르게 제작하는 데 사용할 수 있는 강력한 도구를 제공한다. 아티스트는 콘텐츠 브라우저를 사용해 월드로 애셋, 라이트, 그 외 기타 애셋을 드래그할 수 있다. 트랜스폼 기즈모를 사용해 이동, 크기조절, 회전이 가능하며, 디테일 패널을 사용해 쉽게 속성을 변경할 수 있다.

시각화 제품을 위한 씬은 창의적인 면보다는 정확성에 우선 순위를 두고 데이터를 매우 정확하게 표현해야 하기 때문에 어려운 작업이 될 수 있다.

건축 시각화 제품의 경우 정밀함에 대한 요구와 예술적 자유를 적절하게 조화시켜 아름답고 매력적인 공간을 만들어야 한다.

따라서 건축물 메시를 레벨에서 정확한 위치에 배치해야 한다. 이는 시각화를 위해 제공된 데이터이기 때문에 예술적 자유가 표현될 여지가 없다.

소품의 경우 레벨에 배치, 이동, 회전, 크기 조절을 손으로 직접 해야 하지만, 자유롭게 할 수 있으며 삶의 표현과 흥미를 높일 수 있는 방식으로 작업하는 것이 가능하다.

13장에서는 레벨을 설정하는 방법과 건축물 메시와 소품 메시를 활용해 레벨을 꾸미는 방법을 살펴본다. 가장 많이 사용되는 뷰포트 도구와 단축키를 살펴보고 조명과 머티리얼을 적용할 수 있는 씬을 준비하는 것으로 마무리한다.

레벨 설정하기

레벨을 제작하려면 먼저 레벨을 생성해야 한다. UE4는 기본적으로 구름, 조명, 플레이어 스타트가 배치된 간단한 레벨을 제공한다. 개인적으로는 미리 설정된 기능에 의해 발생할 수 있는 문제를 피하기 위해 아무것도 없는 새로운 레벨로 시작하는 방법을 선호한다.

새 레벨 생성하기

빈 레벨로 프로젝트를 시작하려면 에디터에서 **파일**File > **새 레벨**New Level을 선택한다(그림 13.1).

그림 13.1 빈 레벨을 새로 생성하기. 기본 레벨은 뷰포트에서 확인할 수 있다.

이렇게 하면 완전히 빈 상태의 레벨을 생성할 수 있다. **파일**File > **현재를 다른 이름으로 저장**Save Current As을 선택해 현재 레벨을 저장한다.

기본 조명 추가하기

첫 번째 프로젝트와 마찬가지로 메시를 배치하기 전에 먼저 진행할 작업은 간단한 조명을 배치하는 것이다. 조명이 없으면 UE4는 검은색으로 화면을 렌더링하거나 Unlit 뷰 모드로 렌더링하는데 Unlit 뷰 모드로는 실제로 어떻게 보이는지 알기가 어렵다. 기본 조명을 먼저 배치하면 작업과 내용을 확인하는 과정이 훨씬 쉬워진다.

애트머스페릭 포그

모드Modes 패널에서 **비주얼 이펙트**Visual Effect를 선택하고 **애트머스페릭 포그**Atmospheric Fog를
뷰포트로 드래그한다. 애트머스페릭 포그Atmospheric Fog는 수평선, 대기 산란(파란 하
늘), 태양을 나타내는 디스크(동그라미)를 제공해 단순하지만 괜찮은 하늘을 생성한다.

디렉셔널 라이트

모드Modes 패널에서 **라이트**를 선택하고 **디렉셔널 라이트**Directional Light를 뷰포트로 드래그
한다. 디렉셔널 라이트는 태양의 역할을 하게 된다.

디렉셔널 라이트를 선택하고 Atmosphere Sun Light 옵션을 찾은 다음 true로 설정한다(고
급 옵션을 열어 확인해야 할 수도 있다). 이 옵션을 활성화하면 디렉셔널 라이트가 애트
머스페릭 포그 액터의 색상과 태양의 위치를 조절한다.

스카이 라이트

스카이 라이트Sky Light를 씬에 드래그한다. 스카이 라이트는 씬 주변의 환경을 샘플링
한 다음 수집된 정보를 바탕으로 씬에 간접광을 제공한다. 이제 기본적인 조명 설정
이 완료됐다(그림 13.2).

그림 13.2 태양의 위치를 조절할 수 있도록 **디렉셔널 라이트**를 선택하고 디테일 패널에서 Atmosphere Sun Light 옵
션을 true로 설정한 모습을 보여주는 기본 조명 설정 화면

건축물 스태틱 메시 배치하기

FBX 씬의 원점을 피벗 포인트(0,0,0)로 사용할 수 있도록 건축물 메시를 준비하면 이를 내보내기한 위치와 정확히 일치하는 곳을 설정해 레벨에 배치하는 작업이 수월해진다.

메시 드래그 앤 드롭하기

콘텐츠 브라우저에서 뷰포트로 메시를 드래그 앤 드롭한다. 일반적인 키보드 단축키(Shift-클릭, Ctrl/Cmd-클릭 등)를 사용해 하나 또는 여러 스태틱 메시 애셋을 선택할 수 있고, 뷰포트의 아무 위치에나 선택된 애셋을 드래그할 수 있다(그림 13.3).

그림 13.3 드래그 앤 드롭 작업 결과, 그런 다음 적절한 위치에 배치될 수 있도록 메시의 위치를 0,0,0으로 설정한다.

위치를 0,0,0으로 설정하기

메시를 레벨에 드래그하면 생성된 스태틱 메시 액터가 레벨과 월드 아웃라이너World Outliner에서 선택된다. 디테일 패널을 살펴보면 선택된 모든 메시의 속성을 동시에 편집할 수 있다는 사실을 확인할 수 있다. 이를 통해 위치를 0,0,0으로 쉽게 설정할 수 있다(그림 13.3 참고).

이제 모든 건축물 메시가 3D 응용 프로그램과 동일한 위치에 배치됐다.

소품 메시 배치하기

이제 벽, 바닥, 기타 건축물 메시가 배치됐으니 소품을 배치할 차례다. 다른 대부분의 콘텐츠와 마찬가지로 콘텐츠 브라우저에서 레벨로 드래그 앤 드롭 방식으로 배치한다.

이 예제에서는 클라이언트가 선택한 가구와 소품, 필자 개인의 라이브러리에 있는 일반 소품을 조합해 씬을 꾸밀 수 있는 권한을 부여받은 상태에서 작업을 진행했다.

표면 스내핑

메시를 처음 레벨로 드래그하면 드래그한 메시가 씬에 나타나면서 메시가 닿을 수 있는 어느 곳이든 '붙는' 모습을 볼 수 있다. 이 방법은 소품을 레벨에 배치하는 데 훌륭한 방법이지만, 소품이 이미 배치돼 있다면 어떻게 해야 할까?

뷰포트 툴바에서 표면 스내핑Surface Snapping을 활성화하면 이동시키는 액터가 그 주변에 있는 표면에 고정시킨다(주변에 표면이 없는 경우에는 자유 이동한다. 그림 13.4).

그림 13.4 표면 스내핑 드롭다운 메뉴

또한 **표면 노멀로 회전**^{Rotate to Surface Normal} 옵션을 활성화하면 배치하려는 위치의 폴리곤 표면이 향하는 방향으로 메시의 방향이 재설정된다. 이 옵션은 벽에 특정 액터를 배치할 때 벽의 방향에 따라 배치하는 액터가 회전하기 때문에 이런 경우에 활용하기 좋은 방법이다.

복제와 복사

사본을 생성할 때는 복사-붙여넣기나 Alt-드래그 같은 복제 도구를 사용하는 방법이 좋다. 이 방법을 잘 활용하면 씬을 꾸밀 때 작업 속도를 향상시킬 수 있다.

Shift+드래그

트랜스폼 기즈모를 사용해 액터를 이동시킬 때 Shift 키를 누르고 있으면 뷰(뷰포트를 찍는 가상의 카메라)가 움직이는 액터를 따라다닌다. 이 기능을 Alt-드래그 기능과 조합해 사용하면 원근^{Perspective} 뷰포트를 사용해 대규모의 레벨 주변에 액터를 이동시킬 때 활용하기 좋다.

씬 정리하기

씬에 메시, 조명, 기타 액터를 추가하면 곧 수백 개의 액터가 배치된 씬을 결과로 얻을 수 있다. 따라서 빠른 작업을 위해서는 구조화해 정리하는 것이 필수적이며 UE4는 씬을 관리하는 데 도움이 되는 여러 도구를 제공한다.

월드 아웃라이너

레벨에 액터를 추가하면 **월드 아웃라이너**^{World Outliner}에 목록으로 추가된다. 이 목록은 빠르게 증가하기 때문에 탐색(검색)이 어렵다. 다행히 이 목록을 정리할 수 있는 몇 가지 방법이 제공된다.

새 폴더^{New Folder} 버튼(월드 아웃라이너의 오른쪽 상단의 검색바 옆에 있음)을 사용해 폴더를 쉽게 생성할 수 있지만 개인적으로는 마우스 오른쪽 버튼을 활용한 방법을 선호한다. 폴더에 넣으려는 애셋을 월드 아웃라이너 목록에서 선택하고 마우스 오른쪽 버튼을 클릭하면 다음과 같은 컨텍스트 메뉴가 나타난다(그림 13.5).

그림 13.5 오른쪽 클릭 메뉴를 사용해 월드 아웃라이너의 새 폴더에 액터 추가하기

여기에서 새 폴더나 기존에 있는 폴더(목록에 나오기 때문에 폴더를 검색할 필요가 없다)에 선택된 액터를 넣을 수 있다.

레이어

덜 명확한 조직화 방법이지만 시각화 아티스트에게는 좀 더 친숙한 UE4의 레이어 Layer 시스템이 있다. 대부분의 3D 애플리케이션 같이 UE4는 레이어를 통해 액터를 숨기고, 다시 보이게 하고, 선택할 수 있는 기능을 제공한다.

레이어 인터페이스는 기본적으로 노출되지 않지만 창Window 메뉴를 통해 레이어 인터페이스에 접근할 수 있다(그림 13.6).

그림 13.6 레이어 탭 활성화하기. 월드 아웃라이너 옆에 레이어 탭이 추가된 상태를 볼 수 있다.

런타임 성능이나 기능에 영향을 미치지 않기 때문에 월드 아웃라이너와 레이어 시스템을 모두 사용하거나 둘 다 사용하지 않아도 된다. 이 기능은 단순히 씬을 정리하기 위한 목적으로 제공된다.

개인적으로는 레이어 시스템이 사용하기 더 어렵고 레이어가 증가할수록 더 복잡해지는 경향이 있어 씬을 정리하는 데 레이어 시스템보다 월드 아웃라이너의 폴더 시스템을 선호한다.

그룹화

그룹화^{Grouping}는 레벨에서 재사용 가능하거나 쉽게 선택할 수 있는 액터 모음을 만들 때 활용하기 좋은 방법이다.

그룹으로 만들려는 액터를 선택하고 마우스 오른쪽 버튼을 누른 다음 **Group** 메뉴를 선택한다(그림 13.7). 그러면 그룹 액터가 생성되고 선택된 액터가 생성된 그룹 액터와 연결된다. 그룹 내 액터를 선택하거나 그룹 액터를 선택하면 그룹에 포함된 모든 액터가 선택된다.

그림 13.7 그룹화된 메시는 씬에서 다 함께 복제할 수 있다.

그룹은 씬에서 재사용이 많은 액터 모음을 제작할 때 사용하기 좋다.

액터가 그룹화되면 컨텍스트 메뉴를 통해 **언그룹**^{Unroup}이나 **잠금해제**^{Unlock}를 할 수 있다. 생성된 그룹 액터의 이름을 지정하거나 수정할 수 없다.

액터 블루프린트

여러 액터(라이트, 파티클, 사운드 등)를 모아 블루프린트 애셋으로 만들 수 있다. 이는 그룹에 비해 여러 장점이 있다.

레벨의 액터에서 액터 블루프린트 클래스를 만들려면 변환을 원하는 애셋을 선택하고 **선택된 컴포넌트를 블루프린트 클래스로 변환**^{Convert Selected Coimponents to Blueprint Class}을 선택한다(그림 13.8).

그림 13.8 선택된 컴포넌트를 블루프린트 클래스로 변환하기

그런 다음 새 블루프린트 애셋을 콘텐츠 브라우저에 저장할 위치를 선택한다. 이 블루프린트는 선택된 스태틱 메시와 기타 클래스를 참조하는 컴포넌트를 포함한다. 이 블루프린트는 선택된 애셋을 복사하거나 새로운 애셋으로 합치지는 않는다.

이제 새로 생성된 블루프린트 애셋을 변경하면 이를 기반으로 레벨에 배치된 모든 액터가 업데이트된다. 액터 블루프린트는 조명 기구나 여러 액터가 모여 구성되는 복잡한 액터를 생성할 때 활용하기 좋으며, 재사용되는 액터 모음을 그룹으로 만들 때도 활용할 수 있다.

요약

UE4에 콘텐츠를 배치하는 작업은 재미있는 동시에 어려울 수 있다. 13장을 통해 건축 메시를 씬에 배치할 때 3D 애플리케이션에서 설정한 위치와 동일한 위치에 배치하는 방법과 더 많은 콘텐츠를 씬에 추가할 때 이를 구조화하고 관리하는 방법을 이해했을 것이다.

이제 실제 사진 같은 높은 품질의 씬을 생성하는 목표를 달성하기 위해 13장에서 꾸민 씬을(그림 13.9) 조명, 머티리얼, 포스트 프로세스 효과로 채울 차례다.

그림 13.9 프리뷰 라이팅을 적용한 메시로 꾸민 씬

14장

건축 시각화 제품을 위한 조명

정확하고 사실적인 조명 효과는 시각화 제품을 만드는 데 있어 필수적이다. 조명, 그림자, 반사, 머티리얼은 월드 공간에 생기를 불어넣고 깊이감과 이야기를 만들어낸다. 14장에서는 라이트매스를 활용해 멋진 전역 조명을 설정하는 방법을 학습한다.

UE4의 조명 효과 최대한 활용하기

UE4의 라이팅과 머티리얼 시스템은 밀접하게 연관돼 있다. 최종 결과를 얻으려면 이 두 기능을 모두 적절하게 작업해야 한다. 14장에서는 UE4를 사용해 인테리어 씬에 조명을 설정하는 방법을 예제를 통해 살펴본다.

언리얼의 HDR^{High Dynamic Range} 렌더링 파이프라인에는 자동 노출^{auto-exposure}과 블룸 ^{bloom} 같은 효과가 포함돼 있어 사실적이고 따뜻하며 역동적인 조명 환경을 만들어낸 다. 이 기술을 사용해 조명효과를 제대로 구현하는 과정은 다소 까다로울 수 있지만 몇 가지 기본 설정을 사용하면 멋진 결과를 빠르게 얻을 수 있다.

14장에서는 레벨과 스태틱 메시의 속성 그리고 라이팅 빌드 시간을 줄여주면서 멋진 효과를 얻을 수 있는 설정을 조절하는 방법을 학습한다.

또한 비네트, 컬러 그레이딩^{Color Grading}, 뎁스 오브 필드 같은 포스트 프로세스 이펙 트^{Post-Process Effects}를 사용해 더욱 사실적인 이미지를 만드는 방법도 보여준다(그림 14.1).

그림 14.1 최종 조명 미리 보기

마지막으로 리플렉션 캡처 액터Reflection Capture Actors를 레벨에 배치하는 방법을 학습하고 이를 통해 조명 효과를 향상시키고 좀 더 정확한 반사 효과를 만든다.

머티리얼과 라이팅

모든 전역 조명 렌더링과 마찬가지로 UE4의 라이팅과 머티리얼은 서로 직접적인 영향을 주고 받는다. 머티리얼은 간접광의 색상과 강도에 영향을 주며 라이팅은 표면에 반사되면서 해당 표면의 속성을 알려준다.

이런 이유로 두 기능을 완전히 분리해 적용할 수 없다. 14장과 15장에서는 두 주제를 개별적으로 살펴본다. 하지만 최상의 결과를 얻으려면 두 장에 걸쳐 설명할 두 기능을 동시에 사용해야 한다.

라이트매스를 활용한 정적 라이팅

UE4는 인상적인 비주얼 덕분에 건축 시각화 산업에 큰 변화를 가져왔다. UE4가 믿기 힘들 정도로 멋진 조명 효과가 적용된 씬을 빠르게 렌더링하는 방법 중 하나는 라이트매스라 불리는 GI 렌더러를 사용해 조명을 미리 계산하는 것이다.

라이트매스는 멘탈 레이Mental Ray 같은 광자Photon 기반의 전역 조명 솔루션을 사용해 씬에 있는 모든 스태틱 메시의 표면에서 반사되는 조명을 계산한다. 그런 다음 라이트매스는 이 정보를 라이트 맵과 섀도 맵이라 불리는 텍스처에 저장한다. 이 과정을 정적 조명 빌딩building이라고 한다. 이 과정이 완료되면 텍스처가 자동으로 임포트되고 적용된다.

이름에서 알 수 있듯이 정적 조명이 적용된 객체나 빌드에 사용된 조명을 움직이거나 변경할 수 없다. 씬에 배치된 정적 조명이나 스태틱 메시를 추가, 제거, 이동, 기타 변경을 하는 경우 기존의 조명 효과가 깨지기 때문에 이를 다시 빌드해야 한다.

이미 라이팅이 빌드된 씬에 조명을 추가할 수 있다. 새로 추가된 라이트의 GI 기여도를 확인하기 위해 라이팅을 다시 빌드해야 하지만 기존의 스태틱 라이팅은 그대로 남아 있다. 따라서 많은 조명을 씬에 추가할 때 이 방법이 도움이 될 수 있다.

라이트 맵과 섀도 맵은 저장된 레벨과 함께 특별하게 **빌드된 데이터**^{BuildData}인 UMAP 레벨 파일(UE4가 레벨을 저장하는 특정 파일 포맷)에 저장된다. 애셋을 추가할 때마다 라이팅 텍스처의 메모리 오버헤드가 증가하기 때문에 이 파일과 프로젝트의 크기가 크게 증가한다.

디렉셔널 라이트와 스카이 라이트 조절하기

13장에서 디렉셔널 라이트 액터, 스카이 라이트 액터, 애트머스페릭 포그 액터를 배치했다. 이 세 액터는 라이팅을 빌드하는 데 필요한 기본 정보를 제공하지만 정적 조명과 함께 사용하려면 일부 조정이 필요하다.

태양광

디렉셔널 라이트는 태양광으로 동작해 GI 솔루션에 크게 기여하는 강렬한 직사광을 제공한다.

UE4의 주요 라이트 유형, 클래스는 포인트^{Point}, 스포트^{Spot}, 디렉셔널^{Directional} 라이트다. 포인트와 스포트 라이트는 공간의 한 점에서 빛을 방출한다. 이는 램프, 조명기구, 스포트 라이트 같은 간접 조명에 사용하기 좋다. 포인트 라이트와 스포트 라이트는 지구에 있는 우리의 관점에서 평행한 상태로 빛이 방출되는 태양광에는 적절하지 않다. 이를 위해서는 한 방향으로 빛을 시뮬레이션하는 조명이 필요하다. 이를 위해 디렉셔널 라이트 액터 클래스를 사용한다.

대부분의 액터와 마찬가지로 클래스 브라우저에서 뷰포트로 라이트 액터를 드래그하면 씬에 라이트를 간단히 배치할 수 있다.

디렉셔널 라이트는 회전 값만 중요하며, 씬에 배치된 위치에서 빛을 방출하는 것이 아니기 때문에 어느 위치든 배치가 가능하다. 따라서 개인적으로는 찾기 쉬운 위치에 배치해 둔다.

사실적으로 만족스러운 조명 효과를 내는 회전 값을 찾는다. 동적 그림자 효과는 미리 보기 역할을 하기 때문에 정적 그림자가 어디에 위치하는지를 알려준다(그림 14.2). 조명을 회전시킬 때 주변을 유심히 살펴본다. UE4의 동적 그림자는 라이팅 빌드가 완료된 후 저장된 그림자가 씬에 위치할 곳을 짐작할 때 참조하기 좋은 근사치를 제공한다.

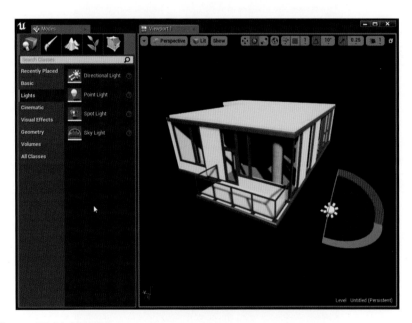

그림 14.2 디렉셔널 라이트 배치

디테일 패널에서 선택된 라이트의 다양한 옵션을 볼 수 있다(그림 14.3). 이 라이트
액터에서 최상의 품질과 성능을 얻기 위해서는 몇 가지 설정을 조절해야 한다.

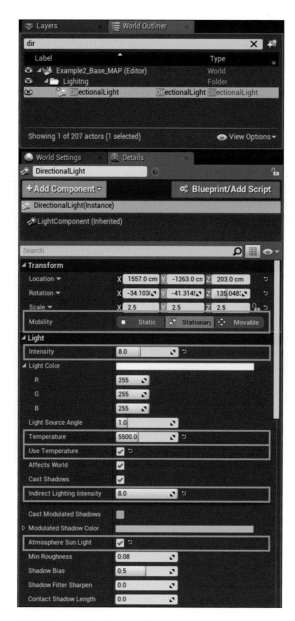

그림 14.3 디테일 패널에서 확인한 디렉셔널 라이트의 속성

모빌리티

가장 중요하면서 첫 번째로 설정해야 하는 속성은 **모빌리티**Mobility다. 디렉셔널 라이트
에는 스테이셔너리Stationary 라이트를 사용해야 한다. 스테이셔너리 라이트는 스태틱
라이트(움직일 수 없는)와 비슷하지만 조명의 직접광을 텍스처에 기록하지 않고 동적
으로 계산한다. 즉 조명을 빌드한 후에도 색상과 밝기 같은 속성을 변경할 수 있다.

전역 조명은 텍스처에 저장되기 때문에 강도Intensity를 변경해도 전역 조명에는 영향
을 주지 않는다.

강도

밝은 햇빛 효과를 얻기 위해서는 8~10 사이의 Intensity 값을 사용한다. 이 값을 사용
하면 씬에서 태양이 가장 밝다는 점을 보장해준다.

Indirect Lighting Intensity

스테이셔너리 라이트의 강도를 변경할 수 있기 때문에 라이트매스에 이 라이트가 얼
마나 밝게 계산돼야 하는지 알려줘야 한다. 이를 위해 Indirect Lighting Intensity 설정
을 조절해 GI에서 이 빛을 얼마나 밝게 계산해야 하는지 설정할 수 있다. 이 값을 1.0
에서 라이트에 설정한 강도 사이의 값을 설정한다.

Temperature

Use Temperature 체크박스를 선택하고 Temperature를 5000~5500 사이의 값으로 설
정한다. 이렇게 하면 2700~3500 사이의 값을 갖는 전형적인 백열등보다는 훨씬 '흰
색'을 띠는 약간 노란색의 태양빛을 제공한다.

Atmosphere Sun Light

Atmosphere Sun Light 옵션을 선택하면 애트머스페릭 포그 액터와 함께 동작해 씬의 환경 색상을 제공하며 물리적으로 정확한 하늘을 생성한다. Atmosphere Sun Light 옵션이 처음에 보이지 않는 경우 라이트의 고급 옵션에서 확인할 수 있다.

UE4는 지구의 대기를 시뮬레이션하는 대기광을 산란시키는 안개 시스템을 제공한다. 대기광을 산란시키는 기능은 애트머스페릭 포그 액터와 디렉셔널 라이트 액터를 사용해 구동된다. 애트머스페릭 포그 액터를 씬에 드래그한다. 디렉셔널 라이트의 Atmosphere Sun Light 옵션이 활성화돼 있으면 디렉셔널 라이트의 위치를 기반으로 하늘의 색상과 태양의 방향을 설정해 간단하지만 효과적인 스카이 박스를 생성한다.

스카이 라이트

UE4에서 대기로부터의 주변광을 시뮬레이션하기 위해서는 스카이 라이트 액터를 사용한다. 이 특별한 라이트는 기존의 씬 정보를 수집해 간접광으로 사용할 큐브 맵을 만들거나 HDR 텍스처를 직접 큐브 맵으로 지정해 사용할 수도 있다.

이 예제에서는 씬 정보를 수집해 큐브 맵으로 사용한다.

스카이 라이트를 씬에서 쉽게 찾을 수 있는 위치에 배치한다. 또한 어떤 지오메트리에도 포함되지 않도록 해 폐쇄되지 않은 하늘을 캡처할 수 있다. 스카이 라이트 액터는 최적의 결과를 얻기 위해 조절할 수 있는 설정을 제공한다(그림 14.4).

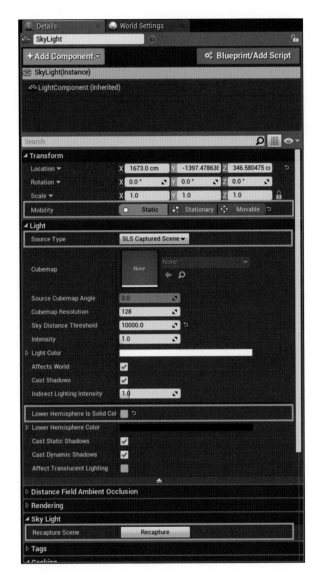

그림 14.4 스카이 라이트 배치

모빌리티

이 씬에 사용될 스카이 라이트에는 스태틱을 설정한다. 이 씬에 사용할 목적으로 스
테이셔너리를 설정할 수도 있지만 조명 효과에 문제가 발생하지 않는 선에서 동적으

로 강도, 원본 큐브 맵 각도, 큐브 맵 텍스처 속성을 변경하는 기능은 얻으면서 일부 품질과 간접 스카이 라이팅의 디테일은 잃을 수 있다.

모빌리티를 스태틱으로 설정하면 모든 간접 스카이 라이팅 정보가 라이트매스에 의해 생성되는 라이트 맵과 섀도 맵에 저장된다. 따라서 스테이셔너리 파이프라인에서 발생할 수 있는 빛 누출 또는 부정확한 조명 효과 같은 문제를 피할 수 있다.

Source Type

임포트한 HDR 큐브 맵 또는 에디터의 스카이 라이트 액터에 의해 수집된 씬 정보를 큐브 맵으로 사용하는 방법 중에서 선택이 가능하다. 예제의 경우 Source Type을 SLS Captured Scene으로 설정해 씬에서 수집한 정보를 스카이 라이트로 사용한다.

Lower Hemisphere Is Solid Color

Lower Hemisphere Is Solid Color 설정은 개인 취향에 따라 설정 값이 달라질 수 있다. 이 옵션을 true로 설정하면 수집된 큐브 맵의 아래쪽 반구를 단색으로 채운다. 이렇게 하면 공간으로 들어오는 빛의 양을 제한할 수 있기 때문에 개인적으로는 가능한 많은 빛을 얻는 것이 중요한 인테리어 씬에 사용할 때는 이 옵션을 false로 설정한다.

Recapture Scene

스카이 라이트는 라이트나 씬을 변경하더라도 씬에 적용되는 큐브 맵을 동적으로 업데이트하지 않는다. 따라서 리캡처^{Recapture Scene} 버튼을 사용해 큐브 맵 정보를 다시 수집해 이를 적용할 수 있도록 알려줘야 한다.

라이팅 빌드하기

이제 씬에 기본적인 조명이 갖춰졌으니 라이팅을 처음으로 빌드할 차례다.

라이팅을 빌드하려면 데이터 툴바의 빌드^{Build} 버튼을 클릭한다. 빌드 버튼 옆의 화살표를 누르면 빌드 설정을 확인할 수 있다. 가장 중요한 설정은 라이팅 빌드 퀄리티

Lighting Build Quality 설정이다. 이 설정에는 빌드 속도가 빠른 미리 보기Preview 품질부터 빌드 속도가 오래 걸리지만 최상의 결과를 보여주는 프로덕션Production 품질까지 제공된다(그림 14.5).

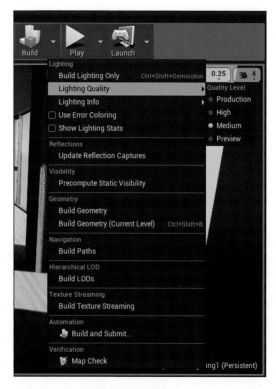

그림 14.5 라이팅 빌드 드롭다운 메뉴에서 라이팅 퀄리티 설정하기

라이트매스는 라이팅 퀄리티를 위해 미리 보기부터 프로덕션까지 미리 설정된 옵션을 제공한다. 프로덕션 라이팅 빌드는 미리 보기 빌드보다 시간이 훨씬 오래 걸릴 수 있지만 낮은 품질로 라이팅을 빌드하면 지오메트리나 라이팅에서 발생할 수 있는 실제 문제를 구별하기 어렵게 만드는 인공적인 문제나 잘못된 결과를 발생시킬 수 있다.

> **노트**
>
> 씬에서 라이팅을 빌드할 때 빌드 시간을 향상시키기 위해 건축물 메시와 기타 기구만 남기고 액터를 숨길 수 있다. 이렇게 하면 라이팅을 빌드하는 데 필요한 시간이 크게 줄어들기 때문에 반복 작업에 필요한 시간을 줄여준다. 이를 위해서는 라이팅 빌드에 포함되지 않는 액터를 선택하고 디테일 패널에서 Visibility 속성을 false로 설정한다.
>
> 숨겨진 액터는 뷰포트에서 볼 수 없기 때문에 숨겨놓은 액터를 다시 보이게 설정할 때는 월드 아웃라이너의 목록에서 해당 액터를 찾아야 한다. 이 방법 대신 라이팅 빌드에 포함시키지 않을 액터의 모빌리티를 무버블로 설정하면 라이팅 계산에서 제외된다.
>
> 어느 방법을 사용하든 속성 설정과 액터의 선택을 쉽게 하기 위해 그룹, 레이어, 폴더 등의 기능을 활용해 씬을 정리해두는 것이 좋다.

그림 14.6은 미리 보기와 프로덕션 라이팅 빌드의 결과를 비교한 모습을 보여준다. 미리 보기 빌드에서는 정확도가 크게 감소했지만 빌드 시간이 크게 줄어든 모습을 확인할 수 있다.

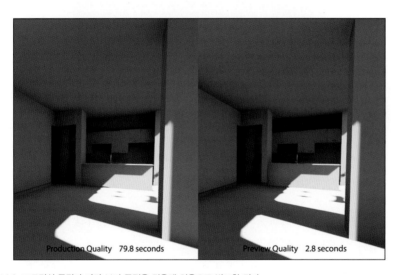

그림 14.6 프로덕션 품질과 미리 보기 품질을 적용해 처음으로 빌드한 결과

그림에서 볼 수 있듯이 프로덕션 품질에서도 조명 효과가 여전히 좋지 않은 모습을 확인할 수 있다. 그림자가 정의되지 않았고, 매끄럽지 못하고, 저해상도이며 베이스보드와 어두운 영역에 오류가 존재하는 것을 볼 수 있다. 이를 위해 몇 가지 설정을 조절하면 훨씬 더 나은 씬의 모습을 빠르게 볼 수 있다.

건축 시각화 제품을 위한 라이트매스 설정

더 나은 모습의 결과를 얻기 위해 제일 먼저 해야 할 작업은 라이트매스 설정을 조절하는 것이다. 건축 시각화 제품은 렌더링 시간보다 이미지 품질에 우선순위를 두며 이는 UE4에서도 다르지 않다. 설정을 조절하면 빌드 시간은 증가하겠지만 훨씬 더 좋은 모습의 결과를 얻을 수 있다.

라이트매스 설정은 레벨 단위로 저장되며 월드 세팅에서 변경 가능하다. 라이트매스 패널은 다양한 설정을 제공한다(그림 14.7). 다행히 UE4의 기본 설정은 대부분의 상황에서 사용하기에 적합하다. 각 설정은 빌드 시간에 크게 영향을 미치기 때문에 작은 부분부터 시작해 작업을 진행하는 것이 좋다.

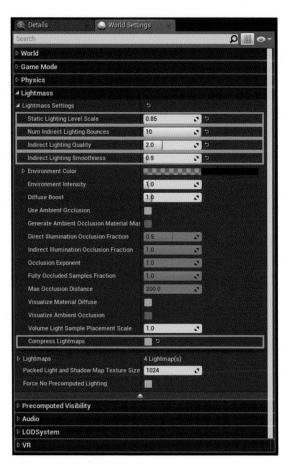

그림 14.7 라이트매스 월드 설정

> **노트**
>
> 온라인에서 라이트매스에 대한 내용을 찾아본 적이 있다면 건축 시각화 제품을 위한 깨끗한 품질의 라이팅 효과를 생산하기 위해 라이트매스를 설정하는 다소 복잡한 .ini 파일 설정을 본적이 있을 것이다.
>
> 이 방법은 이후 버전의 엔진에서 불필요하게 됐다(이미지 품질에 부정적인 영향을 줄 수 있으며 빌드 시간에도 안 좋은 영향을 줄 수 있다). 에픽 게임즈는 시각화 제품을 위한 라이트매스를 개선하기 위해 다양한 작업을 진행했기 때문에 월드 세팅에 노출된 설정만 조절하는 것이 좋다.

Static Lighting Level Scale

Static Lighting Level Scale 설정은 씬의 광자^{Photon} 밀도를 조절한다. 숫자가 작을수록 광자 밀도가 높아져 더 자세한 효과를 생산한다. 이렇게 하면 빌드 시간이 크게 증가할 수 있다. 따라서 이 값을 기본 값인 1.0으로 두거나 약간만 낮추는 것이 좋다. 이 값이 0.8 미만이면 빌드 시간이 증가하고 노이즈가 보일 수 있다.

Num Indirect Lighting Bounces

Num Indirect Lighting Bounces 설정은 광자가 소멸하기 전에 씬의 표면에서 반사될 수 있는 횟수를 제한한다. 이 값을 10으로 설정하면 광자가 씬에서 가장 어두운 영역까지 도달할 수 있기 때문에 매우 좋은 결과를 얻을 수 있다. 어두운 영역에 얼룩진 부분이 있는 경우에 이 값을 증가시키면 효과를 볼 수 있다.

Indirect Lighting Quality

Indirect Lighting Quality 설정은 빌드 시간과 전반적인 품질에 가장 크게 영향을 주는 설정이다. 이 설정은 GI 솔루션의 결과를 부드럽게 만들기 위해 수행되는 샘플링 양을 증가시킨다. 이 값을 매우 높게 설정하면 아주 매끄러운 GI를 생산할 수 있다. 이 값을 1~4 사이의 값으로 설정하는 것이 좋다. GI에서 노이즈가 많이 발생하는 경우에만 더 높은 값을 설정한다.

Indirect Lighting Smoothness

Indirect Lighting Smoothness 설정은 간접 GI 라이팅을 얼마나 부드럽게 또는 날카롭게Sharp 할지를 조절하는 설정이다. 낮은 값을 설정하면 GI 라이팅이 더 날카롭게 보이지만 노이즈가 더 많은 간접 그림자가 생성되는 반면, 높은 값을 설정하면 더 부드러운 그림자가 생성된다. 날카로운 효과를 원하는 경우에는 이 값을 조금씩 낮추는데 0.75보다 낮게 설정하지 않는 것이 좋다. 0.75보다 낮게 설정하면 발생한 노이즈를 제거하기 위해 솔루션의 전반적인 품질을 증가시켜야 한다.

Compress Lightmaps

건축 시각화 제품에서 가장 중요한 설정은 라이트매스 텍스처의 텍스처 압축을 비활성화하는 Compress Lightmaps 설정이다. 그림 14.8에서 볼 수 있듯이 압축은 일부 시각적인 문제를 발생시킬 수 있다. 이는 깨끗한 라이팅 효과에 크게 의존하지 않는 대부분의 게임에서는 허용되지만 조명과 표면의 품질이 최우선인 건축 시각화 제품에서는 허용되지 않는다.

이 설정을 비활성화하기 전까지는 다른 설정을 조절하지 않는 것이 좋다. 텍스처 압축이 발생시키는 노이즈로 인해 건축 시각화 제품을 위한 라이팅이 불안정해질 수 있으며, 다른 설정을 조절하더라도 이런 노이즈를 제거하지 못한다.

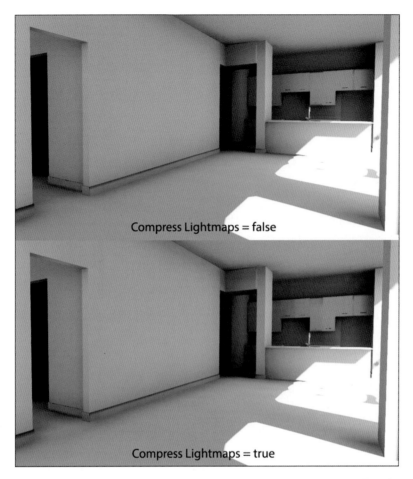

그림 14.8 캐비닛, 문틀, 왼쪽의 벽과 같이 부드러운 표면에 시각적인 문제를 보여주는 라이트 맵 압축 비교(Constrast 를 증가시켜 시각적 문제 향상)

압축되지 않은 라이트 맵을 사용하면 메모리 사용량이 증가한다. 압축되지 않은 라이트 맵은 압축된 라이트 맵에 비해 훨씬 더 많은 디스크 공간을 차지한다. 또한 실행 중인 게임에서 더 많은 비디오 메모리를 사용한다.

레벨이 매우 크거나(대형 경기장 또는 건물 전체) 대상 하드웨어가 매우 낮은 사양(노트북, 모바일 장치 등)인 경우에는 이런 레벨이 램에 로드될 수 있게 만들기 위해 압축된 라이트 맵의 사용을 검토해볼 수 있다.

라이트 맵 UV 밀도 조절

부드럽고 상세한 조명 효과를 위해서는 충분히 높은 해상도의 라이트 맵을 얻는 것이 매우 중요하다. 하지만 너무 높은 해상도는 아주 긴 빌드 시간과 엄청난 메모리 사용량으로 인해 오히려 씬을 손상시킬 수 있다.

이 사이에서 균형을 잡는 것이 어려울 수 있지만 UE4에서 라이트 맵을 설정하는 한 가지 방법이 있다.

1. **뷰 모드**View Mode > **최적화 뷰 모드**Optimization Viewmodes > **라이트 맵 밀도**Lightmap Density를 선택해 라이트 맵 밀도 시각화를 활성화한다(그림 14.9).

그림 14.9 라이트 맵 밀도 시각화 뷰 모드 토글 메뉴

이 모드로 처음 들어가면 그림 14.10 같이 조명 정보 없이 다양한 크기와 색상을 가진 격자가 나타나는 모습을 볼 수 있다. 이 모드는 씬의 각 객체에 대한 라이트 맵 픽셀을 시각화해 보여준다. 이를 통해 라이트 맵의 해상도를 확인하면서 빠르게 조절할 수 있다.

파란색은 라이트 맵 해상도가 너무 낮다는 의미이고, 빨간색은 해상도가 너무 높다는 의미다. 적절한 빌드 시간에서 최상의 품질을 얻기 위해 모든 표면을 초록색에서 오렌지색으로 설정하는 것을 목표로 하는 게 좋다.

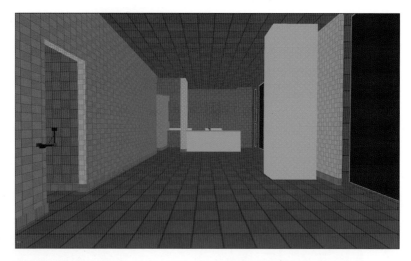

그림 14.10 너무 낮은 해상도를 보여주는 라이트 맵 밀도 시각화 모습. 아주 상세한 그림자와 조명 효과는 제공하지 못한다.

2. 레벨에서 개별 메시 액터를 조절하려면 씬에서 각 메시를 하나씩 선택하고 디테일 패널에서 Overridden Light Map Res 설정을 조절한다. 이 설정이 조절되면 그림 14.11 같이 라이트 맵의 밀도와 해상도가 훨씬 높아진다.

해상도를 2의 제곱(64, 128 등)으로 설정할 필요는 없지만 너무 큰 값을 설정하지는 않아야 한다. 1024보다 더 큰 해상도가 지원되기는 하지만 이는 매우 절약해 사용해야 한다. 해상도가 높아지면 빌드 시간이 증가하고, 디스크에 저장된 레벨의 크기가 증가해 더 많은 메모리를 차지한다. 허용할 수 없는 시각적 문제가 없는 선에서 해상도를 낮게 유지하는 것이 가장 좋다.

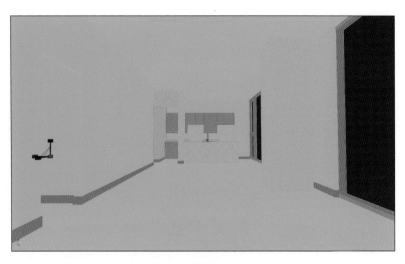

그림 14.11 설정을 조절한 뒤의 라이트 맵 밀도 시각화 뷰 모드

소품의 라이트 맵 해상도를 조절하는 방법은 다르다. 소품의 라이트 맵 해상도는 애셋 수준에서 조절해야 한다. 이렇게 하면 원본 애셋에 변경을 하면 이를 참조하는 모든 씬 애셋이 변경된 사항을 반영하기 때문에 레벨에 배치된 모든 소품이 적절한 해상도를 갖게 된다

메시 애셋에 대한 스태틱 라이팅 설정을 변경하면 해당 애셋을 참조하는 레벨에 적용된 라이팅이 깨질 수 있기 때문에 매우 주의해야 한다.

또한 소품의 밀도는 디테일 패널에서 Overridden Light Map Res 속성을 사용해 레벨에 있는 객체 수준에서 조절해야 한다. 그림 14.12에서 조금 더 붉은색으로 보이는 것과 같이, 필자는 종종 소품을(특히 디테일이 많거나 유기체 형태를 띠는 경우) 건축 메시에 비해 상대적으로 높은 밀도로 설정한다.

하지만 자주 반복되는 소품은 고해상도 텍스처 데이터를 많이, 신속하게 생성할 수 있기 때문에 주의해야 한다.

그림 14.12 소파나 의자 같은 소품에서 더 높은 밀도를 보여주는 최종 라이트 맵 밀도

리빌드와 저장

이제 라이팅을 리빌드하기 좋은 시점이다. 라이트 맵 밀도 증가로 인해 빌드 시간이 상당히 증가했음을 눈치챘을 것이다. 더 자세한 그림자와 간접광 효과가 적용돼 전체 품질 역시 상당히 좋아진 모습을 볼 수 있다. 여기서 프로젝트를 저장한다.

인테리어 조명 배치하기

이제 씬에 기본이 되는 태양과 스카이 라이트의 배치가 완료됐으니 어두운 부분을 밝히는 데 도움이 되는 다른 조명의 배치를 시작할 시점이다.

스포트 라이트

포인트 라이트와 스포트 라이트는 광추적 렌더러와 동일한 설정을 많이 공유하기 때문에 사용하는 데 큰 어려움이 없을 것이다(그림 14.13). 하지만 UE4의 포인트와 스포트 라이트를 사용할 때 유의해야 하는 사항은 몇 가지 있다.

그림 14.13 스포트 라이트 액터 배치하기

모빌리티

인테리어 조명에는 스태틱 라이트를 주로 사용하는 것이 좋다. 스테이셔너리와 다이 나믹 라이트가 몇 가지 장점을 제공하긴 하지만 이를 사용하면 씬 복잡도가 증가하고 성능 면에서 비용이 크게 증가할 수 있다.

강도

인테리어 조명은 햇빛보다는 훨씬 덜 밝아야 한다는 점을 기억하자. 가장 밝게 빛나 는 실내 조명조차도 햇빛이 직접 닿는 방보다 더 많은 빛을 비추지 않는다.

조명의 밝기를 적절하고 정확하게 설정하는 일은 예술에 가깝다. 조명의 밝기는 해당 영역에 배치된 조명의 수, 햇빛의 밝기, 조명이 반사되는 표면의 색상에도 영향을 받 는다. 밝기Brightness는 조명의 최종 모습에 매우 큰 영향을 미친다.

원하는 씬의 모습에 따라 적절한 균형을 찾기 위해 반복해서 조명을 조절하는 작업을 진행해야 한다.

Temperature

이 예제에서는 Temperature 설정을 조명에 사용했다. Temperature를 설정하면 빛의 밝기에 따라 매우 현실감 있는 색상을 만들어낸다. 인테리어 조명에 따뜻한 톤을 사용해 태양 및 하늘과 대비되도록 설정했다.

Attenuation

직접광이 도달할 수 있는 거리를 제한하는 것은 성능적인 이유와 예술적인 이유 모두를 위해 사용된다. 빛의 감쇠attenuation를 제한하면 빛에 영향을 받는 월드 공간의 메시 수가 제한된다. 이는 특히 동적 그림자를 사용하는 조명에 성능 면에서 매우 중요하다. 감쇠 반경attenuation radius을 제한하면 해당 조명에 영향을 받는 메시의 수가 줄어들어 라이트매스의 라이팅 빌드 시간이 빨라진다. 하지만 빛과 그림자 정보가 텍스처에 저장되기 때문에 실시간으로 얻는 이득은 없다.

IES Files

UE4는 스포트 라이트와 포인트 라이트에 IESIlluminating Engineering Society 라이트 프로파일을 지원한다. IES 파일을 임포트하고 임포트된 파일을 라이트에 적용하면 흥미로운 조명 패턴을 구현할 수 있다(그림 14.13). 인터넷을 통해 실제 조명 제조업체와 공급업체 심지어 언리얼 마켓플레이스에서도 IES 프로파일을 구할 수 있다.

자동 노출

자동 노출Auto Exposure 설정을 임시로 끄면 씬에서 조명을 설정할 때 큰 도움이 된다. 자동 노출 기능은 매우 공격적이기 때문에 매우 밝게 표현되거나 매우 어둡게 나타날 수 있다.

뷰포트의 뷰 모드 메뉴를 사용해 노출exposure을 잠그면 밝은 영역에서 어두운 영역으로 이동할 때 조명의 밝기를 자동으로 조절하지 않기 때문에 쉽게 조명의 균형을 맞출 수 있다.

라이트 포털 배치하기

라이트 포털^{Light Portal}은 라이트매스가 빛이 아주 많이 들어오는 공간에 광자를 집중시키는 데 도움이 되는 특별한 액터다.

이 액터를 창문과 기타 열린 공간에 배치하고 액터 크기(박스)를 넉넉하게 조절한다. 이 액터를 모든 공간에 매우 힘들게 배치할 필요는 없다. 이 액터는 광자를 도와주는 역할만 하기 때문에 너무 정확하게 배치할 필요는 없다.

리플렉션 프로브 사용하기

반사 효과는 PBR에 필수적이다. UE4는 리플렉션 캡처 액터^{Reflection Capture Actor}를 사용해 씬의 정적 큐브 맵^{Static Cubemap} 정보를 수집하고 영향을 받는 머티리얼에 이 정보를 자동으로 적용한다.

레벨에 리플렉션 캡처를 배치하지 않을 수도 있지만 이를 배치하면 훨씬 더 높은 품질의 결과를 얻을 수 있다.

리플렉션 캡처는 구체^{Sphere}와 큐브^{Cube} 이렇게 두 가지 유형이 있다. 간단히 생각해 사각형 모양의 영역에는 박스 리플렉션 캡처 액터를 사용한다. 그 외 다른 영역에서는 구체 리플렉션 캡처 액터를 사용한다. 그림 14.14에서 볼 수 있듯이 두 유형을 혼합해 사용하면 씬의 반사 효과를 세부적으로 조절하는 데 유용하다.

그림 14.14 리플렉션 프로브

크기

구체 리플렉션 액터는 어떤 픽셀에 영향을 미칠지를 결정하기 위해 영향을 주는 반경 radius을 사용한다. 일반적으로 작은 반경의 리플렉션 액터가 큰 반경의 리플렉션 액터에 비해 우선순위가 높다. 이를 통해 큰 반경의 리플렉션 액터에 작은 반경의 리플렉션 액터를 '중첩nest'할 수 있고, 이렇게 하면 필요한 영역에 매우 상세한 반사효과를 적용할 수 있다.

박스 리플렉션 캡처 액터는 3D 스케일 값을 사용한다. 뷰포트에 보이는 박스 모서리가 공간의 모서리 크기와 거의 같아질 때까지 스케일 값을 조절한다

성능

수집된 큐브 맵의 메모리 오버헤드 외에도 리플렉션 캡처 액터는 리플렉션 캡처의 영역 안에 있는 모든 픽셀에 반사효과를 자동으로 적용한다. 이런 이유로 리플렉션 캡

처를 겹쳐 사용하면 성능에 영향을 줄 수 있다. 따라서 너무 많은 리플렉션 캡처 액터를 겹쳐서 사용하지 않는 것이 좋다.

또한 박스 리플렉션 캡처 액터가 구체 리플렉션 캡처 액터보다 성능에 더 큰 영향을 미친다.

Post-Process Volume

조명 설정의 마지막 부분은 비네트, 블룸, 모션 블러, 뎁스 오브 필드 같은 후처리^{post process} 효과를 이미지에 적용해 더 사실적인 모습을 표현하는 것이다.

UE4에서 새 레벨을 생성하면 기본 후처리 설정이 씬에 자동으로 적용된다. 기본 설정은 좋은 출발점이 될 수 있지만 고유한 조명 효과와 원하는 느낌을 얻기 위해 씬마다 설정을 조절해야 한다.

후처리 설정을 사용하려면 Post-Process Volume이라는 특별한 클래스 액터를 씬에 추가해야 한다.

Volume Actor

볼륨^{Volume}은 다른 액터가 해당 범위 안에 있음을 알려주는 UE4 액터 클래스의 특별한 유형이다. Post-Process Volume은 플레이어의 카메라가 각 볼륨에 들어가고 나갈 때 다른 후처리 설정을 혼합하는 데 이 기능을 사용한다.

Brush Settings를 사용해 볼륨을 조절할 수 있고, 볼륨 모양과 크기를 모두 지정할 수 있다. 또한 다른 액터와 마찬가지로 스케일, 회전, 이동 역시 가능하다.

Post-Process Volume 배치하기

모드 패널의 볼륨 탭에서 다양한 Volume 클래스 목록을 확인할 수 있다(그림 14.15). 모드 패널에서 Post-Process Volume을 뷰포트로 드래그해 배치하는데, 씬에서 쉽게 선택할 수 있는 곳에 배치한다.

그림 14.15 레벨에 Post-Process Volume 배치하기

Post-Process Volume 설정

Post-Process Volume에는 많은 설정이 포함돼 있어 다양한 이미지 효과를 만들 수 있다. 색상 조절과 블룸 효과처럼 다양한 설정은 거의 전적으로 개인 취향과 스타일에 따라 달라지겠지만 성능과 이미지 품질에 직접적으로 영향을 줄 수 있다.

레벨에 배치된 Post-Process Volume을 선택하고 디테일 패널을 살펴보면 설정을 확인할 수 있다.

다음은 자주 조절하게 될 설정이며 이 예제를 위해 조절한 설정이다.

Unbound

Unbound 옵션을 활성화하면 Post-Process Volume이 범위 검사bounds check를 건너뛰도록 설정하고 Post-Process Volume 설정을 레벨 전체에 적용할 수 있다. 이 방법이 전체 레벨을 포함하도록 설정하는 방법보다 훨씬 쉽다.

Priority

여러 Post-Process Volumes이 서로 겹치도록 배치할 수 있다. 이 경우 겹쳐있는 영역에 어떤 볼륨의 효과가 사용돼야 하는지를 결정하기 위해 Priority 옵션을 사용한다. 높은 우선순위를 갖는 볼륨 설정이 낮은 우선순위의 설정을 덮어쓴다.

수동으로 오버라이드된^{overridden} 속성(디테일 패널에서 속성의 왼쪽에 있는 체크박스를 선택한 속성)만 적용된다는 점이 중요하다. 이는 다른 모든 설정을 일치시키지 않아도 한 가지 속성만 조절할 수 있기 때문에 매우 좋은 방식이라고 할 수 있다.

Blend Radius

Blend Radius 설정은 두 볼륨의 설정을 보간하는 데 사용되는 월드 공간 반경이다. 플레이어의 카메라가 볼륨 안팎으로 움직이면 볼륨 설정이 부드럽게 혼합된다. Unbound가 설정된 볼륨은 이 설정이 회색으로 표시돼 사용할 수 없다.

White Balance

UE4에는 색상 보정을 위한 다양한 설정이 있지만 화이트 밸런스^{White Balance}로 시작하는 것이 좋다. White Balance의 기본 값은 6500으로, 현실에서는 그리 일반적이지 않은 매우 순수한 파랗고 하얀 색상이다. 이는 씬을 너무 시원한 톤으로 만들어 따뜻한 느낌의 조명과 시원한 느낌의 그림자 사이의 적절한 균형을 맞추기 어렵게 만든다. 5000과 6000 사이의 값을 설정하면 따뜻한 느낌의 톤을 설정할 수 있고, 이보다 큰 값을 설정하면 차가운 느낌을 만들 수 있다.

Saturation과 Contrast

Saturation, Contrast, Crush Highlights, Crush Shadow 설정은 함께 동작해 이미지 밸런스를 조절한다. Contrast와 Saturation에는 익숙하지만 Crush 설정에는 익숙하지 않을 수도 있다. Crush 설정은 단순히 검정색과 흰색의 지점을 잘라내 더욱 명확한 명암을 제공한다.

기본 설정을 사용하면 너무 대조되어 그림자 영역을 너무 어둡게 만든다. 이는 매우 사진 같은 모습이지만 아주 어두운 공간이 존재할 수도 있는 건축 시각화 제품에서는 너무 어두울 수 있다.

이 설정은 매우 민감하기 때문에 조금씩 조절해가며 오랜 시간 작업해야 한다.

Vignette, Noise, Fringe

이 효과를 사용해 카메라 렌즈 효과를 시뮬레이션할 수 있다.

비네트는 이미지의 가장자리에 어두운 그라디언트 효과를 추가해 이미지의 전반적인 밝기를 높일 수 있다. 완전히 밝은 픽셀은 화면 중앙에 위치한다.

프린지Fringe는 카메라 렌즈를 통과하는 색수차 효과chromatic aberration effect를 시뮬레이션해 이미지 가장자리에 가까운 색상을 분리시킨다.

Grain은 움직이는 노이즈를 이미지에 추가한다. Grain Intensity는 노이즈 텍스처 오버레이의 오파시티opacity를 제어하는 반면 Grain Jitter는 grain 효과가 이미지를 대체하는 정도를 제어한다. 효과가 너무 빨리 적용될 수 있기 때문에 제한적으로 사용하는 것이 좋다.

Color Grading(LUT)

UE4의 컬러 그레이딩 시스템은 컬러 룩업 테이블LUT, Lookup Table이라는 특수한 텍스처를 사용해 씬의 색상을 조절한다. LUT는 이미지 합성 또는 이미지 편집 애플리케이션의 기준 이미지baseline image에 컬러 그레이딩을 적용해 생성한다.

UE4는 기본 이미지와 수정된 LUT 간의 차이를 읽은 다음 그 차이를 씬에 적용한다. 이는 기존의 색상 보정 작업 방식을 UE4로 가져오는 매우 좋은 방법이다. www.TomShannon3D.com/UnrealForViz에서 LUT에 대한 더 자세한 정보를 얻을 수 있고 LUT 파일도 다운로드할 수 있다.

블룸과 렌즈 플레어

게임과 전통 방식으로 렌더링된 콘텐츠 모두에서 가장 일반적으로 사용되는 후처리 효과 중 일부인 블룸과 렌즈 플레어는 카메라 렌즈와 인간의 눈을 시뮬레이션해 과도하게 밝은 영역을 표현하는 데 도움을 준다.

UE4의 블룸과 렌즈 플레어 기본 설정은 다소 공격적이며 너무 많이 사용하면 씬의 대비와 선명도를 떨어뜨릴 수 있다. 강도를 낮추거나 임계값^{Threshold}을 높이면 씬에 적용되는 블룸과 렌즈 플레어의 전체 양을 줄일 수 있다.

또한 효과의 크기를 조절할 수도 있다. 크기가 클수록 성능에 더 큰 영향을 미치게 된다.

개인적으로는 종종 씬에서 렌즈 플레어 효과를 완전히 끄거나 극도로 밝은 픽셀이 나타날 때까지 렌즈 플레어 효과를 꺼둔다.

자동 노출

UE4는 HDR 조명 환경을 사용해 씬을 렌더링하기 때문에 맵의 영역 간에 조명 밝기 수준이 매우 다를 수 있다. 이런 이유로 UE4는 자동 노출 시스템을 갖추고 있다.

자동 노출 시스템은 생동감 있는 조명을 구현하는 데 도움을 준다. 사람의 눈이나 자동 노출 기능이 있는 카메라 렌즈와 유사하게 플레이어가 한 지역에서 다른 지역으로 이동할 때 이에 따라 노출을 조절한다. 또한 자동 노출 시스템은 조명 설정을 어렵게 만들 수도 있다.

개인적으로는 자동 노출을 비활성화해 조명을 설정하고 씬에서 꼭 필요한 곳에서만 활성화해 사용하기를 권장한다. 뷰포트의 뷰 모드 드롭다운 메뉴에서 노출^{Exposure} 설정을 사용하거나 Post-Process Volume의 Min, Max Brightness 파라미터를 1.0으로 설정해 이 효과를 비활성화시킬 수 있다. 그런 다음 Exposure Bias를 사용해 수동으로 카메라의 노출을 설정할 수 있다.

조명이 설정된 다음 Min, Max Brightness 파라미터를 사용해 카메라의 노출을 조절해본다. 카메라에 과다 노출^{overexpose}을 허용하고 어두운 영역을 밝게 하려면 Min Brightness 값을 1.0 이하로 설정한다. 밝은 영역에서 카메라 노출을 줄이고 싶은 경우에는 Max Brightness 값은 1.0보다 큰 값으로 설정한다.

앰비언트 오클루전

이 예제에서는 스크린 스페이스 앰비언트 오클루전^{SSAO, Screen Space Ambient Occlusion}을 사용하지 않지만 이는 매주 중요한 효과이며 시각화 제품과 게임에서 널리 사용된다. 동적 조명이나 움직이는 액터가 많은 씬을 제작하는 경우 이 효과로 인해 씬의 깊이 감과 조명의 품질을 향상시킬 수 있기 때문에 이 효과를 활성화할 수 있다.

전역 조명

전역 조명^{Global Illumination}은 라이트매스에 의해 생성되는 라이트 맵의 강도와 색상을 제어한다. 전역 조명을 사용해 구운 조명을 빠르게 수정할 수 있다. 이 기능은 UE4에서 어떤 종류의 실시간 GI도 제어하지 않는다.

뎁스 오브 필드(DOF)

UE4는 뎁스 오브 필드^{Depth of Field} 효과를 생성하는 몇 가지 방법을 제공한다. 시각화 제품의 경우 Circle DOF가 가장 좋다. Circle DOF는 형상을 흐리게 하는 실제 렌즈의 조리개를 시뮬레이션해 매우 사실적인 효과를 생성하는, 물리적으로 정확한 효과다. 또한 다른 효과에 비해 성능 면에서도 뛰어나다. 하지만 많은 후처리 효과와 마찬가지로 고해상도에서는 비용이 많이들 수 있다. VR의 경우에는 사용을 추천하지 않는다.

흐릿한 효과를 증가시킬 때는 Aperture F-Stop 파라미터 값을 줄인다. 설정 값이 낮을수록 더 흐리게 표현된다(그림 14.16). 이는 매우 사실적인 효과이기 때문에 오브젝트에 매우 가까이 다가갈 때까지 효과를 인지하지 못할 수도 있다.

인테리어 씬의 경우 Focal Distance 값을 300~500(3에서 5미터) 사이 값으로 설정하고 Aperture F-Stop 값은 4~8로 상당히 높은 값으로 설정한다.

그림 14.16 Circle DOF Aperture F–Stop 비교

모션 블러

UE4는 프레임마다 속도 맵velocity map을 생성하고 이에 따라 씬을 흐리게 만드는 높은 품질의 모션 블러 시스템을 사용한다. UE4의 기본 설정은 대부분의 씬에 사용하기에 적합하다. 하지만 더 높은 프레임 속도에서 실행하거나 선명한 화면을 원하는 경우 **Max** 파라미터를 조절해 이 기능을 줄이거나 끌 수 있다.

스크린 스페이스 리플렉션

스크린 스페이스 리플렉션Screen Space Reflections은 렌더링된 이미지를 기반으로 자세하고 다이나믹한 반사 효과를 제공한다. 스크린 스페이스 리플렉션은 최고 품질의 이미지를 얻기 위해 필수적이며 Quality와 Max Roughness 설정 값을 올리고 싶을 수 있다. Quality를 100으로 설정하고 Max Roughness를 0.6에서 1.0 사이의 값으로 설정한다. 값이 높을수록 비용이 많이 들지만 더 정확한 이미지를 보여줄 수 있다. 만족하는 씬의 모습을 유지한 상태에서 최솟값을 사용하는 것이 좋다.

안티 에일리어싱

UE4는 여러 가지 안티 에일리어싱Anti-Aliasing 방법을 제공한다. 대부분 시각화 제품의 경우 UE4의 Temporal AA^TAA 시스템이 우수한 결과를 보여주며 성능 면에서도 오버헤드가 거의 없다.

다음 예제는 앰비언트 오클루전, 비네트, Grain, 뎁스 오브 필드 설정을 사용한 결과를 보여준다. 각 효과는 이미지 모습을 향상시키고 이를 통해 좀 더 사실적인 결과를 기대할 수 있다.

그림에서 볼 수 있듯이 post-process volume 설정은 씬의 모습에 큰 영향을 준다. 아주 미묘한 설정 차이로 씬의 모습과 느낌이 크게 변할 수 있다(그림 14.17과 14.18).

그림 14.17 post process 기본 설정을 적용한 씬 모습

그림 14.18 post process 설정을 조절한 씬 모습. 명암, 화이트 밸런스, 채도 면에서 눈에 띄는 변화를 보여준다.

요약

UE4의 라이팅은 모든 요소가 결합돼 동작함으로써 전체를 구성한다. 이런 개념을 중요한 순서대로 살펴봤지만 각 설정이 서로 영향을 주기 때문에 이를 학습하고, 씬에 적용하는 반복 작업을 진행하는 과정에서 각 설정을 순서에 관계없이 이동하며 작업을 진행할 것이다.

빛, 색상, 머티리얼 사이의 이런 상호작용은 시각화 아티스트에 익숙하며 기술에서 예술로 갈라지는 지점이기도 하다. 연습을 통해 이런 효과의 사용 방법을 이해하고 나면 UE4에서 따뜻한 느낌의 조명 효과를 쉽게 구현하는 방법을 익힐 수 있을 것이다.

15장

건축 시각화 제품을 위한 머티리얼

UE4의 머티리얼 시스템은 배우기는 쉽지만 이를 마스터하는 데는 오랜 시간이 걸리기 때문에 좋은 비디오 게임과 비슷하다고 할 수 있다. 제품을 위해 훌륭한 UE4 머티리얼을 제작하는 것은 예술적 품질에 관한 것뿐만 아니라 재사용 가능한 머티리얼 제작, 가능한 최고의 성능을 내도록 하는 것, Parallax Occlusion Mapping 같이 광추적 렌더러에서는 사용되지 않는 새로운 기술을 배우는 것이 모두 포함된다.

머티리얼과 조명은 함께 어울려 동작해 사용자에게 풍부하고 사실적인 환경을 제공한다. 간단한 머티리얼로도 놀라운 결과를 얻을 수 있다. 라이팅 배치를 시작했기 때문에 이제 머티리얼을 씬에 추가해 색상, 반사, 표면 디테일을 추가할 차례다.

물리 기반 렌더링PBR이 직관적이기 때문에 UE4에서 좋은 머티리얼을 제작하는 것 역시 직관적이며 간단하다. 베이스 컬러, 러프니스, 메탈릭, 노멀 파라미터를 정의하면 씬을 풍부한 효과로 표면을 가득 채우기 위해 물리 규칙에 따라 머티리얼을 생성하는 어려운 작업을 엔진이 대신 처리한다.

UE4에서 머터리얼을 생성하는 기본 내용을 숙지하기 위해 5장, '머티리얼'을 다시 확인하는데, 특히 머티리얼 인스턴스를 생성하는 부분을 확인하기 바란다. 머티리얼의 다양한 라이브러리를 빠르게 제작하고 이를 씬에 적용하기 위해서는 머티리얼 인스턴스 활용이 필수적이다.

마스터 머티리얼이란?

5장에서 설명했듯이 전통적인 3D 렌더러에서는 표면마다 고유한 머티리얼을 만들수 있다. 이 작업은 시간이 오래 걸릴 수 있는 작업인데, 특히 머티리얼에 더 많은 기능을 추가하기 시작할 때 더 오래 걸린다.

그 대신 **머티리얼 파라미터**를 사용해 단일 **머티리얼**을 만든 다음 이 머티리얼의 **머티리얼 인스턴스**를 여럿 만들어 속성을 변경하고 텍스처를 할당해 씬에서 사용되는 거의 모든 머티리얼을 생성할 수 있다.

이 단일 머티리얼을 마스터 머티리얼이라고 한다. 마스터 머티리얼은 언리얼 엔진의 특정 애셋 유형이라기보다는 개념에 가깝다. 머티리얼 파라미터를 가진 머티리얼은 모두 마스터 머티리얼이 될 수 있다. 머티리얼 파라미터는 머티리얼 인스턴스에서 사용 가능하며 에디터와 블루프린트를 사용해 런타임에서 모두 실행 중에 바로 편집이 가능하다.

물리 기반 렌더링의 단순함 덕분에 머티리얼 네트워크가 지나치게 복잡해질 필요가 없어졌다. 색상, 노멀, 메탈릭, 러프니스 텍스처와 가끔 높이 맵height map을 함께 사용하면 거의 모든 표면을 정의하는 것이 가능하다.

또한 최소한의 노력과 복잡한 사용자 지정 머티리얼의 제작 없이 금속, 유리, 건축 벽지 같은 일반적으로 제작하기 어려운 표면을 제작할 수 있다. 책을 따라하거나 자신만의 머티리얼을 제작하거나 www.TomShannon3D.com/UnrealForViz에서 완성된 프로젝트 파일을 내려받을 수 있다.

머티리얼 네트워크 개요

그림 15.1은 머티리얼 네트워크의 예를 보여준다. 언뜻 보면 복잡하게 보일 수 있지만 실제로는 간단하다.

머티리얼은 블루프린트와 비슷하며 프로그래밍 개념을 시각화하는 데 도움을 주는 노드 기반의 그래프를 사용한다. 노드는 다른 노드와 연결되고 데이터는 왼쪽에서 오른쪽으로 흘러가며, **베이스 컬러**나 **러프니스** 같은 머티리얼의 다양한 **속성** 중 하나와 연결돼 종료된다.

5장에서 다룬 개념을 기반으로 이를 확장하고, 머티리얼 인스턴스에 다양한 유연성을 부여하는 새로운 유형의 노드를 추가하거나 Parallax Occlusion Mapping 같은 고급 렌더링 기능을 제공할 수 있다.

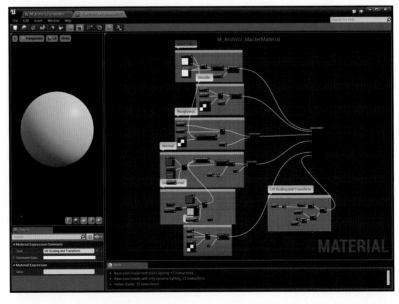

그림 15.1 머티리얼 인스턴스의 사용을 통해 씬의 거의 모든 머티리얼에 사용 가능한 단일 머티리얼을 보여주는 완성된 M_ArchViz_MasterMatrial 셰이더 그래프.

파라미터 노드

파라미터라 부르는 머티리얼 표현식의 특별한 유형이 있으며 이 노드 역시 머티리얼 그래프에 배치할 수 있다. 파라미터 노드는 머티리얼 인스턴스 애셋이나 블루프린트를 사용해 런타임에서 동적으로 머티리얼의 속성을 수정 가능하도록 하는 기능을 제공한다.

머티리얼에서 생성된 파라미터는 해당 머티리얼을 상속하는 머티리얼 인스턴스에서 편집 가능한 속성으로 표시된다. 머티리얼 인스턴스 에디터에서(그림 15.2) 값을 변경하기 전에 변경하려는 속성 왼쪽에 있는 체크박스를 클릭해야 한다. 값을 기본 값으로 되돌리려면 변경된 속성 옆에 있는 작은 노란색 화살표를 클릭한다. 속성 왼쪽에 있는 체크박스를 다시 해제하면 덮어쓰는 동작을 끌 수도 있다.

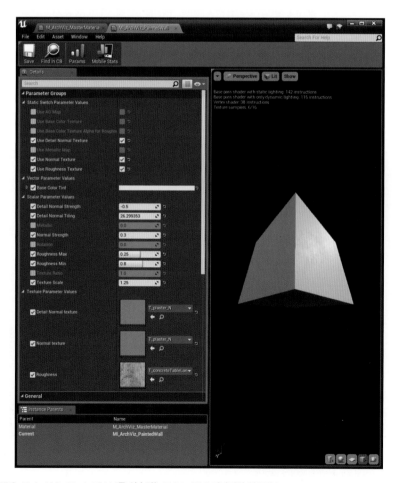

그림 15.2 M_ArchViz_MasterMatrial를 상속하는 PaintedWall 머티리얼 인스턴스

마스터 머티리얼 생성하기

그림 15.1에서 볼 수 있듯이 좋은 마스터 머티리얼을 생성하기 위해서는 여러 작업이 필요하다. 각 머티리얼 입력(베이스 컬러, 메탈릭, 러프니스, 노멀)에는 일련의 노드가 연결돼 있어 머티리얼 인스턴스를 활용해 머티리얼에 끝없는 변형을 만들 수 있다.

각각의 입력과 설정하는 방법을 살펴보자. 책을 따라하거나 자신만의 머티리얼을 제작하거나 www.TomShannon3D.com/UnrealForViz에서 파일을 참고할 수 있다.

베이스 컬러

그림 15.3은 **베이스 컬러 틴트**^{Base Color Tint}라는 이름의 **벡터 파라미터**를 곱한 **베이스 컬러 텍스처**^{Base Color Texture}라는 이름의 **텍스처 파라미터 2D**를 보여준다. 머티리얼은 수학이며 색상은 RGB 벡터로 취급된다는 점을 기억하자. 즉 텍스처 색상에 대해 모든 방식의 벡터 연산을 수행할 수 있으며 바로 조절하는 작업도 가능하다.

파라미터 추가하기

텍스처 파라미터 노드를 배치하려면 팔레트 또는 오른쪽 클릭 메뉴를 사용하고 목록에서 Texture Parameter를 선택하면 된다. 그런 다음 파라미터 이름을 의미 있는 이름으로 지정한다. 파라미터는 공백과 구두점을 포함해 읽기 쉬운 이름을 만들 수는 있지만 이런 이름은 코드에서 접근하기에는 오히려 어려울 수 있다.

파라미터 노드는 디테일 패널을 이용해 이름 변경과 수정이 가능하다. 디테일 패널을 이용해 이 노드에 사용할 텍스처 애셋도 정의해야 한다. 썸네일을 클릭해 브라우저를 열어 설정하거나 콘텐츠 브라우저에서 텍스처를 노드의 파라미터로 드래그해 설정할 수도 있다.[1]

같은 방법으로 **벡터 파라미터**를 배치하고 의미 있는 이름을 지정한다. 벡터 파라미터는 디테일 패널에 있는 RGBA 값을 변경하거나 더블 클릭한 다음 색 선택기에서 색상을 선택할 수 있다. 노드를 더블 클릭하면 사용하기 쉬운 색 선택기가 나타난다.

---

1 콘텐츠 브라우저에서 머티리얼 그래프로 텍스처를 드래그하는 방법을 통해 Texture 2D 노드를 생성할 수도 있다. 이렇게 생성된 노드는 파라미터 노드가 아니지만 Texture 2D 노드에서 마우스 오른쪽 버튼을 클릭한 다음 컨텍스트 메뉴에서 파라미터로 변환(Convert to Parameter)을 선택하면 쉽게 파라미터로 변환할 수 있다.

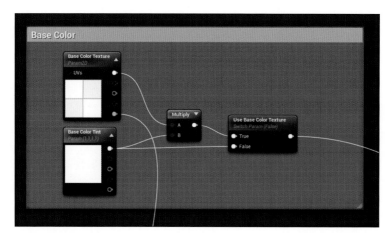

그림 15.3 베이스 컬러 노드 그래프

색상 곱하기

팔레트 또는 마우스 오른쪽 클릭 메뉴를 사용해 Multiply 노드를 추가하고 Base Color Texture의 출력을 A 입력에 연결하고 Base Color Tint의 출력을 B 입력에 연결한다.

Multiply 노드는 A와 B 입력에 연결된 두 채널을 곱한 결과를 반환하는 기능을 한다. 벡터(Base Color Texture의 RGB 출력 노드)를 다른 벡터(Base Color Tint의 RGB 출력 노드)와 곱하면 개별 RGB 채널을 서로 곱한다(RedA×RedB, BlueA×BlueB, GreenA ×GreenB). 벡터와 스칼라(플로트) 같이 다른 데이터 유형을 서로 곱하는 작업도 가능하다. 이 경우에는 벡터의 각 채널의 값과 스칼라의 값을 각각 곱한다.

색상에 Multiply 노드를 사용하는 것은 많은 애플리케이션에서 사용해봤을 Multiply 블렌드 모드^{blend mode}와 동일한 기능을 한다. 0은 어떤 값과 곱해도 결과가 0이기 때문에 검정색(0,0,0)은 베이스 컬러를 완전히 검정색으로 만든다. 순수한 흰색(1,1,1)은 입력 값을 수정하지 않는다. 물론 특정 색상을 선택해 픽셀을 채색하는 것도 가능하다. 벡터 파라미터의 값을 1(또는 0)로 설정해 텍스처 밝기를 조절하는 기능으로 사용할 수도 있다. 이 방법은 물리적으로 정확하지 않은 결과를 낼 수도 있기 때문에 입력을 이런 방식으로 조절할 때는 주의해서 사용해야 한다.

Static Switch 파라미터

Static Switch 파라미터 노드는 머티리얼 인스턴스에서 불린[Boolean] 체크박스를 보여준다. 파라미터가 true로 설정되면(머티리얼이나 머티리얼을 상속한 머티리얼 인스턴스에서) 머티리얼은 True 입력에 연결된 코드 경로를 평가한다. 반대로 false로 설정되면 False 핀에 연결된 코드 경로를 평가한다.

Static Switch의 값을 변경하면 머티리얼 인스턴스의 인터페이스도 업데이트된다. Base Color Texture 같이 호출되지 않은 파라미터는 머티리얼 인스턴스 에디터에서 나타나지 않는다.

Multiply 노드 결과를 True 입력에 연결하고 Base Color Tint 파라미터의 결과를 Static Switch 파라미터의 False 입력에 연결한다.

이 경우 Use Base Color Texture가 false이면 머티리얼은 베이스 컬러를 정의하는데, 텍스처와 Multiply 노드는 거치지 않고 Base Color Tint를 사용한다. 이렇게 하면 텍스처를 읽는 데 필요한 비용과 셰이더 계산에 필요한 비용이 절약돼 더 성능이 좋은 머티리얼을 제작할 수 있다.

메탈릭

메탈릭[Metallic] 입력 채널은 가장 적게 사용되는 속성 중 하나이며, Metallic 스칼라 파라미터를 통해 0 또는 1로 설정해 사용하는 경우가 일반적이다(그림 15.4).

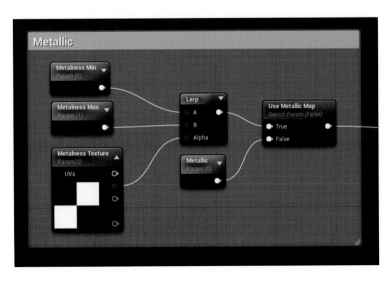

그림 15.4 메탈릭 입력 노드 그래프

하지만 텍스처를 마스크로 사용해 금속인 부분과 금속이 아닌 부분을 정의하는 것도 가능하다. 예를 들어 못이나 나사가 있는 나무 텍스처나 칠이 벗겨진 페인트를 표현하는 머티리얼의 경우 그 아래에 있는 금속 표면이 드러나게 된다.

이렇게 사용하려면 Metalness Texture라는 Texture Parameter 2D 노드를 만든다.

Min, Max 파라미터를 사용해 다른 값으로 재설정할 수 있는 Linear Interpolate(또는 Lerp, Lerp로 더 널리 알려짐) 노드를 배치한다. Alpha 입력은 A와 B입력 사이의 가중치(비율) 역할을 하며 0.0은 완전히 A 입력이, 1.0은 완전히 B 입력이 적용된다. 이 값을 조절하면 씬에 배치된 표면을 예측 가능한 형태로 즉석에서 변경할 수 있다.

Metalness Min과 Metalness Max라는 이름으로 두 개의 스칼라 파라미터를 생성하고 Lerp 노드의 A와 B 입력에 각각 연결한다. 디테일 패널을 사용해 Metalness Max의 기본 값을 1.0으로 설정한다. Metalness Min과 Metalness Max의 설정을 조절하면 텍스처를 수정하지 않고도 마스크 값을 쉽게 조정할 수 있다(자세한 내용은 5장 참고).

텍스처를 완전히 끄기 위해 Static Switch 파라미터를 그래프에 하나 더 추가하고 이름을 지정한다. Static Switch 파라미터가 true로 설정되면 Metalness **텍스처**의 빨간색 채널이 샘플링되고 Lerp 노드를 사용해 수정된다. 메탈릭 입력은 그레이스케일 ^{grayscale} 또는 스칼라 입력(0~1)만 요구하기 때문에 텍스처의 빨간색 채널이 Lerp 노드의 Alpha로 사용된다.[2]

Use Metallic Map 파라미터가 false로 설정되면 0.0으로 설정돼 False 입력에 연결된 Metallic **스칼라** 파라미터가 사용된다.

러프니스

러프니스^{Roughness} 채널은 아마 베이스 컬러 채널과 함께 가장 중요한 채널일 것이다. 하지만 그림 15.5에서 볼 수 있듯이 다른 채널과 마찬가지로, 텍스처 기반의 러프니스와 Roughness **스칼라** 파라미터 사이를 토글시키는 Use Roughness Texture Static Switch 파라미터를 사용해 설정된다.

---

2 텍스처의 단일 채널 값만 사용하는 방법을 활용하면 RGB 텍스처의 각 채널 값에 서로 다른 그레이스케일 이미지를 저장할 수 있다.

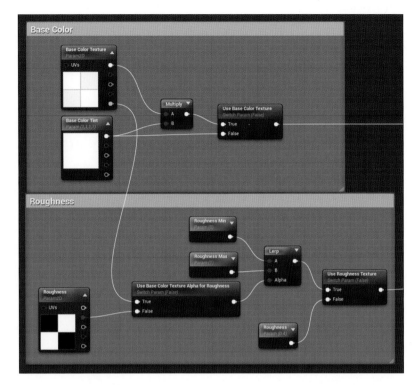

그림 15.5 러프니스 노드 그래프와 베이스 컬리 노드 그래프를 함께 보여줌으로써 베이스 컬러 텍스처의 알파 값을 러프니스 맵으로 사용하는 방법을 보여준다.

그림 15.5 같이 머티리얼 그래프를 작성한다. 네트워크 제작을 준비할 때 각 파라미터 노드의 기본 값에 주의한다.

Use Base Color Texture Alpha for Roughness Static Switch 파라미터는 **베이스 컬러 텍스처**의 알파 채널을 러프니스 마스크로 사용하거나 **Roughness 텍스처** 파라미터의 빨간색 채널을 러프니스 마스크로 사용할 수 있게 한다(true/false로 선택 가능). 베이스 컬러 텍스처의 알파 채널을 러프니스 채널로 사용하는 방식이 일반적이며, 마켓플레이스나 커뮤니티에서 자유롭게 다양한 애셋을 활용해 머티리얼의 러프니스를 정의하는 방법으로 사용해볼 수 있다.

Use Roughness Texture라는 이름의 또 다른 Static Switch 파라미터는 False 입력과 연결된 단일 Roughness 스칼라 값과 True 입력과 연결된 텍스처 기반의 값 사이를 전환시켜준다. Use Roughness Texture가 true로 설정되면 Lerp 노드와 **Roughness Min, Roughness Max** 스칼라 파라미터가 사용돼 변조된 텍스처 데이터가 Use Base Color Texture Alpha for Roughness Parameter에 의해 반환돼 사용된다.

노멀

노멀^{Normal} 채널은 아마 시각화 아티스트에게 가장 친숙하지 않은 채널일 것이다. 대부분의 3D 애플리케이션은 범프 맵$^{bump\ map}$과 높이 맵$^{height\ map}$에 의존해 표면의 미세한 디테일을 정의한다. UE4를 포함한 실시간 애플리케이션은 범프 맵보다 계산이 빠르고 표면의 굴곡을 정의해 범프 맵보다 품질이 높기 때문에 노멀 맵을 사용한다.

다른 Texture 파라미터와 같은 방법으로 Normal Texture 파라미터 노드를 생성한다. 하지만 노드의 디테일 패널에서 **Sampler Type**을 Normal로 설정해야 한다. 이는 노드의 Texture 속성에 노멀 맵 텍스처를 할당하면 자동으로 수행된다.

노멀 맵의 강도를 조절하기 위해 노멀 텍스처의 값을 Lerp 노드의 B 입력에 연결하고 상수 벡터 값 0,0,1(변경되지 않은 노멀 값)을 Lerp 노드의 A 입력에 연결한다(그림 15.6).

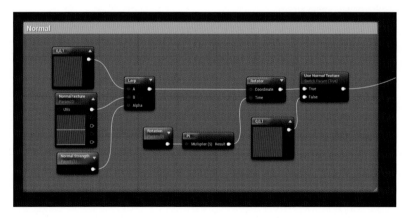

그림 15.6 노멀 노드 그래프

회전을 고려해 정확한 벡터 연산이 유지되도록 하기 위해 노멀 맵을 수정해야 한다. Rotator 노드를 사용해 Lerp 노드에서 반환된 데이터를 회전시킨다. Rotation이라는 스칼라 파라미터에 Pi를 곱한 다음 UV와 텍스처 트랜스폼(나중에 설명)에 연결된 Rotator 노드의 Time 입력으로 사용한다. 명확하게 설명하자면 이 작업은 텍스처가 아니라 노멀 맵의 값을 회전시킨 것이다.

이 같은 벡터 연산은 3D 애플리케이션의 생명선처럼 자주 사용된다. 3D 공간에서의 움직임부터 머티리얼 색상에 이르기까지 모든 것이 벡터다. 벡터 연산 학습은 아티스트로서 UE4의 모든 부분에서 능력과 기술을 향상시키기 위해 노력할 수 있는 최선의 방법 중 하나다.

앰비언트 오클루전

선택적으로 사용되는 앰비언트 오클루전[AO] 맵은 머티리얼의 미세 표면 앰비언트 오클루전을 수동으로 정의하기 위해 사용된다(그림 15.7). 앰비언트 오클루전 입력이 정의되지 않으면 UE4는 노멀 맵을 사용해 이 데이터를 동적으로 생성한다. 하지만 종종 이 데이터가 부분적으로 정확하지 않거나 아티스트 의도와 다른 결과를 만들어 내는 경우가 있다. AO 채널은 대부분 섭스턴스[Substance] 디자이너 또는 XNormal 같은 프로그램을 사용해 저장된 텍스처가 있을 때 사용되며 주로 그냥 남겨둘 수 있다.

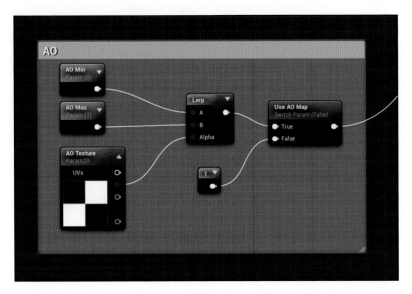

그림 15.7 앰비언트 오클루전 노드 그래프, UE4의 머티리얼에서 도움이 필요할 때 특별한 환경에서 주로 사용된다.

그림 15.7 같이 그래프를 설정한다. 러프니스 및 메탈릭 입력과 마찬가지로 AO 입력 역시 스칼라 또는 그레이스케일 입력만 필요로 한다. 따라서 **AO Texture** 파라미터의 빨간색 채널만 사용한다.

Use AO Map Static Switch 파라미터는 머티리얼 인스턴스가 AO 맵을 사용하지 않을 수 있는 선택권을 부여한다. False 입력이 스칼라 파라미터와 연결된 다른 Switch 파라미터와 달리 여기에서는 간단히 **상수**^{Constant} 노드에 1 값을 지정해 사용했다. 스칼라 파라미터와 달리 상수 변수는 런타임에 변경이 불가능하다.

텍스처 스케일링과 트랜스폼

텍스처 스케일과 위치를 조절하는 일은 머티리얼의 모양을 정확하게 표시하기 위한 필수 작업이다. UE4에서는 3D 애플리케이션처럼 텍스처의 스케일을 조절하는 대신 셰이더 네트워크를 이용해 실시간에서 표면의 UV 좌표를 변경한다(그림 15.8).

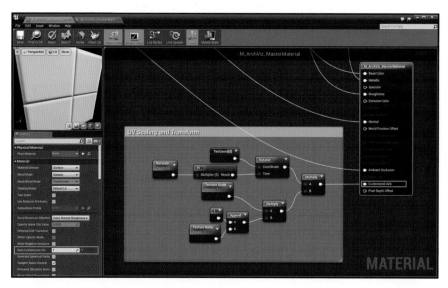

그림 15.8 UV 스케일링과 트랜스폼 셰이더 그래프

Texture Coordinate 노드를 추가하는 것에서 시작한다(그림 15.8의 TexCoord[0]). 이 노드는 특정 UV 채널의 UV 좌표를 반환한다.

그런 다음 반환된 UV 좌표를 Rotator를 사용해 텍스처의 중심을 기준으로 UV 좌표를 회전시킨다. 이 노드는 Time 입력에 연결된 Rotation 스칼라 파라미터에 의해 구동된다.[3] 머티리얼 인스턴스에서 Rotation 파라미터를 더 쉽게 설정하기 위해 Pi를 곱하면 0.0~1.0 범위로 회전하며 0.5는 180도를 의미한다.

좌표를 스케일링할 때는 (텍스처를 스케일링하거나 타일링할 때도 마찬가지로) 값을 곱해야 한다. Texture Scale 파라미터가 이 작업을 처리한다. 1 이상의 값은 텍스처가 더 많이 타일링되도록 설정하는 반면 0 이하의 값은 텍스처의 크기가 커지고 더 적게 타일링되도록 설정한다.

Texture Ratio 파라미터를 사용하면 텍스처를 일정하지 않은 크기로 조절할 수 있다. Append 노드는 1의 값을 갖는 **상수** 노드와 Texture Ratio 노드를 이용해 Vector2 값 (두 개의 부동 소수점을 갖는 값, 이 경우 0.0 또는 0.2, 1.0 같이 U와 V 채널 값)을 생성한다. 이 노드는 1.0, 0.5 같은 vector2D 값을 반환하고, 이렇게 반환된 값은 Texture Scale 파라미터와 곱한 다음 다시 회전된 좌표와 곱한다.

모든 과정을 거친 결과는 수정된 UV 좌표로 머티리얼의 Customized UV0 속성에 연결된다. Customized UV0 입력은 기본적으로는 노출되지 않는다. 이 입력을 사용하기 위해서는 먼저 머티리얼에서 **Num Customized UV** 속성을 설정해야 한다. 이 값을 1 이상으로 설정하면 Costomized UV 입력이 머티리얼에 추가된다.

Custom UV를 사용하면 머티리얼에서 모든 텍스처 노드의 각 UV 입력에 변환된 UV 좌표를 연결하는 번거로운 작업을 하지 않아도 된다. 그 대신 Custom UV 입력에 연결된 데이터는 UV 채널의 좌표를 변경한다. 이제 사용하도록 설정된 모든 텍스처에는 이렇게 변경된 UV 값이 제공된다.

---

3 Rotation 파라미터는 셰이더에서 여러 번 사용된다. 파라미터가 동일한 이름을 갖는 경우 하나의 값을 변경하면 동일한 이름을 가진 다른 모든 파라미터 값도 변경된다.

머티리얼 인스턴스 생성하기

그림 15.9는 씬에서 사용되는 다양한 머티리얼 인스턴스를 보여준다. 이런 인스턴스의 대부분은 이전에 자세히 설명한 단일 마스터 머티리얼을 기반으로 한다. 각 머티리얼 인스턴스는 새 텍스처의 적용과 파라미터 값의 변경을 통해 다양한 머티리얼 라이브러리를 만들어낸다.

그림 15.9 머티리얼과 마스터 머티리얼을 상속하는 머티리얼 인스턴스를 보여주는 콘텐츠 브라우저

페인트가 칠해진 벽

이 씬에는 다양한 색상의 페인트가 필요하다. 각 색상을 위해 머티리얼 인스턴스를 생성하며, Base Color Tint 파라미터를 변경해 다양한 색상을 정의한다. 하지만 그림 15.10에서 볼 수 있듯이 머티리얼 인스턴스의 정확한 모습을 위해 그 외의 많은 파라미터를 설정했음을 확인할 수 있다. 텍스처, Static Switch 파라미터, 스칼라 값 등 풍부한 모습을 가진 벽 표면의 결과를 만들어내기 위해 다양한 파라미터를 사용했다.

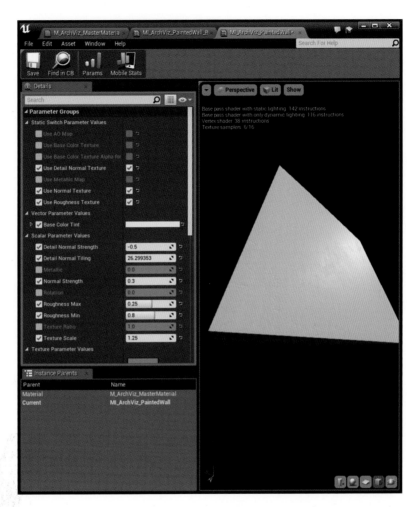

그림 15.10 원하는 모습과 정확하게 일치하도록 머티리얼을 조절하기 위해 많은 파라미터 값을 변경한 Painted Wall 머티리얼 인스턴스

페인트가 칠해진 벽면의 다양한 색상은 동일한 마스터 머티리얼에서 파생된다. 하지만 마스터 머티리얼을 직접 상속하는 대신 다른 머티리얼 인스턴스를 부모로 지정하는 방법을 사용한다(그림 15.11). 이는 머티리얼 인스턴스의 가장 강력한 기능 중 하나인, 특정 머티리얼 인스턴스를 기반으로 다른 머티리얼 인스턴스를 생성할 수 있는 기능을 보여준다.

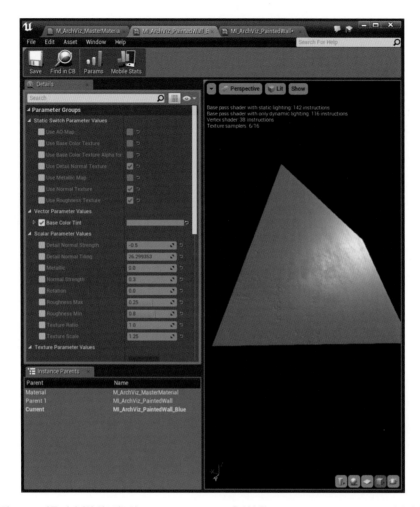

그림 15.11 다른 머티리얼 인스턴스인 M_ArchViz_PaintedWall을 상속한 M_ArchViz_PaintedWall _Blue 머티리얼 인스턴스

다른 머티리얼 인스턴스로부터 머티리얼 인스턴스를 생성하면 하나의 마스터 머티리얼 인스턴스를 설정할 수 있다. 이 마스터 머티리얼 인스턴스를 변경하면 이 변경 사항이 마스터 머티리얼 인스턴스를 상속한 모든 머티리얼 인스턴스로 전달된다.

이를 통해 씬에 끝없이 다양한 변화를 줄 수 있으며 모든 머티리얼 인스턴스를 개별적으로 수정하지 않고도 즉시 변화를 줄 수 있다. Base Color Tint 같이 자식 머티리

얼 인스턴스에서 덮어쓴 속성은 부모의 속성을 변경하더라도 자식의 속성에는 영향
을 주지 않고 덮어써서 변경한 내용을 그대로 유지시켜 준다.

바닥

바닥floor은 가장 단순한 머티리얼 인스턴스일 수 있지만 가장 중요한 요소 중 하나다.
시각화에서 바닥에 적절한 반사 효과와 디테일을 적용하는 것은 바닥 면이 가구, 벽,
그 외 다른 소품과 접해 있기 때문에 매우 중요하다(그림 15.12). 바닥은 일반적인 모
습의 상당 부분을 구성하기 때문에 바닥 머티리얼을 다듬고 조절하는 작업은 그만큼
노력을 쏟을 가치가 있다.

그림 15.12 Floor 머티리얼 인스턴스는 머티리얼 인스턴스 파라미터를 사용해 크게 조절되는 좋은 노멀 맵과 러프니
스 맵에 의존한다.

바닥에 사용할 목적으로 클라이언트가 제공한 텍스처 샘플을 사용하기 위해 Substance Bitmap 2 Material[B2M]을 사용해 노멀, 베이스 컬러, 러프니스 맵을 제작했다. 이 상용 프로그램은 단순한 이미지에 이미지 프로세싱을 사용해 UE4 같은 게임 엔진에서 사용될 PBR 텍스처를 생성하는 데 활용할 수 있는 여러 프로그램 중 하나다.

그림 15.13에서 볼 수 있듯이 B2M으로 생성된 텍스처는 품질이 좋은 편이지만 적절한 효과를 내기 위해서는 여전히 약간의 조절이 필요하다. 이런 이유로 인해 머티리얼에 조절을 위한 파라미터를 설정하는 작업이 매우 중요하다. 파라미터가 없으면 텍스처 애셋을 변경하고 변경된 사항을 확인하기 위해 매번 다시 임포트해야 한다. 파라미터를 사용하면 파라미터를 변경하면서 머티리얼의 모습을 바로 확인할 수 있다.

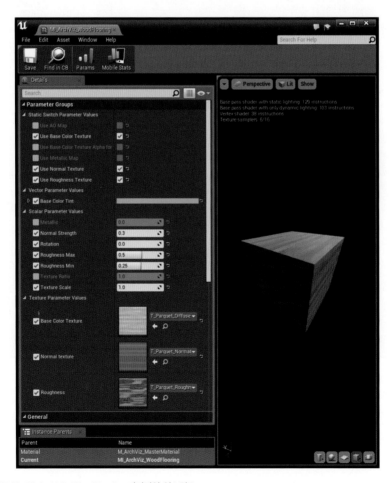

그림 15.13 M_ArchViz_WoodFlooring 머티리얼 인스턴스

고급 머티리얼

마스터 머티리얼이 대부분의 불투명한 표면을 처리하는 데 매우 훌륭하지만 모든 표면을 처리할 수는 없다. 유리와 벽돌 같은 재질은 최적의 모습을 위해 더 특별한 머티리얼이 필요하며 UE4의 렌더링 기능을 적극 활용해야 한다.

Parallax Occlusion Mapping

Parallax Occlusion Mapping^POM은 렌더링 비용 일부를 사용해 변위^displacement 같은 효과를 생성하기 위한 방법이다. 멋진 수학 연산을 통해 높이 맵을 사용해 텍스처를 조절하면 깊이감을 더할 수 있다(그림 15.14).

그림 15.14 POM 기능만 켜고 끈 동일한 머티리얼. 깊이감을 더하고 노멀 맵만 사용하는 것보다 표면을 더 잘 표현하는 데 도움을 준다.

POM은 왜곡된 UV 좌표를 생성하고 이를 다시 텍스처의 UV 입력에 연결해 마법 같은 작업을 해낸다. 이 모든 복잡한 수학 연산이 여러분을 대신해 이뤄지며 **높이 맵** Height Map 같은 일부 입력을 필요로 하는 머티리얼 함수^Material Function를 설정한다.

POM은 머티리얼의 모든 채널에 영향을 주기 때문에 이 기능을 따로 분리하는 방법이 좋다. 다른 모든 옵션을 적용하기 위해 머티리얼 그래프를 설정하면 너무 많은 작

업이 처리되는 지나치게 복잡한 머티리얼을 생성하는 결과를 낳아 관리하는 데 짐이
될 수 있다.

그림 15.15에서 볼 수 있듯이 마스터 머티리얼의 POM 버전은 표준 마스터 머티리
얼과 거의 동일하다. 사실 콘텐츠 브라우저에서 마스터 머티리얼을 복제한 다음 이를
수정했다. 가장 큰 차이점은 맨 왼쪽에 추가한 Parallax Occlusion Mapping 머티리
얼 함수다. 가까이 보면(그림 15.16) 확인할 수 있듯이 쉽게 설정이 가능하다.

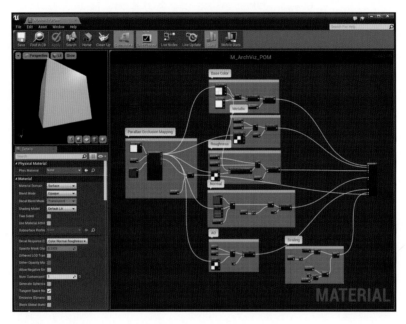

그림 15.15 마스터 머티리얼의 POM 버전 개요

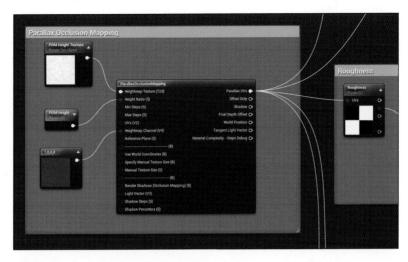

그림 15.16 Parallax Occlusion Mapping 머티리얼 함수를 자세히 본 모습. 함수의 결과로 얻은 Parallax UV는 각 Texture Sample 파라미터의 UV 입력에 연결된다.

Parallax Occlusion Mapping 머티리얼 함수를 설정하려면 **Texture Object** 파라미터를 Heightmap Texture 입력에 연결한다. Texture Object 파라미터는 다른 곳에서 사용한 Texture 파라미터와는 차이가 있다. 지금까지 사용해온 Texture 파라미터는 할당된 텍스처를 기반으로 색상을 반환한다. Texture Object 파라미터는 Texture의 참조 값을 출력하고 직접 렌더링하는 대신 머티리얼 함수와 통신하는 데 사용된다.

Texture Object 파라미터를 생성하려면 머티리얼 에디터의 팔레트나 마우스 오른쪽 클릭 메뉴에서 Texture Object Parameter를 명시적으로 검색해야 한다.

POM Height 스칼라 파라미터를 **Height Ratio** 입력과 연결해 Parallax Occlusion Mapping 효과의 강도를 설정한다. 이 값은 매우 낮은 값으로 설정해야 한다. 0.01을 설정하면 매우 강력한 효과가 나타난다. 일반적으로 0.001에서 0.005 사이의 값을 설정하는 것이 좋다.

Constant Vector3 노드를 **Heightmap 채널** 입력에 연결한다. 이 노드는 POM Height Texture 노드에서 샘플링될 색상 채널을 정의한다. 예제의 경우 Constant Vector3 값을 1, 0, 0으로 설정해 빨간색[Red] 채널로 설정한다.

카펫과 러그

카펫 높이 맵처럼 고주파^{high-frequency} 텍스처를 적용한 POM을 사용하면 훌륭하게 동
작해 단순한 머티리얼에도 깊이감과 풍부한 느낌을 더해준다(그림 15.17).

그림 15.17 섬유에 변위 효과를 더하기 위해 POM을 사용한 카펫 머티리얼. 특히 모션 컨트롤러와 VR에서 카펫의 깊
이감과 부드러운 느낌을 제공하는 데 도움을 준다.

벽돌

벽돌^{Brick}은 렌더링 엔진의 기능을 보여줄 때 사용하는 대표적인 예제다. 벽돌은 속임
수를 사용해 렌더링하기가 어렵다. 하지만 POM은 좋은 결과를 내며 대부분의 시각
화 아시트스들이 만족할 만한 품질을 제공한다(그림 15.18).

벽돌과 그 외 다른 좋은 텍스처 소스를 온라인에서 얻을 수 있다. 가장 중요한 것
은 정확한 높이 맵을 확보하는 일이다. 벽돌과 그라우트^{Grout}(타일 등에 사용되는 시멘
트)를 다르게 정의하면 큰 차이를 만들어낼 수 있다. www.TomShannon3D.com/
UnrealForViz에 방문하면 고품질 텍스처를 얻을 때 참고할 수 있는 링크를 확인할
수 있다.

그림 15.18 POM을 사용한 벽돌로 된 벽면

유리

게임 엔진은 확실한 반투명 유리 효과를 생성하기 위해 오랜 시간 노력해오고 있다. 유리의 효과적인 렌더링은 굴절과 반사에 달려있다. 그리고 이 둘은 처리 비용이 비싸고 렌더링하는 데 시간이 오래 걸리는 효과다(그림 15.19). 주의해서 사용하면 UE4에서 훌륭한 유리 머티리얼을 제작할 수 있다.

그림 15.19 단일 유리 머티리얼을 사용해 유리, 그릇, 접시, 배경의 유리창에 적용한 모습.

유리 머티리얼을 만드는 몇 가지 방법이 존재하며 각각 장점과 단점이 있다. 일반적으로 좀 더 정확한 효과를 내는 머티리얼은 렌더링하는 데 더 오랜 시간이 필요하다. 그림 15.19에 소개된 머티리얼은 렌더링 비용이 다소 비싸지만 단일 투명 재질의 품질을 향상시키기 때문에 그만한 가치가 있다.

머티리얼을 Translucent로 설정해야 하기 때문에 기존의 마스터 머티리얼을 유리 머티리얼의 기반으로 사용할 수 없다. 새로운 머티리얼이 필요하다.

가장 먼저 해야 할 작업은 생성하는 머티리얼을 Translucent로 설정하는 것이다. 머티리얼을 Translucent로 설정하면 메인 씬을 렌더링한 뒤에 머티리얼을 렌더링하고, 그 뒤에 렌더링된 씬과 혼합한다. 머티리얼의 디테일 패널에서 아무 노드도 선택하지 않은 상태로 머티리얼의 Blend Mode를 Translucent로 설정하고 Lighting Mode를 Surface Translucency Volume으로 설정한다(그림 15.20).

그림 15.20 머티리얼의 Blend Mode를 Translucent로 설정하고 Lighting Mode를 Surface Translucency Volume으로 설정한 유리 머티리얼의 디테일 패널.

대부분의 반투명 머티리얼은 오파시티 속성에 의존해 객체의 불투명도를 조절하고 물체 뒤에 있는 씬의 렌더링을 허용한다. 예제의 경우 이를 우회하고 (오파시티를 거의 1.0으로 설정해) 유리 뒤에 있는 씬을 자신만의 버전으로 제공한다. 이는 색조가 설정되고 왜곡이 있다.

이를 위해서는 **씬 텍스처**^{Scene Texture}를 샘플링해야 한다(그림 15.21).

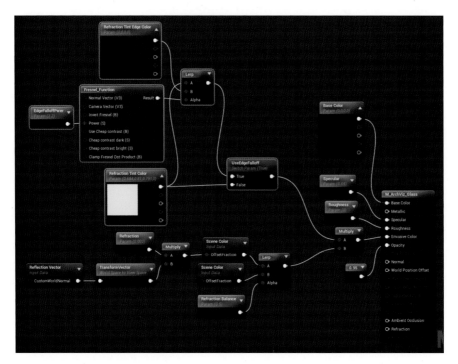

그림 15.21 ArchViz 유리 머티리얼 네트워크. 오파시티 채널을 우회하고 수정된 씬 텍스처를 제작해 굴절을 좀 더 효과적으로 제어하고 표면 반사를 밝게 유지시킨다.

씬 텍스처 Scene Texture는 반투명translucency이 적용되기 전에 렌더링된 씬이다(UE4의 반투명 객체는 나머지 씬이 렌더링된 다음 최종 프레임에 합성된다). 씬 색상을 머티리얼의 이미시브Emissive 속성에 직접 설정하면 표면 반사 외에 완전히 유리를 관통해 볼 수 있게 만들 수 있다.

씬 텍스처를 왜곡(수정)하기 위해서는 반사 벡터Reflection Vector(엔진에 의해 제공되는 벡터 입력)를 가져와 이를 뷰(3D 월드 공간 값을 2D 뷰 공간 값으로)로 전환한 다음 Offset Fraction을 사용해 씬 색상을 왜곡하기 위해 이 데이터를 사용한다. Offset fraction은 화면의 특정 픽셀 위치에서 씬 색상을 샘플링할 수 있는 백분율 값 (0.0~1.0)이다.

이 방법은 물리적으로는 정확하지 않은 굴절 기법이지만 좋은 모습의 결과를 제공한다.

그림 15.21 그래프에서 Reflection Balance 파라미터에 의해 Lerp 처리된 두 개의 Scene Color 노드가 있는 것을 확인할 수 있다. 하나는 왜곡된 씬 색상인 반면 다른 하나는 수정되지 않은 Scene Color 노드다. 이렇게 하면 건축 시각화 제품에 사용되는 유리 접시로 사용하기 좋은 2중으로 중첩된 모습을 제공할 수 있다.

그런 다음 왜곡(수정)되고 중첩된 Scene Color 샘플에 쉽게 색조를 더할 수 있다.

이 머티리얼을 기반으로 하는 머티리얼 인스턴스에서 Use Edge Falloff를 true로 설정했다고 가정해보자. Fresnel 함수는 카메라에 대한 표면 노멀을 기반으로 간단한 프레넬 감쇠를 제공한다. 이 감쇠를 사용하면 Tint가 Refraction Tint Color 파라미터와 Refraction Tint Edge Color 파라미터 사이에서 보간된다. 프레넬 감쇠를 사용하지 않으면 Scene Color는 Refraction Tint Color 파라미터에 의해 색조가 결정된다.

스칼라 파라미터를 사용해 머티리얼의 **러프니스**와 **스페큘러**^{Specular} 속성을 설정한다. 이런 파라미터에 텍스처를 사용하도록 머티리얼을 확장할 수 있다. 하지만 이 방법은 머티리얼을 렌더링하는 비용을 훨씬 더 비싸게 만들기 때문에 주의해서 사용해야 한다.

요약

UE4의 PBR 시스템, 비주얼 머티리얼 에디터, 머티리얼 인스턴스의 강력한 기능과 편리함 덕분에 멋진 머티리얼을 쉽고 빠르게 제작할 수 있다. UE4에서 머티리얼을 제작하는 것이 훨씬 더 흥미롭고 쉽기 때문에 3D 애플리케이션으로 다시 돌아가서 머티리얼을 제작하기가 어려울 수 있다.

머티리얼 파라미터와 머티리얼 인스턴스를 사용하면 머티리얼 네트워크를 빠르게 재사용하는 것이 가능하다. 대화형 노드 기반 머티리얼 에디터를 통해 개인의 능력과 프로젝트의 요구사항이 증가함에 따라 머티리얼을 실험하고 학습하고 확장하는 것이 가능하다.

16장

시퀀서를 활용한 시네마틱 만들기

상호작용과 탐색은 UE4를 활용한 대화형 시각화 제품의 특징이다. 하지만 UE4는 광추적 렌더링의 품질에 필적하는 미리 렌더링된 정적 애니메이션을 제작할 수 있는 기능 또한 제공한다. 그리고 매우 짧은 시간 안에 애니메이션을 제작할 수 있다. 언리얼 엔진 4의 혁신적인 애니메이션 도구인 시퀀서를 사용하면 인터랙티브한 월드를 키프레임이 설정된 카메라 및 액터 애니메이션과 결합해 멋진 애니메이션을 제작할 수 있다.

시퀀서 시작하기

시퀀서 에디터는 **시퀀스**^{Sequence}를 편집할 수 있는 UE4에서 제공하는 시네마틱 편집 도구다.

시퀀스는 키프레임이 설정된 애니메이션 **트랙**이 포함된 액터로 레벨에 배치 가능한 애셋이다. 시퀀서는 After Effects, Final Cut, 다른 비디오 편집과 합성 응용 프로그램 같은 도구에서 많은 영감을 얻어 제작됐다. 덕분에 이런 비디오 편집 도구에 이미 익숙한 많은 시각화 아티스트가 배우기 쉽게 만드는 데 도움이 된다.

시퀀서는 UE4의 기존 시네마틱 편집 도구인 **마티네**^{Matinee}를 대체한다. 마티네는 시퀀서와 함께 여전히 해당 기능이 존재하지만 더 이상 업데이트되지 않고 시퀀서와 비교했을 때 기능이 매우 제한적인 도구가 됐다.

마스터 시퀀스

콘텐츠 브라우저에서 생성하거나 임포트한 대부분의 애셋과는 달리 시네마틱^{Cinematic} 드롭다운 메뉴를 사용해 레벨에 시퀀스를 생성한다(그림 16.1).

그림 16.1 에디터의 시네마틱 드롭다운에서 마스터 시퀀스 생성하기

마스터 시퀀스^{Master Sequnce}, 단일 **레벨 시퀀스**^{Single Level Sequence}, 레거시 마티네 시퀀스^{Legacy Matinee Sequence} 중에 선택해 생성할 수 있는 옵션이 제공된다. 마스터 시퀀스는 기본적으로 여러 서브(하위) 시퀀스를 포함하는 시퀀스 생성 마법사다(그림 16.2). 이 마법사는 또한 여러 시퀀스 애셋을 생성하고 Content 디렉터리의 특정 위치에 저장한다.

단순히 시네마틱의 생성만 필요한 경우에는 단일 레벨 시퀀스로 시작할 수 있다. 언제든지 개별 시퀀스를 다른 시퀀스로 포함시킬 수 있다.

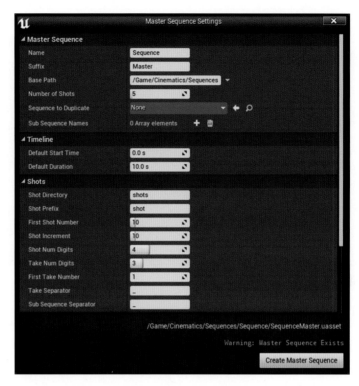

그림 16.2 Default Duration 설정만 기본 값 5에서 10초로 설정한 상태를 보여주는 마스터 시퀀스 마법사 설정

특정 이름 규칙이나 다른 표준을 따르지 않는 이상 대부분의 프로젝트에서 기본 설정을 적용해 사용할 수 있다. 위의 그림에서는 Default Duration 설정만 10초로 변경했다.

마스터 시퀀스를 생성하면 모든 트랙 시퀀스를 한 행으로 보여주는 시퀀스 창이 나타난다(그림 16.3).

비선형non-linear 편집 프로그램에 익숙한 사람이라면 매우 친숙한 화면일 것이다. **샷**Shot의 이동, 추가, 제거, 각 트랙의 지속 시간 변경을 쉽게 할 수 있으며, 어도비 프리미어Adobe Premiere와 비슷하게 동작하도록 샷 트랙 에디터를 만들 수도 있다. 신속하고 능률적이면서 미세 조정이 필요 없다.

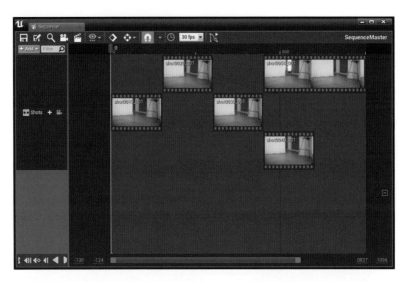

그림 16.3 비선형 비디오 편집 프로그램에서와 같이 샷의 이동과 편집이 가능한 마스터 시퀀스 에디터

시퀀스 애셋을 더블 클릭하면 시퀀스 에디터에서 해당 샷이 열린다(그림 16.4). 이는
동일한 시퀀서 에디터이지만, 보이는 모습과 사용 목적이 다르다. 카메라 컷Camera Cut
과 카메라 액터 트랙Camera Actor Track을 편집기에 노출함으로써 어도비 애프터 이펙트
Adobe After Effects와 매우 유사하게 보인다. 이 편집기는 키프레임 기반 애니메이션과 이
펙트를 작업할 수 있는 인터페이스를 제공한다.

그림 16.4 시퀀스 에디터에서 편집을 위해 열린 단일 샷. After Effects 같이 키프레임이 설정된 이펙트 패키지와 좀 더
비슷하게 보이도록 에디터가 어떻게 바뀌는지를 보여준다.

다이나믹 카메라

이런 각 샷 시퀀스에는 CineCameraActor가 시퀀스에 동적으로 생성되고 해당 시퀀스
가 종료되면 같이 제거된다. 이 기능은 매우 강력하다. 즉 시퀀서에서 자동으로 생성
되고 삭제되기 때문에 레벨에 카메라 액터를 배치할 필요가 없다.

이 카메라는 다른 카메라 액터처럼 동작하며 렌즈 설정, 뎁스 오브 필드, 초점 설정
focus Setting 뿐만 아니라 포스트 프로세스 이펙트 설정까지 보여주기 때문에 필요에 따
라 카메라를 정확하게 구성할 수 있다(그림 16.5).

디테일 패널 및 각 애니메이션과 관련된 속성 왼쪽에 나타나는 Add Keyframe 버튼
을 확인하자. UE4의 대부분의 창처럼 다른 창에 도킹해 작업을 진행할 수 있다.

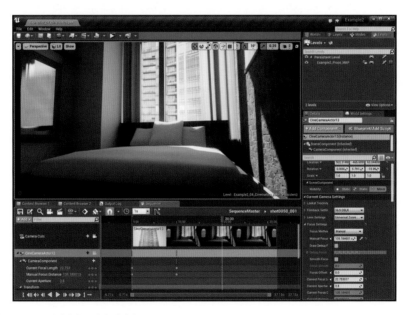

그림 16.5 UE4 에디터에 도킹된 시퀀서

카메라 이동시키기

시간에 따라 카메라를 이동시키고 변경하는 것은 다음 단계다. 하지만 이동시키는 작
업은 매우 쉽다.

키프레임 설정하기

시퀀서에 키프레임을 설정하는 방법에는 몇 가지가 있다. Auto-Key 기능을 켜면 속성을 변경하거나 액터를 이동, 회전, 스케일할 때마다 키프레임을 생성한다. 이 기능을 활용해 작업하면 키프레임이 순식간에 너무 많이 생성될 수도 있다.

키프레임을 수동으로 설정할 수도 있다. 이 작업을 시퀀서 인터페이스에서 하거나 속성과 뷰포트에서 바로 해당 작업을 할 수 있다. 시퀀서가 열리면 액터의 애니메이션과 관련된 속성에서 Add Keyframe 버튼을 보여주기 때문에(그림 16.5) 필요할 때 쉽게 키프레임을 추가할 수 있다.

세 번째 방법은 위의 두 옵션을 조금씩 섞은 방법이다. 자동으로 키프레임을 설정하지만 이미 키프레임을 추가한 속성만으로 제한시킨다(그림 16.6). 애니메이션을 의도하지 않은 트랙에 키프레임이 실수로 추가될 걱정 없이 자동 키프레임 추가 기능을 사용할 수 있기 때문에 개인적으로는 이 옵션을 주로 사용한다.

그림 16.6 이미 애니메이션이 설정된 트랙과 속성에만 자동으로 키프레임이 추가되도록 설정하기

카메라 파일럿 모드

이제 키프레임을 설정하는 방법을 살펴봤으니 카메라를 원하는 위치에 배치할 차례다.

카메라를 통해 보려면 애니메이션하려는 카메라의 오른쪽에 있는 카메라 아이콘을
선택한다. 이렇게 뷰포트를 카메라 파일럿 모드로 설정하면 씬 주변을 자유롭게 이동
할 수 있는 액터를 조절할 수 있고, 이 액터에 따라 뷰포트 화면이 연동된다(이동하는
액터의 관점에서 뷰포트 화면이 보인다).

카메라 아이콘은 시퀀서 에디터 인터페이스의 여러 영역에서 나타나기 때문에 다소
혼란스러울 수도 있다(그림 16.6 참조). 카메라 컷 트랙에도 카메라 아이콘이 있는 것
을 볼 수 있다. 이 카메라 아이콘을 클릭하면 제작한 모든 카메라 컷을 포함하는 시퀀
스 관점에서 뷰를 볼 수 있다.

일반적으로 작업하는 동안 카메라 키프레임을 조정하고 다른 컷과 연결된 결과를 보
고 싶을 것이다.

카메라 파일럿 모드를 사용하면 선택한 카메라 렌즈를 통해 화면을 볼 수 있고, 표준
원근Perspective 뷰포트 컨트롤을 사용해 씬을 이동할 수 있다. 직교Orthographic 뷰로 카메
라의 키프레임을 조절하거나 디테일 패널에서 카메라 액터의 속성을 조절할 수도 있다.

트랙과 카메라 이름 지정

시퀀서의 트랙 이름이 타임 라인 미리보기의 레이블Label과 다른 것을 볼 수 있다. 이
들의 이름은 독립적으로 설정되기 때문에 약간 혼란스러울 수 있다(예를 들어 여러 시
퀀스의 여러 트랙에서 동일한 카메라 액터를 사용하는 경우). 미리보기 썸네일의 이름은
월드에 배치된 액터의 이름을 나타낸다. 디테일 패널을 사용해 Cine Camera Actor
의 이름을 변경하면 타임라인의 이름이 업데이트된다.

왼쪽 패널의 이름은 트랙의 이름이다. 이 이름을 더블 클릭하면 트랙 이름을 변경할
수 있다.

트랜지션

UE4에서 제공하는 유일한 **트랜지션**(전환효과)은 Fade 트랙이다. 디졸브cross-dissolve나
다른 트랜지션 효과는 제공되지 않는데, 이는 성능을 고려하기 때문이다. 디졸브 효
과를 수행하려면 씬을 두 번 렌더링하고 디졸브 효과 중에 두 씬을 서로 합성해야 한

다. 일부 씬은 이런 효과가 가능할 수도 있지만 대부분의 씬은 많은 정보를 렌더링하는 데 어려움을 겪는다.

샷 편집

마스터 시퀀스로 돌아가려면 시퀀서 창의 오른쪽 상단에 있는 타이틀을 선택하면 된다(그림 16.7).

그림 16.7 시퀀서 창의 오른쪽 위에 강조 표시된 SequenceMater 트랙을 활용해 완성된 샷

샷의 미리보기가 샷의 뷰로 업데이트된 것을 볼 수 있다. 이를 시퀀스에서 시작 지점과 종료 지점을 조정할 때 도움이 되는 가이드로 활용할 수 있다. 더 자세히 보려면 시퀀서 창 하단의 범위 슬라이더를 사용해 타임라인을 확대하면 된다.

남은 샷을 위해 편집을 계속 진행한다. 샷을 편집한 다음 마스터 시퀀스로 돌아가 연결된 장면을 확인하고 다시 편집하는 과정을 시퀀스의 모든 샷에 만족할 때까지 반복한다.

저장하기

주기적으로 저장하는 작업을 잊지 말자. 시퀀스는 프로젝트의 Content 디렉터리에 UASSET 파일로 저장된다.

시퀀스 액터를 처음으로 배치한 후 해당 시퀀스가 배치된 레벨을 저장할 필요는 없다. 이 액터는 마스터 시퀀스를 참조하는 역할을 하며 레벨이 로드될 때 시퀀스 데이터를 초기화하고 블루프린트에서 이 액터를 참조해 쉽게 접근이 가능하다.

협업하기

샷은 개별 UASSET 패키지로 저장되기 때문에 여러 팀 구성원이 동일한 시퀀스를 동시에 작업할 수 있다. 또한 애니메이션 개발이 병렬로 진행되는 동안 조명, 소품, 기타 설정 작업을 계속 진행할 수 있다. 이를 통해 작업 시간을 절약할 수 있으며, 생산 파이프라인 초반에 빠르게 초안을 제작할 수 있다.

비디오로 렌더링하기

시퀀스가 완성되면 이를 디스크에 저장할 차례다. UE4는 이 작업을 매우 빠른 속도로 처리한다. 멘탈 레이나 V-Ray 같은 광추적 렌더러에서 단일 프레임을 렌더링하는 데 걸리는 시간에 전체 애니메이션을 전달할 수 있다(렌더링을 완료하는 것뿐만 아니라 유튜브에도 올릴 수 있다).

시퀀스를 연 상태에서 시퀀서 툴바의 Render to Video 버튼을 클릭한다(그림 16.8). 렌더 무비 세팅^{Render Movie Settings} 다이얼로그가 나타난다(그림 16.9). 여기에서 다양한 렌더링 관련 옵션과 내보내기 옵션을 설정할 수 있다. 범퍼^{bumper} 프레임부터 프리롤^{pre-roll}, 번인^{burn-in}에 이르기까지 UE4는 비디오 편집과 합성 작업자를 위해 전문 도구를 제공한다.

그림 16.8 시퀀서에서 Render to Movie 버튼 선택하기

렌더 무비 설정

그림에서 보듯이 초당 60프레임에 4K 해상도로 렌더링하도록 설정했다(그림 16.9).
이렇게 설정하면 눈을 사로잡을 만큼 매우 매끄럽고 선명한 애니메이션이 생성된다.
이 파일은 압축되지 않은 상태에서 분당 100GB로 엄청나게 크다.

그림 16.9 초당 60프레임에 4K(3840x2160) 해상도로 설정된 렌더 무비 설정 다이얼로그

개인적으로는 비디오 시퀀스^AVI로 직접 렌더링하지만, 스튜디오가 선형 색상을 적용
하는 더 광범위한 후반 작업 파이프라인에 따라 제작하는 경우 사용자 정의 출력 옵
션을 사용해 HDR 이미지 버퍼를 개별적으로 렌더링할 수도 있다.

또한 공간을 절약하기 위해(권장하지 않음) AVI 압축을 선택하거나 BMP와 EXR 같은
표준 포맷으로 개별 프레임을 내보낼 수도 있다.

렌더링 프로세스

UE4가 렌더링을 시작하면 작은 렌더링 창이 나타나고 디스크에 쓰기 시작한다(그림 16.10). 렌더링 창은 에디터 왼쪽 상단에 위치하며 에디터는 뒤에 위치한다. 오른쪽 하단의 비디오 캡처 작업의 결과를 알려주는 메시지를 주시한다. 또한 디스크 쓰기 사용률이 높을수록 작업 속도가 빠르다.

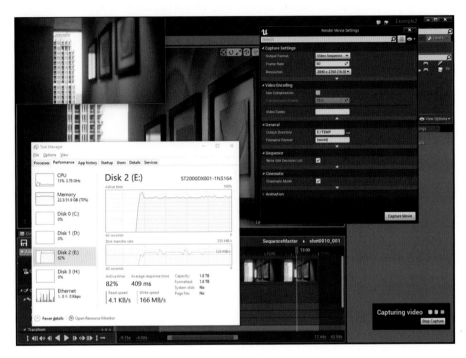

그림 16.10 UE4가 시퀀스를 디스크에 렌더링하는 모습

렌더링 속도는 생성되는 비주얼 뿐만 아니라 저장되는 하드 디스크 속도에 따라 결정된다. 프레임을 디스크에 저장하는 작업은 프레임을 렌더링하는 것보다 더 오래 걸린다.

빠르고 일관된 성능을 제공하는 디스크에 저장하는 방법이 좋다. 이를 위해 테스트를 진행하자. 개인적으로 더 나은 선택이라 생각했던 아주 빠른 내 SSD보다 SSHD가 오랜 시간이 걸리는 작업에서 훨씬 더 빠른 결과를 낸다는 사실을 알고는 매우 놀랐다. 안정적인 쓰기 성능을 갖춘 드라이브가 큰 도움이 될 것이다.

애니메이션이 완료되면 다른 비디오 파일처럼 처리할 수 있다. 웹에 바로 올리거나 다른 표준 시각화 비디오처럼 더 큰 비디오에 포함시킬 수도 있다.

요약

대화형 콘텐츠를 제작하는 것뿐만 아니라 미리 렌더링된pre-rendered 멋진 콘텐츠도 제공할 수 있어, 고객의 요구에 따라 빠르게 대응할 수 있다는 점이 많은 시각화 스튜디오가 UE4를 사용하는 이유 중 하나다.

초당 60프레임에 4K 해상도를 가진 이 90초짜리 시퀀스는 렌더링하는 데 약 10분이 걸렸다. UE4에서 렌더링에 걸리는 시간보다 UE4에서 제공된 비디오 파일을 압축, 복사, 업로드하는 데 더 많은 시간이 소요된다.

시퀀서의 강력한 기능, 카메라 프레임의 화면을 보면서 작업할 수 있는 기능, 물리적으로 정확한 Cine Camera 모델을 활용하면 전통적인 렌더러의 품질을 뛰어넘는 비디오 콘텐츠를 UE4에서 제작할 수 있다.

17장

상호작용을 위한 레벨 준비하기

간단히 폰, 게임모드, 플레이어 컨트롤러를 첫 번째 프로젝트에 추가하면 레벨을 탐험하는 기능을 쉽게 추가할 수 있다. 하지만 콜리전, 플레이어 스타트(Player Start), 기타 설정 등의 작업을 해야 플레이어가 성공적으로 레벨을 돌아다닐 수 있는 기능을 완성할 수 있다.

레벨 설정하기

상호작용을 위한 레벨을 설정하려면 마우스 커서와 터치 스타일 입력을 사용할 수 있게 레벨과 플레이어 컨트롤러를 설정해야 한다. 또한 마우스 상호작용 이벤트를 사용해 실행 중에 게임 월드에서 액터를 강조 표시하고 클릭 가능하게 만들 수 있다.

물론 작업을 계속하기 전에 레벨을 열어야 한다. 수정되지 않은 버전의 레벨로 쉽게 돌아갈 수 있도록 레벨을 다른 이름으로 저장해 시작한다.

플레이어 스타트 액터 추가하기

9장에서 다뤘던 내용처럼 모든 UE4 레벨은 플레이어 스타트 액터^{Player Start Actor}가 필요하다. 이 단순한 액터는 게임이 시작될 때 레벨에서 플레이어를 배치할 위치를 UE4에 알려주는 역할을 한다.

모드 팔레트에서 플레이어가 월드에 입장할 때 배치될 레벨의 위치로 플레이어 스타트 액터를 드래그 앤 드롭한다(그림 17.1).

또한 플레이어가 시작할 때 바라볼 방향으로 플레이어 스타트 액터를 회전시켜야 한다. 플레이어 스타트 액터 중간의 파란색 화살표는 플레이어 스타트 액터의 앞 방향 벡터^{forward vector}를 나타낸다.

그림 17.1 레벨에 플레이어 스타트 액터 배치하기

콜리전 추가하기

에디터의 플레이 버튼을 클릭해 애플리케이션을 테스트해볼 수 있다. 하지만 플레이어가 레벨 아래로 통과해 공중으로 떨어지는 모습을 보게 될 수 있다. 플레이어가 떨어지는 현상은 충돌 정보 누락이 원인이다.

충돌 감지는 대화형 게임과 시뮬레이션에서 매우 중요하다. 한 액터가 다른 액터와 충돌하거나 특정 영역에 진입했는지를 감지하는 기능은 생동감 넘치는 월드를 제작하는 데 있어 필수적이다.

UE4에서는 그림 17.2 같이 **플레이어 콜리전** 뷰 모드Player Collision View Mode를 사용할 수 있다. 뷰포트에서 뷰모드 버튼을 선택하고 드롭다운 목록에서 플레이어 콜리전을 선택한다. 일반 뷰 모드로 돌아가려면 뷰모드 드롭다운 목록에서 라이팅포함Lit을 선택한다.

이 기능을 통해 볼 수 있듯이(더 정확하게는 충돌 정보를 볼 수 없다) 바닥이나 벽면이 없지만 일부 소품이나 문 메시 등 콜리전이 이미 설정된 액터도 있다. 이들은 기본 충돌체(콜리전 프리미티브)로 표현된다.

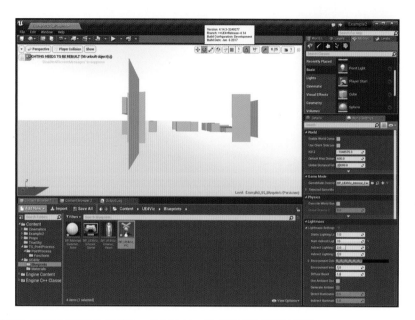

그림 17.2 플레이어 콜리전 뷰 모드(Player Collision View Mode)를 통해 확인한 콜리전

UE4에서 콜리전은 얼핏 보면 복잡하고 이해하기 어렵게 느껴질 수 있다. 하지만 다행히 시각화 제품에서는 움직이는 액터가 거의 없고(화면과 게임 월드에 한 번에 수십 수백 개의 캐릭터가 나타나는 게임과 비교해) 단순하고 정적인 상황이 대부분이다. 따라서 충돌 설정을 어렵게 만드는 일부 복잡한 작업을 피할 수 있다.

복잡한 콜리전 vs 단순한 콜리전

게임은 충돌 계산에 단순화된 버전의 모델을 사용하는 것이 일반적이다. 이는 충돌 계산의 비용이 비싸고 폴리곤과 처리하는 데 필요한 정보가 더 많을수록 비용이 더 많이 들기 때문이다.

UE4는 엔진 내에서 생성 가능한 박스, 구체, 캡슐 모양 등 단순한 형태의 **콜리전 프리미티브**를 사용하거나 **단순한 콜리전**^{simple collision}으로 사용하기 위해 3D 애플리케이션에서 제작된 로우폴리곤^{low-polygon} 모양을 사용한다. 이를 통해 더 많은 폴리곤은 그래픽 엔진에서 사용하는 반면 물리 엔진은 최적화된 버전의 폴리곤을 사용해 충돌 계산을 수행한다.

UE4는 필요한 경우 **폴리곤 단위의 충돌** 계산도 수행할 수 있다. 이는 벽의 데미지나 매우 명확한 지점에서 충돌이 발생하는 차량 등에서 그래픽적으로 정확한 효과를 게임에 추가하기 위해 장식용으로 종종 사용된다. 한편 실제 물리 충돌은 처리속도를 위해 단순화된 메시를 사용한다.

시각화 씬은 상호작용하는 요소가 상대적으로 단순하기 때문에 단순한 콜리전을 사용하는 대신 폴리곤 단위 콜리전이나 **복잡한 콜리전**^{Complex Collision}을 사용할 수 있어 사용자 지정 콜리전 메시를 제작하는 데 드는 시간과 노력을 절약할 수 있다.

벽과 바닥

여러분의 플레이어가 통과하지 못하게 만들고 싶은 곳은 벽과 바닥일 것이다. 이 메시는 그 구조가 단순하기 때문에 안전하게 폴리곤 단위의 콜리전을 사용할 수 있다.

이를 위해 스태틱 메시 에디터에서 스태틱 메시 애셋을 연다. 디테일 탭의 스태틱 메시 설정에서 Collision Complex 속성의 Use Complex Collision as Simple 옵션을 선택하고 콜리전 프리셋^{Collision Preset} 속성을 BlockAll로 설정한다(그림 17.3).

디테일 패널을 사용해 액터별로 콜리전 프리셋을 재정의할 수 있지만 Collision Complexity 속성은 변경할 수 없다. 이 속성은 스태틱 메시 에디터 인터페이스나 프로퍼티 매트릭스^{property matrix}를 통해서만 변경이 가능하다.

그림 17.3 바닥 메시에 폴리곤 단위 콜리전을 사용하도록 설정하기

프로퍼티 매트릭스를 통한 대량 편집

플레이어가 충돌할 모든 메시에 대해 Collision Complexity 속성을 설정해야 한다. 각 애셋을 하나씩 모두 설정하는 작업은 시간이 오래 걸릴 수 있다.

다행히도 이런 상황을 위해 UE4는 대량 편집 기능을 제공한다.

콘텐츠 브라우저에서 콜리전을 활성화하려는 모든 메시를 선택한다. 애셋 아이콘에서 마우스 오른쪽 버튼을 눌러 컨텍스트 메뉴를 연다. **애셋 액션**Asset Actions 메뉴로 들어가 **프로퍼티 매트릭스를 통한 대량 편집**Bulk Edit via Property Matrix를 선택한다(그림 17.4).

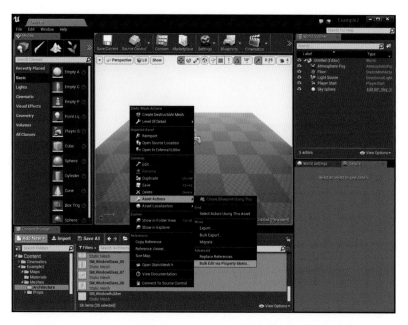

그림 17.4 콘텐츠 브라우저에서 여러 애셋을 선택하고 프로퍼티 매트릭스를 사용해 동시에 편집하기

프로퍼티 매트릭스는 수정된 디테일 패널에서 모든 공통된 속성을 보여준다. 프로퍼티 매트릭스에서 모든 메시에 대한 Collision Complexity 속성을 한 번에 설정할 수있다(그림 17.5). 또한 스프레드시트spreadsheet처럼 목록에 나타나는 각 속성을 시각적으로 비교하고 개별적으로 설정하는 작업도 가능하다.

속성은 종종 인터페이스에 따라 다른 이름을 갖는 경우가 있다. 콜리전 프리셋 속성이 그 중 하나다. 프로퍼티 매트릭스에서 이 속성을 변경하려면 Collision Profile Name이라는 이름의 속성을 찾아야 한다. 검색 창에 collision으로 필터링하면 목록의 범위를 줄이는 데 도움이 된다. 콜리전 프리셋을 설정하기 위해 Collision Profile Name 속성 텍스트 필드에 BlockAll을 입력한다.

애셋 편집을 완료하고 나면 변경 사항이 디스크에 기록될 수 있도록 저장해야 한다.

그림 17.5 프로퍼티 매트릭스를 사용해 모든 벽과 바닥의 Collision Complxity 속성을 한 번에 설정하기

콜리전 시각화하기

콜리전을 설정한 후, 플레이어 콜리전 뷰 모드^{Player Collision View Mode}로 설정해 충돌 환경을 확인한다(그림 17.6). 이를 통해 UE4의 물리 엔진이 충돌을 계산하는 데 사용하는 충돌 환경을 확인할 수 있다.

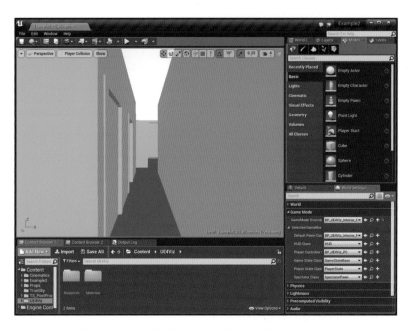

그림 17.6 벽과 바닥에 폴리곤 단위 콜리전이 성공적으로 설정됐음을 보여주는 플레이어 콜리전 뷰 모드

소품 메시 콜리전 설정하기

소품에 콜리전을 설정하는 작업은 조금 더 까다롭다. 개인적으로는 시뮬레이션에서 대부분의 소품에 콜리전을 끄고 플레이어가 장애물에 걸리지 않고 자유롭게 이동하도록 만드는 것을 선호한다. 허리 높이의 물체나 이보다 더 높은 물체에만 플레이어가 충돌하도록 설정하는 상황을 좋아한다. 이렇게 작업하면 작은 공간에서 이동성이 증가하고 초보 플레이어에게 이동을 훨씬 더 쉽게 만들 수 있다.

그림 17.7에서 볼 수 있듯이 대부분의 작은 소품에도 여전히 콜리전이 켜져 있어 플레이어가 공간을 이동하는 데 잠재적인 어려움이 될 수 있다.

그림 17.7 벽, 바닥, 창문, 대형 가구에만 콜리전이 설정돼 플레이어가 공간을 더 자유롭게 이동할 수 있게 만든 모습을 보여주는 최종 콜리전 설정

소품에 콜리전을 활성화하려면(클릭 같은 마우스 인터랙션을 포함해 상호작용에 중요함) 스태틱 메시 에디터에서 **콜리전 프리셋**(또는 프로머티 매트릭스에서 Collision Profile Name)을 Ignore Only Pawn으로 변경한다. 이렇게 설정하면 스태틱 메시는 다른 모든 물리 이벤트에는 반응하지만 플레이어의 이동에는 방해를 주지 않는다. 디테일 패널을 통해 액터별로 이 속성을 설정할 수도 있다.

이제 플레이 버튼을 누르면 아래로 떨어질 염려 없이 레벨을 돌아다닐 수 있을 것이다. 벽과 바닥은 견고하며 레벨은 쉽게 탐색할 수 있다.

특정 영역에 갇혀 꼼짝 못하거나 떨어지는 경우 레벨의 콜리전 설정을 확인해야 한다.

마우스 커서 활성화하기

마우스 기반의 애플리케이션을 제작하기 위해서는 마우스 커서가 보이게 설정해야 한다. 이를 위해 플레이어 컨트롤러를 열고 클래스 디폴트 속성에서 **마우스 인터페이스 그룹**Mouse Interface Group을 찾는다(그림 17.8). Show Mouse Cursor, Enable Click Events, Enable Mouser Over Events를 활성화해 씬의 3D 액터가 마우스 커서를 통해 상호작용할 수 있도록 설정한다.

지금 테스트를 진행해보면 마우스 버튼을 누르고 드래그하면 카메라가 회전하는 것을 알 수 있다. 마우스 버튼을 놓으면 커서가 보이고 카메라 회전이 해제된다.

또한 카메라가 회전할 때 회전축이 '벗어난' 것 같은 느낌을 받을 수 있다. 왼쪽으로 회전시키려고 하면 카메라가 오른쪽으로 회전하고 아래로 회전시키려고 하는데 위로 회전한다.

이는 플레이어가 카메라를 제어하는 방식을 예상하기 때문이다. 회전할 필요가 없는 경우에는 일반적으로 마우스 방향에 따라 평행하게 이동하는 것이 자연스럽다. 오른쪽으로 돌면 오른쪽으로, 왼쪽으로 돌면 왼쪽으로 이동한다.

하지만 사용자가 클릭을 하고 회전을 위해 드래그를 하면 터치 화면 같이 동작하는 편이 훨씬 더 자연스럽다. 3차원 공간의 한 점에 커서를 고정하고 사용자가 트랙볼trackball을 사용하는 것처럼 카메라를 회전시킨다. 즉 마우스를 오른쪽으로 드래그하면 시점(뷰)은 왼쪽으로 회전하고, 아래로 드래그하면 카메라는 위로 회전해야 한다.

그림 17.8 마우스 커서, 마우스 클릭, 마우스 오버 이벤트를 사용하도록 플레이어 컨트롤러를 설정하고 반대로 회전하는 느낌을 보간하기 위해 Input Yaw와 Input Pitch 속성 조절하기

플레이어 컨트롤러의 Input Yaw Scale과 Input Pitch Scale 값을 통해 플레이어가 회전 동작을 기대하는 방식에 맞춰 속성을 변경할 수 있다(그림 17.8). 요(평행 회전)가 빠르게 느껴지는 이유는 인간이 인식하는 방식과 올바르다고 '느끼는' 방식 때문이다. 마치 대칭 축 속도가 틀렸다고 '느낀다'.

카메라의 상호작용은 전적으로 개인적인 취향에 달려있다는 점에 주목할 필요가 있다. 나이, 다양한 기술 경험, 심지어 사람들이 좋아하는 게임도 카메라가 어떻게 동작해야 하는지에 대해 영향을 미친다. 이에 대한 사용자 의견을 수용하고 그들의 요구에 따라 이를 적절하게 적용하는 것은 모든 프로젝트에 중요하다.

포스트 프로세스를 활용한 외곽선 효과 생성하기

개인적으로 어떤 액터가 강조된다는 상황을 명확하게 보여주고 싶은 경우, 에디터에서 사용하는 것과 비슷한 외곽선 효과를 사용한다. 이 효과는 메인 뷰포트와 완전히 다른 렌더링 시스템을 사용하기 때문에 런타임에서 사용할 수 없다.

그 대신 포스트 프로세스 머티리얼을 사용해 외곽선을 그릴 수 있다. 마켓플레이스에서 필자의 개인 콘텐츠를 이 프로젝트에 병합시켜 인스턴스 머티리얼을 제작하고 필요에 따라 적절하게 변경했다(그림 17.9).

그림 17.9 소파(couch) 스태틱 메시 액터의 Render Custom Depth 속성을 활성화해 포스트 프로세스 머티리얼을 테스트한 모습

포스트 프로세스 머티리얼을 할당하려면 **혼합형 배열**Blendables array의 포스트 프로세스 볼륨Post-Process Volume에 할당해야 한다.

배열에 항목을 추가하고 애셋 참조 값을 설정한 다음, 목록에서 포스트 프로세스 머티리얼을 선택하거나 콘텐츠 브라우저에서 디테일 패널의 해당 항목에 드래그 앤 드롭한다.

머티리얼은 Custom Depth 버퍼를 사용해 어떤 오브젝트를 강조 표시할지, 어떤 오브젝트를 강조하지 않을지를 정의한다. 레벨 에디터에서 액터별로 Custom Depth를 설정할 수 있다(그림 17.9 참조).

프로젝트 세팅^{Project Settings}의 Rendering 섹션에서 이 효과를 활성화해야 할 수도 있다(그림 17.10).

그림 17.10 프로젝트 세팅 다이얼로그에서 Custom Depth 버퍼 활성화하기

요약

사용자의 상호작용을 허용하기 위해 데이터를 설정하는 작업은 매우 중요한 단계이며 훌륭한 사용자 경험을 제공하기 위해 필수적이다. 콜리전을 설정하면 사용자가 공간에서 떨어지거나 공간을 뚫고 지나가는 염려 없이 월드 공간을 돌아다닐 수 있게 만들어 사용자가 더 몰입할 수 있는 경험을 만들 수 있다.

마우스 커서를 사용하면 UMG에서 인터페이스를 개발하고 입력 이벤트를 사용해 게임 내 메시와 상호작용하는 것을 포함해 사용자에게 다양한 상호작용 가능성을 열어준다.

이로써 프로젝트가 블루프린트를 사용해 프로그래밍을 통한 상호작용을 시작할 준비
가 완료됐다.

18장

중급 블루프린트: UMG 인터랙션

사용자 인터페이스를 다뤄보지 않은 대부분의 시각화 전문가들에게 사용자 인터페이스를 제작하는 일은 도전 그 자체다. 적절한 도구가 없다면 이는 매우 어려운 일일 수밖에 없다. UE4는 복잡한 개발에 사용할 수 있고, 데이터 기반 인터페이스나 단순한 토글 버튼과 로고 오버레이를 제작하는 데 사용할 수 있으며, 시각화 제품에 사용하기 쉬운 완전한 사용자 인터페이스 제작 솔루션인 UMG(Unreal Motion Graphics, 언리얼 모션 그래픽)를 도입했다.

데이터 세트 전환하기

이 프로젝트의 다음 목표는 카메라 위치는 유지되면서 플레이어가 여러 레벨을 전환할 수 있는 기능을 추가하는 것이다. 이런 문맥상 전환은 대화형 시각화 제품의 가장 강력한 기능 중 하나다. 플레이어가 동일한 관점(뷰)에서 다른 데이터를 비교할 수 있도록 하는 기능은 여러 데이터를 분석할 수 있는 훌륭한 기능이며, 카메라가 배치될 위치를 플레이어가 선택할 수 있도록 하는 기능은 매우 강력하다.

UE4는 런타임에 레벨을 로드하고 해제할 수 있도록 설계된 **레벨 스트리밍**Level Streaming 이라는 시스템을 제공한다. 레벨 스트리밍은 대규모 레벨을 가진 게임을 위해 개발된 기능이다. 레벨 스트리밍을 활용하면 규모가 큰 레벨을 여러 작은 레벨로 나누고, 플레이어가 레벨을 이동하는 과정에서 게임 흐름을 방해하는 로딩 화면을 띄우지 않고 레벨을 로드하고 해제할 수 있다.

18장에서는 맵의 두 가지 버전을 동시에 로드한 다음 이를 보여주고 숨기는 기능을 구현하는 데 레벨 스트리밍을 활용하는 방법을 배운다. 먼저 테스트를 위해 간단히 키보드를 사용해 맵을 전환해본 다음, 플레이어가 사용할 UMG UI를 제작한다.

이를 위해서는 먼저 조명, 머티리얼, 소품 배치가 완료된 새로운 데이터 기반의 새 레벨을 개발해야 한다. 기존 레벨을 기반으로 이전 장에서 작업한 많은 부분을 재사용하면 개발 시간을 절약할 수 있다.

레벨이 완성되면 플레이어가 단순하게 버튼을 클릭해 다른 레벨로 전환할 수 있는 기능을 제공하는 UMG 기반의 사용자 인터페이스를 제작한다. 이를 통해 UMG 위젯 블루프린트를 생성하는 방법과 뷰포트에 이를 추가하는 방법을 배우며, 사용자 입력을 받아 게임 월드를 변경하기 위한 명령 전달 방법을 배운다.

다른 레벨 만들기

고객에게서 다른 종류의 레이아웃을 제공받았는데, 이 레이아웃은 드라마틱한 느낌을 주는 복층 구조의 공간이다(그림 18.1).

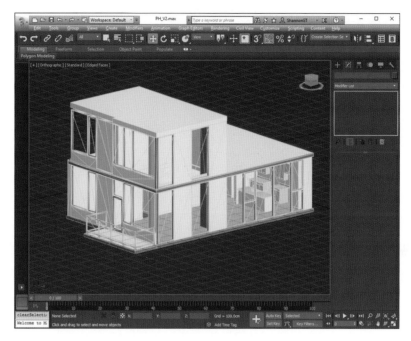

그림 18.1 3DS 맥스에서 업데이트된 데이터

이는 상당한 변화이며 씬의 모습, 느낌, 레벨의 조명에 큰 영향을 주기 때문에 이를 제작하는 가장 좋은 방법은 완전히 새 레벨을 생성하고 조명과 메시를 완성하는 것이다.

다행히도 이를 위해 처음부터 모두 다시 작업할 필요는 없다. 기존 레벨을 시작 지점으로 사용할 수 있는데, 먼저 에디터에서 기존 레벨을 로드한다. **파일**File > **레벨 열기**Open Level 메뉴를 선택하거나 콘텐츠 브라우저에서 UMAP 파일을 찾아 더블 클릭해 레벨을 열 수 있다.

다른 이름으로 저장 메뉴로 사본 만들기

파일File > **현재를 다른 이름으로 저장**Save Current As 메뉴를 선택해 사본을 만들고 Example2_V2_MAP 같은 설명을 가진 이름을 지정한다.

이를 통해 프로젝트에서 Example2_MAP과 Example2_V2_MAP 두 레벨이 생성됐다. 이 시점에서 두 레벨은 이름을 제외하면 완전히 동일하다.

새로운 건축물 메시 임포트하기

두 레벨이 소품 배치, 조명, 기타 디테일을 포함해 상당히 많은 부분을 공유하기 때문에 기본이 되는 건축물 메시만 교체하면 된다. 변경이 필요한 메시만 교체하는 방식을 선택할 수도 있지만 이 예제에서는 완전히 고유한 메시를 갖는 레벨을 새로 생성하려고 한다.

12장, '데이터 파이프라인' 같이 3D 애플리케이션에서 콘텐츠를 준비한다. UVW 매핑을 적용하고 지오메트리(메시)에 불량이 없는지 확인하고 이전에 했던 것 같이 콘텐츠를 준비한다. 잠재적인 충돌을 피하기 위해 새로운 이름을 지정한다.

콘텐츠가 준비되면 FBX로 내보낸 다음 UE4로 가져온다. UE4로 FBX 파일을 가져올 때 두 데이터 세트를 독립적으로 관리하고 데이터 충돌을 피하기 위해 새 폴더를 생성한 다음, 콘텐츠를 이 폴더에 저장해 기존의 건축물 메시와 분리하는 방법이 좋다.

이전에 했던 바와 같이 콘텐츠 브라우저에 FBX 파일을 임포트할 때 스태틱 건축 메시를 위한 권장 설정을 사용한다. Auto Generate Collision 옵션을 false로 설정하고 Generate Lightmap UVs 옵션을 true로 설정, Transform Vertex to Absolute 옵션을 true로 설정한다(12장의 그림 12.5 참조).

FBX 파일을 임포트한 다음에는 다른 작업을 하기 전에 스태틱 메시 애셋을 저장하는 과정을 잊지 않는다.

건축물 메시 교체하기

새 레벨(Example2_V2_MAP)에서 씬에 배치된 모든 건축 스태틱 메시를 선택한다. Del 키를 누르거나 액터에서 마우스 오른쪽 버튼을 클릭하고 삭제^{Delete}를 선택해 기존의 스태틱 메시를 제거하고 소품, 조명, 기타 액터는 남겨둔다.

건축 메시를 배치하기 위해 뷰포트로 메시를 드래그하고, 디테일 패널의 위치^{Location} 속성을 사용해 위치를 0,0,0으로 재설정한다. 이제 새로운 건축 메시 배치가 완료됐다.

나중에 쉽게 찾을 수 있도록 새로 배치된 스태틱 메시 액터가 선택된 상태에서 **월드 아웃라이너**^{World Outliner}의 폴더로 정리하는 것이 좋다.

라이트 맵 밀도 설정하기

교체된 벽, 바닥, 천장은 기본 라이트 맵 해상도로 되돌아간다. 따라서 라이트 맵 밀도 최적화 뷰 모드Lightmap Density Optimization View Mode를 사용해 새로 교체된 메시의 Overriden Light Map Les 속성으로 이를 적절하게 변경해야 한다.

최대한 이전 맵에서 설정한 밀도와 일치시키는 것이 좋다. 이렇게 해야 두 레벨 간의 라이팅 빌드 결과가 일관되게 유지될 수 있다.

머티리얼 적용하기

새로 임포트된 메시는 머티리얼이 설정돼 있지 않거나 기본 머티리얼 또는 임포트된 머티리얼이 적용돼 있을 것이다. 첫 번째 레벨에서 적용한 머티리얼을 적용시킨다.

콜리전 활성화하기

메시 배치를 위해 마지막으로 해야 할 작업은 콜리전이 적절하게 설정돼 있는지 확인하는 것이다. 플레이어 콜리전 뷰 모드Player Collision View Mode를 사용해 콜리전이 필요한 메시를 확인하고 적절하게 설정한다.

꾸미기(선택사항)

이 기회를 통해 레벨에 원하는 만큼 변화를 줄 수 있는데, 조명, 머티리얼, 소품, 이름 등을 다르게 설정해 변화를 준다. 이 예제에서는 소품, 조명, 머티리얼을 그대로 두고 건축 메시만 유일하게 변경했다. 이렇게 하면 플레이어가 변경된 사항에만 집중하도록 만들 수 있다.

조명 빌드하기

조명은 레벨 단위로 저장된다. 따라서 다른 레벨에서 동일한 애셋을 이용해 완전히 다른 라이팅과 라이트 맵 설정을 적용할 수 있다. 이를 통해 동일한 애셋의 참조를 이용해 레벨 단위로 조명 정보를 저장할 수 있다.

새 레벨을 생성할 때 다른 이름으로 저장^{Save As} 방식을 사용하면 라이트매스 설정을 포함해 이전에 적용한 월드 세팅을 모두 사용할 수 있다는 이점이 있다. 따라서 조명을 빌드하는 작업이 매우 쉬워진다. 레벨에 원하는 수준의 라이팅 빌드 퀄리티를 설정하고 빌드 버튼만 누르면 된다.

라이팅 빌드가 완료되면 멋진 아치형 천장과 변경된 조명이 적용된 새로운 버전의 레벨을 확인할 수 있다(그림 18.2).

레벨을 저장한다. 라이트 맵과 섀도 맵이 레벨에 저장된다(또는 4.15 버전에서는 레벨과 함께 콘텐츠 브라우저나 파일 탐색기에서만 볼 수 있는 별도의 빌드 데이터 파일로 저장된다).

그림 18.2 새 데이터를 위해 완성된 프로덕션 라이팅 빌드

레벨 스트리밍

UE4는 런타임에 전체 레벨을 로드하거나 해제할 수 있는 기능을 제공한다. 이를 **레벨 스트리밍**이라 부르며 이 시스템은 간단한 블루프린트 명령을 통해 대규모 데이터 세트를 쉽게 교환할 수 있다.

레벨 스트리밍이 동작하는 방식은 매우 간단하다. **퍼시스턴트 레벨**^{Persistent Level}이라 불리는 단일 레벨이 먼저 로드된다. 이 레벨은 대부분 매우 간단하거나 완전히 빈 상태의 레벨이다.

이 레벨 또는 레벨에 배치된 객체나 액터(예를 들어 블루프린트나 플레이어 컨트롤러)가 다른 레벨을 로드하거나 로드된 레벨을 해제할 수 있다. 또한 에디터와 런타임 모두에서 로드된 레벨의 가시성^{visibility}을 전환시켜 데이터 세트를 신속하게 전환하는 편리한 방법으로 사용할 수 있다.

레벨 스트리밍을 설정하려면 먼저 퍼시스턴트 레벨을 만든 다음, **레벨**^{Levels} 인터페이스를 사용해 두 개의 다른 버전의 레벨을 스트리밍 레벨로 추가해야 한다(그림 18.3).

새 레벨 만들기

퍼시스턴트 레벨을 위해 공백 레벨을 새로 생성한다. **파일**^{File} > **새 레벨**^{New Level}을 선택하고 옵션에서 **공백 레벨**^{Empty Level}을 선택한다.

새 공백 레벨이 열리면 이를 저장하고 이름을 지정한다(예: Example2_Persistent_MAP). 이 맵에는 레벨 블루프린트에 스트리밍 레벨을 전환하는 간단한 블루프린트 코드만 포함된다.

레벨 인터페이스 접근하기

에디터는 레벨 목록을 통해 레벨 스트리밍 시스템을 제공한다. **창**^{Window} > **레벨**^{Level}을 선택하면 레벨 인터페이스에 접근할 수 있다. 이 메뉴를 선택하면 레벨 창이 열린다(그림 18.3).

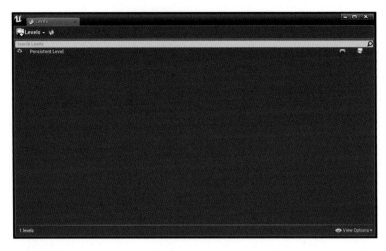

그림 18.3 레벨 창

현재 로드된 레벨이 퍼시스턴트 레벨로 표시된 모습을 확인할 수 있다.

스트리밍 레벨 추가하기

레벨 창의 왼쪽 상단에 있는 레벨 버튼을 클릭하고 드롭 다운 메뉴에서 **기존 추가**Add
Existing 메뉴를 선택한다. 제작해 둔 오리지널 레벨(Example2_MAP)을 선택한다(그림
18.4). 새 공백 스트리밍 맵을 생성하거나 선택한 액터를 포함하는 새로운 맵을 생성
하는 것도 가능하다.

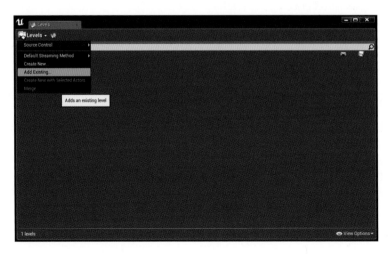

그림 18.4 기존 맵에서 스트리밍 레벨 추가하기

추가된 맵이 뷰포트에 로드되고 레벨 창의 목록에 나타난다.

새 버전(Example2_V2_MAP)의 레벨이 레벨 창에 추가되도록 같은 작업을 반복한다. 이제 레벨 창과 뷰포트 모두에서 두 레벨을 확인할 수 있을 것이다.

각 레벨의 눈 모양 아이콘을 사용해 레벨을 숨기거나 보이게 설정할 수 있다. 또한 레벨 저장, 레벨 블루프린트 열기, 변경을 방지하기 위한 편집 잠금 기능을 사용할 수 있는 기능이 제공된다. 프로젝트가 런타임에 레벨 스트리밍을 사용하지 않더라도 대규모 씬을 작은 파일로 나누고 정리하는 데 이를 활용할 수 있다(그림 18.5). 그림에서는 눈 모양의 아이콘을 사용해 Example2_MAP이 숨겨져 있는 모습을 볼 수 있다.

그림 18.5 레벨 창에 두 버전의 레벨이 모두 로드된 모습

레벨 창의 각 레벨에 설정된 뷰 토글(눈 모양 아이콘)은 에디터 전용 기능이며 런타임에 레벨의 가시성은 블루프린트 로직을 통해 처리된다는 점을 기억하자.

레벨 인터페이스를 사용해 스트리밍 레벨을 추가하는 변경을 했기 때문에 퍼시스턴
트 레벨을 저장해야 한다.

블루프린트 사용하기 vs 항상 레벨 로드시키기

레벨 창에 추가된 두 개의 새 레벨 옆에 있는 파란색 점을 볼 수 있다. 이는 이 레벨이
블루프린트를 사용해 로드되는 것을 의미하며, 이는 블루프린트를 사용해 이 레벨을
로드하는 명령을 내리기 전까지 로드되지 않는다. 또한 런타임에 이런 레벨의 로드를
해제하거나 레벨을 숨기거나 보이게 설정할 수 있다.[1]

블루프린트를 사용하는 방식 대신 레벨을 항상 로드된 상태로 유지시킬 수도 있다.
이런 레벨은 항상 로드돼 있으며 런타임에 숨기거나 보이도록 설정할 수 없다.

레벨 창에서 레벨을 마우스 오른쪽 버튼으로 클릭하고 **스트리밍 방법 변경**Change Streaming
Method ˃ **항상 로드됨**Always Loaded을 선택하면 레벨이 항상 로드된 상태로 유지되도록 설
정할 수 있다. 이렇게 설정된 레벨은 게임이 진행되는 동안 퍼시트턴트 레벨의 일부
인 것처럼 로드돼 동작한다.

런타임에 블루프린트를 사용해 레벨을 숨기거나 보이도록 설정해야 하기 때문에 레
벨의 스트리밍 방법을 블루프린트로 설정한다.

플레이어 스타트 액터 정의하기

두 스트리밍 레벨에 이미 플레이어 스타트 액터가 배치돼 있지만 새 퍼시스턴트 레벨
을 위해 플레이어 스타트 액터를 새로 정의해야 한다. 이렇게 하면 에디터 뷰포트에
서 여러 플레이어 스타트 액터를 선택하고 명확하게 확인할 수 있기 때문에 종종 혼
동될 수 있다. 하지만 스트리밍 레벨에 배치된 플레이어 스타트 액터는 레벨이 처음
로드되면 표시되지 않는다. 이는 스트리밍 레벨이 로드되기 전에 플레이어 컨트롤러
가 생성되기 때문이다.

---

1 레벨의 로드와 해제는 메모리에서 레벨을 제거하는 작업이 필요하기 때문에 런타임에 이를 처리하는 데 시간이 걸릴 수 있
   다. 숨기거나 보이게 설정하는 작업은 레벨이 로드된 상태로 유지시키지만 간단히 레벨에 배치된 콘텐츠의 렌더링 모드만
   전환하기 때문에 바로 처리된다.

스트리밍 레벨의 플레이어 스타트 액터를 퍼시스턴트 레벨로 간단하게 복사/붙여넣기 할 수 있다. 월드 아웃라이너에서 플레이어 스타트를 선택한 다음, 뷰포트에서 **편집**^{Edit} > **복사**^{Copy} 메뉴를 선택하거나 마우스 오른쪽 버튼을 클릭하고 편집^{Edit} > 복사^{Copy} 메뉴를 선택한다.

붙여넣기는 좀 더 주의가 필요하다. 에디터에 여러 레벨이 로드된 상태에서는 플레이어 스타트를 붙여넣기 전에 어떤 레벨을 활성화시킬지를 명확하게 설정해야 한다.

이 플레이어 스타트가 퍼시스턴트 레벨에 배치돼야 하기 때문에 레벨 창에서 퍼시스턴트 레벨을 더블 클릭해 활성화 상태로 만든다. 이름이 파란색으로 변하기 때문에 활성화된 레벨을 확인할 수 있다.

에디터 메뉴 또는 마우스 오른쪽 클릭 메뉴를 사용하거나 간단히 Ctrl/Cmd+V 단축키를 사용해 플레이어 스타트 액터를 퍼시스턴트 레벨에 붙여넣기한다.

이전에 했던 대로 클래스 브라우저를 사용해 플레이어 스타트를 배치할 수 있지만, 이 경우에도 어떤 레벨을 활성화시킬지를 설정해야 한다.

이제 퍼시스턴트 레벨에 플레이어 스타트가 배치됐다. 하지만 플레이 버튼을 누르면 검은색으로 가득한 공백 월드가 로드된다. 이를 위해 스트리밍 레벨을 로드하는 레벨 블루프린트를 설정해야 한다.

레벨 블루프린트 설정하기

이로써 에디터에서 스트리밍 레벨의 설정이 완료됐다. 이제 **레벨 블루프린트**^{Level Blueprint}를 사용해 레벨을 전환하는 블루프린트 로직을 작성할 수 있다.

레벨 블루프린트 열기

모든 레벨에는 **레벨 블루프린트**라 불리는 자신만의 블루프린트 이벤트 그래프가 제공된다. 레벨 블루프린트는 레벨에 배치된 특정 액터나 이벤트를 기반으로 해당 레벨에서만 발생하는 작업 같이 레벨별 작업을 처리하기에 매우 훌륭한 방법이다. 문을 열거나 레벨이 열리면 특정 음악을 재생하는 플레이어를 예로 들 수 있다.

레벨과 레벨 사이에서 동일하게 동작해야 하는(예를 들어 플레이어 이동 등) 기능은 동일한 코드를 복제하거나 모든 레벨에서 해당 코드를 관리할 수 없기 대문에 일반 블루프린트 클래스에서 처리해야 한다.[2]

레벨 창에서 편집을 원하는 레벨 옆의 게임패드 아이콘을 클릭하거나 에디터 툴바에서 블루프린트 버튼을 클릭하고 **레벨 블루프린트 열기**Open Level Blueprint를 선택하면 레벨 블루프린트에 접근할 수 있다(그림 18.6).

또한 로드된 레벨의 레벨 블루프린트에 접근하면 게임모드 클래스에 쉽게 접근이 가능하다.

그림 18.6 퍼시스턴트 레벨 블루프린트 열기

노트

스트리밍 레벨 역시 자체 레벨 블루프린트를 가질 수 있다. 이는 레벨 블루프린트가 해당 레벨에 배치된 액터만 참조할 수 있기 때문이다.

---

2 런타임에는 모든 레벨이 하나의 월드에 로드되기 때문에 모든 액터나 레벨에 접근이 가능하다. 하지만 에디터에서는 액터와 레벨이 동일한 레벨에 있는 다른 액터에만 접근이 가능하다.

레벨 블루프린트는 블루프린트 에디터 창에서 열린다(그림 18.7). 이 에디터는 지금까지 사용해온 블루프린트 에디터와는 조금 다르다. 여기에는 뷰포트, 컴포넌트, 컨스트럭션 스크립트^{Construction Script} 탭이 없다. 레벨 블루프린트는 컴포넌트를 가질 수 없고, 액터 클래스 같은 생성 과정을 거치지 않기 때문에 이벤트 그래프만 제공된다.

그림 18.7 블루프린트 에디터에서 열린 레벨 블루프린트

이벤트 사용하기

이벤트^{Event}는 게임플레이 코드에서 호출되는 특별한 노드다. 이벤트가 호출되면 이벤트 노드의 출력 실행 핀(흰색 화살표)과 연결된 노드 그래프가 실행된다. 이런 이벤트는 게임 시작, 레벨 재설정, 플레이어가 특정 키를 입력하는 등의 다양한 게임플레이 이벤트에 반응해 호출될 수 있다.

UE4에는 이미 존재하는 다양한 이벤트가 제공된다. 가장 일반적인 이벤트는 그림 18.7에서 볼 수 있는 BeginPlay와 Tick 이벤트다. 또한 이전에 플레이어 컨트롤러의 입력을 설정하기 위해 InputAxis 이벤트를 사용한 작업을 떠올려보자.

BeginPlay

BeginPlay 이벤트는 레벨이 처음 로드된 다음 모든 액터와 월드 객체가 로드되고 초기화되면 게임에 의해서 자동으로 한 번 호출된다.

BeginPlay 이벤트는 초기 레벨 스트리밍 코드를 설정하는 작업 공간이다. 이미 설명했듯이 퍼시스턴트 레벨은 공백 상태이기 때문에 스트리밍 레벨을 불러와야 한다.

이를 위해 **Load Stream Level** 함수를 사용한다. 그림 18.8을 보면 두 개의 Load Stream Level 노드가 배치됐음을 확인할 수 있다. 다른 대부분의 노드와 마찬가지로 이벤트 그래프에서 마우스 오른쪽 버튼을 클릭하고 Load Stream Level 노드를 검색한다.

그림 18.8 BeginPlay 이벤트와 연결된 Load Stream Level 노드

노드를 배치한 후 그림 18.8과 일치하도록 각 노드의 설정을 채운다. **Should Block on Load**와 **Make Visible After Load** 옵션이 **True**로 설정된 Load Stream Level 노드를 사용해 Example2_MAP이 먼저 로드된다. 그 다음 Example2_V2_MAP이 로드되지만 Should Block on Load와 Make Visible After Load 옵션을 False로 설정했기 때문에 처음에는 숨긴 상태로 로드된다.

Level Name 속성에 레벨 창에 있는 레벨 이름을 정확하게 입력해야 한다. 또한 블루프린트를 통해 스트리밍이 가능하려면 스트리밍 레벨로 설정된 레벨이 레벨 창에 있어야 한다.

Should Block on Load 옵션이 활성화되면 UE4가 게임 코드를 이어서 실행하기 전에 첫 번째 레벨이 로드될 때까지 기다려야 한다(이것이 바로 'Block'이다. 이 옵션은 게임이 계속 진행되는 것을 차단한다). 블로킹Blocking 기능은 스트리밍 레벨과 콜리전 관런 기능이 로드되기 전에 퍼시스턴트 레벨의 빈 공간에 폰이 떨어지지 못하도록 차단한다.

> **노트**
>
> 동시에 여러 스트리밍 레벨을 로드하는 작업은 엄청나게 메모리 집약적인 작업이다. 크래시(Crash, 갑자기 종료되는 문제)나 성능 저하 문제가 발생하는 경우, 메모리 오버헤드, 특히 비디오 카드 VRAM을 줄이는 것이 좋다. 리플렉션 캡처 액터의 해상도를 줄이거나 라이트 맵의 해상도를 줄이는 것부터 시작하는 방법을 권장한다.

지연 함수

Load Stream Level 함수에 **시계** 모양 아이콘이 있는 모습을 볼 수 있다. 이 아이콘은 이 노드가 **지연**Latent 함수라는 것을 나타낸다. 지연 함수는 완료되는 데까지 시간이 걸리며, 처리가 완료된 후에만 이벤트 그래프에 연결된 노드가 이어서 실행된다.

레벨을 로딩하는 작업은 몇 초가 걸릴 수도 있다. 용량이 큰 레벨과 속도가 느린 하드 드라이브는 이 시간을 더 증가시킬 수 있다. 이로 인해 레벨이 로드되는 동안 끊기는 등의 문제가 발생할 수 있다. 퍼시스턴트 레벨이 처음에 로드되는 시점에 동시에 레벨을 로드하고 가시성을 전환하는 이유가 바로 여기에 있다. 레벨을 메모리에 모두 유지시킨 다음, 간단히 가시성을 변경하면 이런 문제를 피할 수 있고 바로 전환 가능하다.

테스트 시간

이제 플레이 버튼을 누르면 이전과 거의 동일하게 맵을 로드할 것이다. 하지만 전에 PIE로 테스트했던 것보다는 아마 조금 더 오래 걸렸을 수 있다.

이는 레벨이 스트리밍을 통해 로드되기까지 시간이 걸리기 때문이다. V2 맵은 아직 화면에 보이지 않지만 로드하는 데 시간이 걸린다.

하지만 레벨이 로드된 후에는 17장에서 실행했던 것처럼 월드 공간을 이동할 수 있다. 하지만 이번에는 레벨 스트리밍을 통해 처리한 결과다.

프로그래밍을 통해 맵 전환하기

로딩되는 맵이 준비됐으니 맵을 전환하는 기능을 추가해보자. 레벨 블루프린트에서
몇 개의 노드만 추가하면 이 기능을 구현할 수 있다. 또한 UMG 인터페이스를 개발
하기 전에 간단히 레벨을 테스트하기 위한 간편한 단축키를 만드는 방법도 살펴볼 수
있다.

커스텀 이벤트 생성하기

월드 공간의 다른 블루프린트에서 원하는 시점에 호출이 가능한 **커스텀 이벤트**Custom
Event 노드를 블루프린트에 생성할 수 있다. 커스텀 이벤트를 통해 이벤트 그래프를 구
성하면 블루프린트가 다른 객체와 통신할 수 있다.

레벨에서 가시성을 전환하는 기능을 구현하기 위해서는 커스텀 이벤트가 몇 개 필요
하다. 먼저 이 이벤트를 사용해 레벨 전환 기능을 테스트한 다음, 동일한 이벤트를 사
용해 UMG 인터페이스를 개발한다.

퍼시스턴트 레벨 블루프린트의 이벤트 그래프 배경에서 마우스 오른쪽 버튼을 클릭
한 다음, 컨텍스트 메뉴에서 **Custom Event 추가**Add Custom Event를 선택해 커스텀 이벤트
를 추가한다(그림 18.9).

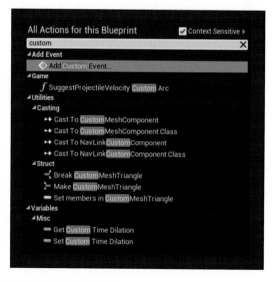

그림 18.9 레벨 블루프린트에 커스텀 이벤트 추가하기

이벤트를 생성하면 고유한 이름을 지정하고 엔터를 눌러 이름을 설정한다.

전환 시스템이 동작하려면 세 개의 커스텀 이벤트가 필요하다. 따라서 세 개의 커스텀 이벤트 노드를 배치하고 차례로 ShowVersion1, ShowVersion2, Toggle Versions라는 이름을 각각 지정한다. 노드가 배치된 이벤트 그래프는 그림 18.10과 비슷한 모습을 보일 것이다.

그림 18.10 이벤트 그래프에 세 개의 커스텀 이벤트가 추가된 모습

Show Version 이벤트 설정하기

ShowVersion1과 ShowVersion2 이벤트는 레벨 간의 전환이 가능하도록 단순히 스트리밍 레벨의 가시성을 설정하는 기능을 한다.

그림 18.11 같이 이벤트 그래프를 설정한다.

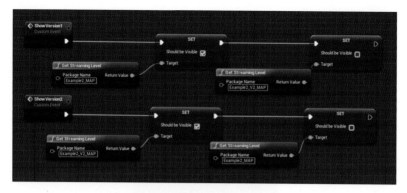

그림 18.11 ShowVersion1과 ShowVersion2 커스텀 이벤트와 실행 그래프

이 두 이벤트는 한 레벨을 보여주고 다른 레벨을 감추는 기능을 하기 때문에 실행 그래프 이미지를 보면 거의 동일한 모습을 볼 수 있다. Get Streaming Level 함수는 Package Name 속성에 정의된 레벨의 참조를 반환한다. Package Name 속성에 레벨 이름을 수동으로 입력해야 하며 스트리밍 레벨의 이름을 정확하게 입력해야 한다.

레벨의 Set Should be Visible 속성에 접근하려면 Get Streaming Level 함수 노드의 파란색 Return Value 핀을 이벤트 그래프 빈 공간으로 드래그한 다음, 클릭을 해제해 Streaming Level에 대한 컨텍스트 메뉴를 띄우고 Set Visible을 검색한다.

Set Should be Visible 속성을 설정해 레벨을 보여주고 다른 레벨을 숨긴다. Get Streaming Level 노드의 Package Name 속성에 선언된 레벨 이름을 확인할 수 있다.

Toggle Versions 이벤트

Toggle Versions 이벤트는 호출될 때마다 두 레벨을 전환시킨다(그림 18.12). Flip Flop 노드는 이런 상황을 위해 설계됐으며 재미있는 이름을 가진 노드다.

Flip Flop이 처음 호출되면 A 출력 핀만 실행한다. 다음에 호출되면 B 실행 핀만 실행하고, 그 다음엔 A 실행 핀만 실행하는 방식으로 동작한다. 즉 방금 추가한 두 커스텀 이벤트를 번갈아 가며 호출한다.

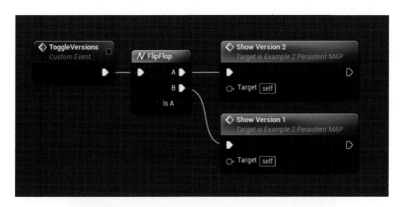

그림 18.12 두 커스텀 이벤트를 번갈아 가며 실행하기 위한 ToggleVersions 와 Flip Flop 노드

커스텀 이벤트를 호출하는 노드를 생성하기 위해 이벤트 그래프에서 마우스 오른쪽 버튼을 클릭하고 커스텀 이벤트의 이름을 검색해 노드를 추가한다. 커스텀 이벤트가 목록에서 보이게 하려면 블루프린트를 컴파일하고 저장해야 한다.

테스트 시간

이제 테스트에 필요한 모든 설정을 마쳤다. UMG 인터페이스 개발에 들어가기 전에 테스트를 진행해보자. UMG 인터페이스 없이 테스트를 진행하려면 어떻게 해야 할까? 쉬운 방법 중 하나는 레벨 블루프린트에서 테스트를 위한 키보드 단축키를 만들어 사용하는 방법이다.

키보드 단축키 생성하기

레벨 블루프린트는 플레이어 컨트롤러가 할 수 있는 것처럼 플레이어 입력 이벤트를 가로챌 수 있다. 이를 사용하면 레벨에서 Toggle Versions 이벤트를 호출하는 키보드 단축키를 쉽게 설정할 수 있다.

마우스 오른쪽 버튼을 클릭해 컨텍스트 메뉴에서 'Input L'이라고 검색(그림 18.13)하고 키보드 이벤트^{Keyboard Events} 목록에서 L을 선택한다.

그림 18.13 L 키를 위한 입력 이벤트 생성하기

그런 다음 그림 18.14 같이 ToggleVersions 이벤트를 L **키보드 입력** 이벤트의 Pressed 실행 핀과 연결하면 된다.

그림18.14 쉽게 연결된 키보드 단축키

컴파일과 저장하기

이제 레벨 블루프린트를 컴파일해서 오류나 경고가 없는지 확인하고 작성한 코드가 저장되도록 퍼시스턴트 레벨을 저장한다.

플레이 버튼 클릭하기

이제 플레이 버튼을 클릭하면 키보드의 L 키로 단축키를 사용할 수 있고 이를 통해 두 레벨 사이를 전환할 수 있다.

멀리 떨어진 복도에서조차 추가된 창으로 인해 전체 씬에서의 극적인 변화를 확인할 수 있다. 이렇게 씬을 전환하는 기능은 매우 강력하며 사용자에게 개인적인 경험을 제공한다. 두 사용자가 동일한 위치에서 동시에 씬을 전환하는 일은 거의 발생하지 않기 때문에 개인별로 특별한 경험을 제공할 수 있다.

하지만 모든 사용자가 이 L 키를 눌러 씬을 전환하기를 원하지 않을 수도 있다. 플레이어에게 명확한 선택지를 제공하는 사용자 인터페이스를 제공해야 한다. 이를 위해 언리얼에 내장된 사용자 인터페이스 시스템인 UMG를 사용한다.

언리얼 모션 그래픽 ▮

언리얼 모션 그래픽 UI 디자이너는 메뉴, 타이틀, 버튼 같은 인-게임 UI 요소를 생성하는 데 사용할 수 있는 시각적 UI 제작 도구다. UMG는 하드웨어 가속을 사용하며, 최신 기능을 제공하고, 플랫폼에 독립적이다. 다시 말해 빠르게 실행되고 시각적으로 훌륭하며 UE4에서 지원하는 모든 플랫폼에서 사용이 가능하다. 단일 사용자 인터페이스를 제작해 PC와 맥에서부터 닌텐도 스위치까지 언리얼에서 지원하는 모든 플랫폼에서 사용 가능하다.

위젯 사용하기

UMG는 **위젯**^{Widget}을 기반으로 동작한다. 위젯은 인터페이스를 생성하는 데 사용할 수 있는 미리 제작된 UI 요소를 말한다. 위젯에는 버튼, 슬라이더, 드롭다운 박스, 텍스트 레이블, UI를 구성하고 정리하는 데 도움이 되는 기타 위젯을 포함해 가장 일반적인 대부분의 UI 요소가 제공된다.

위젯은 맞춤형 편집기가 제공되는 사용자 인터페이스를 위한 전문 블루프린트 클래스인 **위젯 블루프린트**^{Widget Blueprint}를 통해 조합된다.

대부분의 UE4 클래스와 마찬가지로 콘텐츠 브라우저에 위젯 블루프린트를 생성할
수 있다. 신규 추가 메뉴에서 **사용자 인터페이스**^{User Interface} › **위젯 블루프린트**^{Widget Blueprint}
를 선택한다(그림 18.15). 새로 생성된 위젯 이름을 UI_Example2_HUD로 지정한다.
HUD는 Heads up Display를 의미하며 일반적으로 게임이 플레이되는 동안 항상 보
여주는 인터페이스를 지칭한다. 다른 일반적인 UI 사례에는 메인 메뉴나 일시 정지
메뉴가 있다.

그림 18.15 위젯 블루프린트 생성하기

이제 새로 생성된 위젯 블루프린트를 더블 클릭하면 편집 가능한 창이 열린다(그림 18.16).

그림 18.16 위젯 블루프린트 에디터 창

이 에디터는 UI 요소를 시각적으로 구성할 수 있는 **디자이너**^{Designer} 탭과 UI에 기능을 추가할 수 있는 **그래프**^{Graph} 탭으로 구성된다. 에디터 오른쪽 위에서 디자이너와 그래프 탭을 확인할 수 있다. 탭을 선택하면 두 인터페이스 모드를 전환할 수 있다. 에디터 가운데에는 UI 요소나 기능을 구성할 수 있는 **스테이지**^{Stage}가 있고 왼쪽에는 UI를 제작하는 데 사용 가능한 모든 위젯이 있는 **팔레트**^{Palette}가 있다. 팔레트 아래에는 배치된 위젯을 보여주며 중첩된 목록으로 위젯을 구성할 수 있는 **계층구조**^{Hierarchy}가 있다. 아래에는 **애니메이션**^{Animation}과 **타임라인**^{Timeline}이 있다. 애니메이션과 타임라인을 이용해 UI 요소에 키프레임 애니메이션을 개발할 수 있다. 마지막으로 오른쪽에 디테일 패널이 있다. UE4의 다른 디테일 패널과 마찬가지로 현재 선택된 위젯의 **디테일**(속성)을 보여준다.

Horizontal Box

예제의 UI를 위해 두 개의 씬을 전환하는 데 사용할 두 버튼이 필요하다. 버튼 구성은 전문적인 모양을 위해 화면 아래쪽을 따라 깔끔하게 정렬시키는 것이 좋다.

UE4는 다른 위젯을 정렬하는 데 도움을 주는 기능을 제공한다. Horizontal Box 위젯은 그 중 하나다. 이 위젯은 여러 하위 위젯을 중첩된 구조로 포함할 수 있으며 각 위젯을 수평으로 균등하게 배치시킨다.

팔레트 창의 패널^{Panel} 그룹 아래 목록에서 Horizontal Box 위젯을 찾아 **스테이지**로 드래그한다. 그러면 스테이지와 계층구조 목록에 위젯이 나타난다. 배치만 해놓은 상태에서는 위젯이 적절한 위치에 놓이지 않는 경우가 많다. 따라서 화면 하단으로 이동시켜야 한다. 간단히 드래그를 통해 이동시킬 수 있지만 가장 좋은 방법은 아니다.

UMG는 임의의 해상도와 크기 조절 기능을 지원하기 때문에 거의 모든 종류의 화면에서 사용할 수 있다.

위젯을 특정 위치에 배치하는 방법 중 하나는 위젯의 앵커^{Anchors}를 사용하는 것이다. 앵커는 화면의 상대적인 부분인 측면, 코너, 중앙에 위젯을 항상 고정시키는 기능을 한다.

예제의 경우 디테일 패널의 앵커 드롭다운 메뉴에서 bottom center를 선택해 화면 아래에 고정시킨다(그림 18.17).

그림 18.17 위젯의 앵커 설정하기

UE4는 해당 위젯이 동일한 위치에 유지될 수 있도록 모든 레이아웃 속성을 조절하기 때문에 앵커를 설정해도 뷰포트에서는 그리 큰 변화를 찾아보기 힘들다. 따라서 원하는 위치와 크기로 배치되도록 Horizontal Box 위젯 속성을 설정해야 한다(그림 18.18).

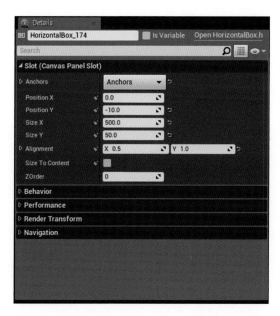

그림 18.18 Horizontal Box 위젯의 슬롯(Slot) 속성 설정하기

1. **X 위치**^{Position X}를 0으로 설정하고 **Y 위치**^{Position Y}를 –10으로 설정한다. 이렇게 설정하면 위젯이 화면 중앙에 위치하고 화면 아래에서 10픽셀만큼 떨어져 배치된다.

2. **X 크기**^{Size X}를 500으로 설정하고 **Y 크기**^{Size Y}를 50으로 설정해 박스의 크기를 정의한다.

3. **Alignment**를 설정한다. Alignment는 기본적으로 피벗 오프셋^{Pivot Offset}을 의미한다. 0,0으로 설정하면 위젯의 왼쪽 위를 기준으로 위치를 설정하고 1,1로 설정하면 위젯의 오른쪽 아래를 기준으로 위치를 잡는다. Alignment를 0.5, 1.0으로 설정하면 위젯의 가운데 아래를 기준으로 위치를 설정한다.

이제 콘텐츠를 구성할 수 있는 박스가 준비됐다. 이어서 콘텐츠를 추가해보자.

Buttons

팔레트에서 Horizontal Box 위젯으로 두 개의 버튼 위젯을 드래그한다. 버튼을 스테이지로 드래그하거나 계층구조 창으로 드래그할 수 있다(그림 18.19). UI 위젯이 복잡하게 구성된 경우에는 계층구조 창으로 드래그하는 것이 작업에 도움을 줄 수 있다.

버튼이 적절한 모습과 역할을 수행할 수 있도록 스타일링Styling과 일부 속성을 설정해야 한다. 버튼을 하나씩 선택하고 다음과 같이 설정한다(그림 18.20).

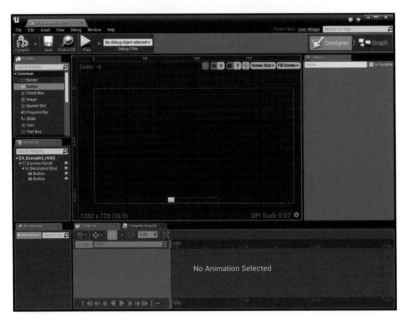

그림 18.19 Horizontal Box 위젯에 배치된 버튼. 이상적인 크기보다는 작게 보인다.

그림 18.20 버튼 위젯의 슬롯(Slot) 속성 설정하기

1. 가장 중요한 것은 각 버튼에 고유한 이름을 지정하는 일이다. 구별할 수 있는 이름을 지정하지 않으면 블루프린트에서 각 위젯에 접근하기가 매우 어려울 수 있다.

2. 패딩Padding 속성의 Left와 Right에 각각 10픽셀을 설정한다. 패딩 옵션 옆에 있는 화살표를 클릭해 메뉴를 확장하면 Left와 Right 속성을 확인할 필요가 있다.

3. Size 항목을 **채우기**Fill로 설정하고 1.0을 입력한다. 채우기로 설정하면 버튼이 사용 가능한 모든 영역을 채운다. 반대로 자동Auto을 선택하면 가능한 제일 작은 크기로 설정된다.

레이블

버튼에 레이블Labels을 추가해야 한다. 다행히 버튼 위젯 클래스는 하위 클래스를 하나 가질 수 있도록 설계됐다. 따라서 레이블로 동작할 Text 위젯을 하위 위젯으로 설정할 수 있다.

팔레트에서 Text 위젯을 찾은 다음 각 버튼에 하나씩 드래그한다. 각 Text 위젯의 Text 속성에 각각 Version 1과 Version 2를 입력한다. 좀 더 뚜렷하게 보이도록 하기 위해 텍스트에 그림자Drop-Shadow를 약간 설정할 수도 있다(그림 18.21).

그림 18.21 레이블 추가하기

아직 저장하지 않은 경우에는 저장을 하고 작업을 진행한다. 필요한 인터페이스가 완성됐다. 레벨 블루프린트에서 모든 작업을 처리할 것이기 때문에 이 위젯 블루프린트의 그래프에 직접 코드를 추가할 필요가 없다.

레벨 블루프린트로 돌아가 작업하기

시스템이 동작하는 데 필요한 모든 구성요소가 준비됐다. 이제 이를 잘 조합만 하면
된다. 이를 잘 조합하는 작업은 모두 레벨 블루프린트에서 할 예정이다.

툴바에서 **블루프린트**Blueprints 버튼을 클릭하고 **레벨 블루프린트 열기**Open Level Blueprint를 선
택해 레벨 블루프린트를 연다.

이 시점에서 나올 수 있는 가장 명백한 질문은 방금 제작한 UI에 어떻게 접근하며 이
를 어떻게 화면에 띄울 수 있느냐 하는 문제다. UE4에서 이 작업을 하기 위해서는 그
림 18.22 같이 블루프린트를 사용해 플레이어의 뷰포트에 위젯 블루프린트를 추가해
야 한다.[3]

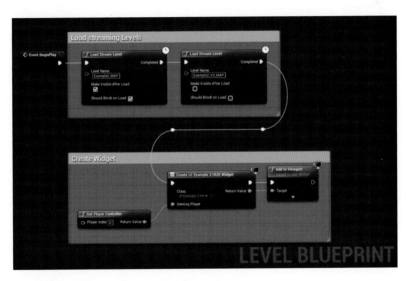

그림 18.22 위젯 블루프린트의 인스턴스를 생성하고 이를 뷰포트에 추가하기

레벨이 로드되면 HUD를 화면에 보여줘야 하기 때문에 이 작업은 BeginPlay 이벤트에
서 처리하는 것이 가장 좋다. 레벨 로드가 완료된 뒤에 HUD를 보여주는 코드를 추가
해 플레이어가 클릭할 수 없는 상태에서 UI를 보여주지 않도록 한다.

---

3 실행 그래프에 경유 노드(Redirect Node)가 배치된 모습을 볼 수 있다. 경유 노드를 활용하면 실행 선을 다양한 모양으로
배치할 수 있기 때문에 코드 실행 선을 훨씬 더 읽기 쉽게 만들 수 있다. 실행 선에서 더블 클릭하면 경유 노드를 추가할
수 있다.

위젯 생성하기

먼저 위젯 오브젝트를 생성해야 한다. 위젯 오브젝트는 디스크에서 위젯 클래스를 로드하고 인스턴스를 메모리에 생성한다(물론 주어진 위젯을 이용해 동일한 블루프린트 클래스에서 인스턴스화된 여러 위젯 오브젝트를 생성할 수도 있다).

다른 때와 마찬가지로 이벤트 그래프에서 마우스 오른쪽 버튼을 클릭하고, 노드를 생성하기 위해 **위젯 생성**Create Widget을 검색한다.

위젯 생성 노드를 배치한 후에는 다음과 같은 두 가지 작업을 진행해야 한다.

1. 생성할 클래스를 지정해야 한다. 예제의 경우 클래스 드롭다운 속성에서 UI_ Example2_HUD를 선택한다.
2. 플레이어 컨트롤러에 대한 참조를 이 함수에 제공해야 한다. 뷰포트에서 마우스 오른쪽 버튼을 클릭한 다음, 목록에서 Get Player Controller를 검색하고 Owning Player 핀을 연결한다.

멀티 플레이어 환경에서는 여러 개의 플레이어 컨트롤러가 존재할 수 있기 때문에 해당 HUD가 어느 플레이어 컨트롤러에 속하는지를 알아야 한다. 예제의 경우에는 플레이어 컨트롤러가 하나만 존재하기 때문에 간단히 첫 번째 플레이어 컨트롤러를 참조하면 된다.

뷰포트에 위젯 추가하기

위젯을 뷰포트와 연결해 보이도록 설정하고 상호작용이 가능하게 하려면 위젯을 뷰포트에 추가해야 한다.

Add to Viewport 노드에 접근하기 위해 위젯 생성 노드의 Return Value를 그래프 에디터의 빈 공간에 드래그하면 위젯 클래스에 대한 컨텍스트 메뉴가 나타난다. 여기에서 **Add to Viewport** 노드를 검색하고 그래프에 추가한다. 노드가 생성되면 파란색 선이 새로 생성된 Add to Viewport 함수의 Target 핀에 자동으로 연결된다.

이제 컴파일 버튼을 클릭해 오류가 없는지 확인하고 레벨 블루프린트를 저장한다.

지금 게임을 실행해 보면 화면 아래에 두 개의 버튼을 확인할 수 있다. 버튼을 클릭해도 아직은 아무런 일도 발생하지 않는다. 다행히 이미 씬 전환을 위한 기능을 설정했다. 버튼을 누르면 해당 기능을 호출하도록 연결해주면 된다.

이벤트 바인딩

UE4는 특정 블루프린트를 다른 블루프린트 이벤트와 바인딩binding할 수 있는 강력한 기능을 제공한다. 이를 통해 하나의 블루프린트가 여러 개의 상호작용이나 이벤트를 통합된 코드 경로로 처리할 수 있다.

이벤트를 감지하기 위해서는 기존에 만들었던 버튼에 대한 참조를 얻어야 한다(그림 18.23). 이는 위젯 생성 메서드가 위젯 오브젝트에 대한 참조를 반환하기 때문에 쉽게 구할 수 있다. 이를 위해 위젯 생성 노드의 Return Value를 그래프로 드래그해 위젯 클래스의 컨텍스트 메뉴에 접근한다.

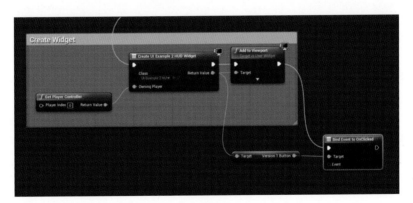

그림 18.23 HUD 위젯에 생성했던 버튼에 대한 참조 얻어오기

Get Version을 검색하고 Get Version 1 버튼을 선택한다. 이 Get 노드에서 파란색 선을 다시 드래그해 Bind를 검색한다. 이 작업으로 이벤트를 연결할 수도 있고 연결을 해제할 수도 있다. OnClicked 이벤트에 바인딩Bind Event to OnClicked 노드를 선택한다. 뷰포트에 위젯을 추가한 다음 이벤트가 바인딩될 수 있도록 생성된 노드를 Add to Viewport 노드와 연결한다.

버튼의 OnClicked 이벤트가 실행되면 어떤 이벤트를 호출할지를 정의해야 한다. 이 작업은 빨간색 또는 주황색 이벤트 참조 핀을 통해서 수행할 수 있다.

이 핀을 ShowVersion1 커스텀 이벤트에 있는 비슷한 핀과 연결한다. ShowVersion1 이벤트를 해당 노드 주변으로 이동시키면 연결 작업을 수월하게 할 수 있다(그림 18.24).

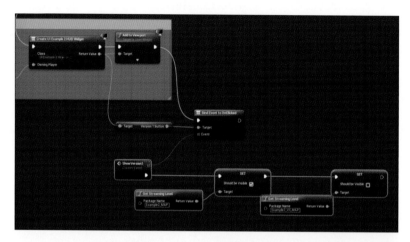

그림 18.24 Version1Button 위젯의 **OnClicked** 이벤트에 이전에 생성한 **ShowVersion1** 이벤트를 바인딩한다.

이제 위젯 생성 노드로부터 다른 버튼의 참조를 구하고 버튼의 OnClicked 이벤트와 씬 전환 커스텀 이벤트 연결을 반복한다(그림 18.25).

이제 버튼을 클릭하면 이벤트가 발생하고 레벨이 전환된다.

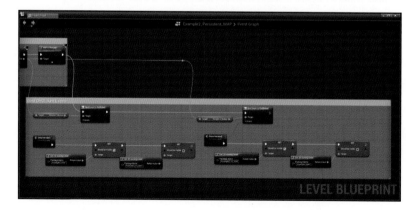

그림 18.25 퍼시스턴트 레벨 블루프린트에서 두 개의 버튼이 모두 씬 전환 이벤트와 연결된 모습

컴파일과 저장하기

레벨 블루프린트를 컴파일해 오류가 없는지 확인하고 이를 저장한다.

게임 플레이

이제 레벨에서 플레이 버튼을 누르면 마우스 기반 사용자 인터페이스를 사용할 수 있다. 키보드와 마우스를 이용해 레벨을 탐험하고 UI를 통해 손쉽게 두 버전의 씬을 전환할 수 있다(그림 18.26).

그림 18.26 PIE에서 게임을 실행한 모습. 버튼을 이용해 바로 씬 전환이 가능하다.

요약

18장을 통해 UE4의 레벨 스트리밍 시스템과 런타임에 바로 레벨을 전환하는 데 이를 활용하는 방법을 살펴봤다. 레벨 스트리밍은 시각화 제품에서 서로 다른 데이터 세트를 전환하는 데 사용하기에 매우 훌륭한 기능이며 설정과 관리가 쉽다.

또한 이벤트 바인딩을 통해 블루프린트가 다른 블루프린트와 통신하는 방법을 살펴보고 UMG를 활용해 간단하지만 효과적인 사용자 인터페이스를 제작하는 데 이벤트 바인딩을 사용했다.

UMG는 훌륭한 리소스이며 UE4에서 사용 가능한 최고의 사용자 인터페이스 제작 도구 중 하나다. UE4의 유연함과 성능을 결합하면 상상할 수 있는 거의 모든 애플리케이션을 만들 수 있다.

이 게임은 단순한 예제에 불과하지만 UMG는 AAA 블록버스터 비디오 게임 같은 복잡한 게임에서 성공적으로 사용되고 있다. UE4의 성능, 유연성, 사용 편의성은 UE4가 시각화 제품을 만드는(게임을 포함해서) 거의 모든 산업에서 지배적인 역할을 하는 이유 중 하나다.

19장

고급 블루프린트: 머티리얼 전환하기

고품질의 블루프린트를 제작하는 것은 UE4를 활용한 애플리케이션이 성공을 하기 위해 필수적이다. 좋은 블루프린트 시스템은 여러분 자신 또는 팀의 다른 구성원이 사용하기 쉬운 도구로 제작되며 애플리케이션에서 필요한 새로운 기능을 생성을 생성하는 데 활용된다. 19장에서는 플레이어가 씬에 배치된 액터를 클릭하는 기능과 목록에서 다음 머티리얼로 전환하는 기능을 제공하는 단일 액터 블루프린트를 생성하는 방법을 배운다. 블루프린트를 심도 있게 살펴봄으로써 다른 블루프린트와 통신하는 방법과 실행 중에 속성을 변경하는 방법을 이해할 수 있다.

지금까지 진행한 내용을 통해 대화형 시각화 애플리케이션을 제작하는 방법을 이해했을 것이다. 플레이어 컨트롤러와 폰을 생성, 레벨을 전환하고 UMG에서 사용자 인터페이스를 개발하는 방법을 살펴봤다. 많은 내용을 진행한 것 같지만 이는 어쩌면 단계를 하나 넘었을 뿐이다. 이제 다음 단계로 넘어갈 차례다.

19장은 일반적으로 UE4에서 프로그래밍 경험이 있거나 고급 시스템이 어떻게 구축되는지를 알고 싶은 사람들을 위한 내용을 다룬다. 어느 쪽이든 19장의 내용을 따라 진행하기 전에 이 책에서 지금까지 다룬 모든 주제를 확실히 이해해야 한다.

19장에서는 블루프린트 시스템에서 전체적으로 가장 중요한 부분을 보여주고, UE4와 블루프린트에서 프로그래밍 패턴을 적용하는 방법에 대한 지침을 제공한다.

19장에서 사용하는 프로젝트 파일을 www.TomShannon3D.com/UnrealForViz에서 다운로드할 수 있기 때문에 프로젝트의 내용을 자세히 살펴보고 따라하거나 다른 프로젝트에 복사해 사용할 수 있다.

목표 설정하기

19장의 목표는 다음에 나열된 기능을 담당하는 블루프린트 액터 클래스를 생성하는 것이다.

- 에디터를 사용해 레벨 디자이너[LD]에서 블루프린트를 레벨에 배치할 수 있게 한다.
- 클릭하면 머티리얼이 변경되는 씬에 배치된 스태틱 메시 액터 목록을 정의한다.
- 플레이어가 메시 중 하나를 클릭하면 목록으로 정의된 머티리얼을 순환시켜 변경한다.
- 수정 가능하다는 점을 시각적으로 보여주기 위해 플레이어의 커서가 액터 위에 있을 때 목록에 있는 액터를 강조 표시한다.

개인적으로는 이 같은 시스템을 구현하는 5가지 정도의 방법을 생각할 수 있다. 프로그래밍 면에서 완벽한 솔루션을 만들어 내기는 쉽지 않다. 모든 프로그래머는 문제를 다른 방식으로 접근한다.

이 프로젝트에서는 메시와 머티리얼 목록을 저장하기 위해 여러 변수를 포함하는 단일 액터 블루프린트를 생성할 예정이다. 이 블루프린트는 시각적 신호를 통해 설정되는 레벨 디자이너를 명확히 보여주고 설정을 쉽게 만들어 문제가 발생했을 때 디버깅을 쉽게 진행할 수 있도록 해준다.

또한 마켓플레이스 콘텐츠를 프로젝트로 이주시키고 이를 수정해 객체의 외곽선 Outline을 표시하는 데 사용한다. 이 머티리얼은 블루프린트를 사용해 효과가 토글되며 후처리 도메인 머티리얼을 사용한다.

그림 19.1 레벨 디자이너에 친숙한 디자인의 레벨에 배치된 머티리얼을 전환시키는 블루프린트

액터 블루프린트 제작하기

단일 블루프린트를 사용해 레벨 설정 작업을 처리하는 디자이너(레벨 디자이너 또는 LD)와 플레이어(사용자) 모두가 사용하기 쉬운 시스템을 생성하는 데 필요한 모든 기능을 추가할 수 있다.

액터 블루프린트는 레벨에 배치할 수 있으며 수정 가능한 3D 트랜스폼 정보를 가진다. 기능을 확장하기 위해 블루프린트 액터에 컴포넌트를 추가할 수 있다. 컴포넌트에는 메시, 파티클 이펙트Particle Effects, 사운드 큐Sound Cue 등이 포함된다.

또한 액터 블루프린트는 특별한 일을 처리할 수 있다. 액터 블루프린트는 레벨의 다른 액터를 참조할 수 있다. 이 블루프린트는 레벨에 있는 메시 중 변경 가능한 다양한 스태틱 메시와 통신해야 하기 때문에 이런 특별한 기능이 필수적이다.

콘텐츠 브라우저에서 블루프린트를 생성한다. 새 블루프린트의 기반이 되는 클래스를 선택하는 옵션이 나타나면 Actor 클래스를 선택한다(그림 19.2).

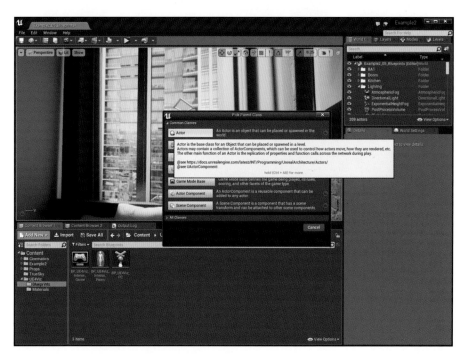

그림 19.2 콘텐츠 브라우저에서 새 액터 블루프린트 생성하기

생성된 블루프린트 이름을 BP_MaterialSwitcher_Actor로 지정하고 플레이어 컨트롤러, 게임모드, 폰과 함께 'Blueprints' 폴더에 저장한다.

변수 생성하기

이 블루프린트 클래스에 정보나 데이터를 저장해야 한다. 블루프린트에 데이터를 저장하기 위해 변수를 사용한다. 변수는 불린, 플로트 같은 익숙한 유형부터 프로젝트에 포함된 다른 클래스까지 사용할 수 있는 종류가 다양하다.

클래스와 액터를 변수로 사용할 수 있는 이 기능을 통해 변경하려는 스태틱 메시를 참조할 수 있다. 콘텐츠 브라우저에 저장된 애셋도 참조할 수 있다. 이를 활용해 스태틱 메시에 적용되는 다양한 종류의 머티리얼을 정의할 수 있다. 머티리얼을 전환시키는 블루프린트 동작을 완성시키는 데에는 몇 개의 변수만 추가하면 된다(그림 19.3).

그림 19.3 머티리얼 전환 블루프린트 변수와 함수

내 블루프린트^{My Blueprint} 패널의 신규 추가나 변수^{Variables} 섹션 옆의 + 아이콘을 클릭해 블루프린트 에디터에 변수를 추가할 수 있다(그림 19.3 참조).

변수를 생성하면 이름을 지정하고 변수 유형^{type}을 할당해야 한다. 내 블루프린트 패널이나 디테일 패널에서 이름을 다시 변경하거나 유형을 다시 설정할 수 있다.

변수의 **유형**(플로트, 스트링, 벡터 등)을 정의할 수 있을 뿐만 아니라 **배열**로도 정의할 수 있다. 배열 변수는 설정된 유형의 목록이 된다. 이 목록은 변수의 **편집 가능**^{Allow Editing} 속성이 true로 설정된 경우에는 액터의 디테일 창에서 변경과 편집이 가능하다.

새 변수를 생성할 때마다 이전에 생성한 변수에 설정한 유형과 배열 설정이 기본 값으로 적용된다.

Meshes To Modify 배열 변수

Meshes To Modify 변수는 클릭했을 때 머티리얼이 변경되는 스태틱 메시 액터(콘텐츠 브라우저에 저장된 스태틱 메시 애셋이 아니라 레벨에 배치된 스태틱 메시)의 배열이다. 이 변수를 사용하면 레벨 디자이너가 클릭됐을 때 머티리얼이 변경되는 여러 가구 종류를 배열에 정의할 수 있다.

배열 유형의 변수를 통해 레벨 액터의 목록을 저장할 수 있으며 이벤트 그래프 노드를 통해 접근할 수 있다(그림 19.4).

변수를 생성하고 이름을 지정하고 변수 유형을 할당한 다음, 변수 옆에 있는 격자 모양 아이콘을 클릭해 배열로 변환한다. 변수를 클릭하면 디테일 패널에서 변수의 속성을 채울 수 있다.

변수를 **편집 가능**^{Editable}으로 설정해 레벨 액터의 디테일 패널에서 배열 변수가 보이도록 설정한다. 이렇게 설정하면 레벨에 배치된 여러 인스턴스에 다른 종류의 메시 세트를 배열에 할당할 수 있다. 그림 19.4를 통해 디테일 패널에서 Meshed To Modify 속성이 표시되는 상태를 확인 가능하다.

Expose on Spawn 옵션은 실행 중에 액터를 프로그래밍 방식으로 생성하는 경우 변수를 쉽게 설정할 수 있도록 하는 특별한 설정이다. 액터를 프로그래밍 방식으로 생성하지 않는 경우에는 이 옵션을 true로 설정할 필요가 없다.

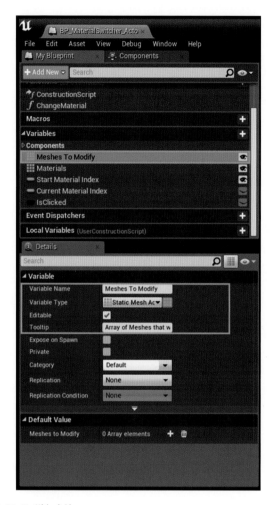

그림 19.4 Meshes To Modify 변수 속성

Materials 배열

Materials 변수는 **머티리얼 인터페이스**Material Interface를 참조하는 배열이다. 머티리얼 인터
페이스 변수 유형은 일반적인 머티리얼과 머티리얼 인스턴스를 저장하는 데 모두 사
용할 수 있다.

레벨에 배치된 스태틱 메시 액터를 참조하는 Meshes To Modify 변수와는 달리 Materials 배열 변수는 콘텐츠 브라우저의 애셋을 참조한다. 이렇게 하면 머티리얼이 씬에 할당되지 않은 상태에서도 프로젝트의 머티리얼 라이브러리를 사용할 수 있다.

이 변수를 편집 가능으로 설정하면 레벨 디자이너가 각 레벨에 있는 액터별로 이 변수를 설정(변경)할 수 있다.

Start Material Index 변수

Start Material Index 변수는 **인티저**^{Interger} 유형이다. 인티저는 1, -2, 8675309 같은 정수를 저장한다. 인티저에는 소수는 저장할 수 없지만 음수는 저장 가능하다. 예제의 경우 이 변수를 사용해 Materials 배열에서 머티리얼을 선택한다.

인덱스^{index}는 배열에 있는 항목의 위치를 숫자로 나타낼 때 사용하는 용어다. UE4에서 인덱스는 0부터 시작되기 때문에 인덱스 값이 0이라는 뜻은 배열의 첫 번째 항목을 나타내며 인덱스 값이 3일 때는 배열의 4번째 항목을 나타낸다. 이는 다소 혼란스러울 수 있고 이런 차이로 실수를 하기 쉽기 때문에 주의해야 한다.

예제에서는 이 인덱스를 사용해 Materials 배열에서 Meshes To Modify 액터에 적용할 머티리얼을 정의한다.

레벨을 제작할 때 인덱스 시작 값과 기본으로 설정될 머티리얼을 정할 수 있도록 이 변수 또한 **편집 가능**으로 설정한다(그림 19.5).

그림 19.5 인티저(정수)와 편집 가능이 설정된 Start Material Index 변수 속성

Current Material Index 변수

또 다른 인티저 변수인 **Current Material Index** 변수를 설정한다. Start Material Index
변수와 비슷하지만 편집 가능 속성은 설정하지 않는다. Current Material Index는 실
행 중에 블루프린트에서 사용되며 레벨 디자이너나 사용자가 바로 설정하지 않기 때
문에 편집 가능 옵션을 설정하지 않는다. 이 변수는 사용자의 클릭을 추적하는 데 사
용하며 사용자가 메시 액터를 클릭할 때마다 값을 하나씩 증가시킨다.

IsClicked 변수

IsClicked 변수는 불린 유형의 변수다. 불린은 true와 false 이렇게 두 가지 값만 가질
수 있다. 이 변수는 사용자의 클릭이 의도된 것인지 의도하지 않은 것인지를 판단하
기 위해 실행 중에 코드에서 사용되기 때문에 Current Material Index 같이 편집 가
능 속성을 설정하지 않는다.

컴포넌트 추가하기

컴포넌트는 블루프린트의 하위 액터와 비슷하다. 컴포넌트는 코드, 이펙트, 입력 등
을 포함해 블루프린트 클래스에서 하는 모든 내용을 포함할 수 있는 C++과 블루프린
트 클래스다.

블루프린트에서 컴포넌트를 생성하는 방법에는 두 가지가 있다. 하나는 실행 중에 프
로그래밍 방식으로 생성하는 방법이고, 다른 하나는 컴포넌트와 블루프린트 에디터
의 뷰포트 탭을 사용해 직접 생성하는 방법이다(그림 19.6).

그림 19.6 빌보드(Billboard) 컴포넌트 모습

빌보드 컴포넌트

빌보드 컴포넌트는 액터의 기반 역할을 한다. 빌보드 클래스는 텍스처가 항상 플레이어를 향하도록 설정한다. 렌즈 플레어^{lens flare}나 특수 효과에 이 컴포넌트를 사용할 수 있다. 예제의 경우에는 레벨 디자이너가 볼 수 있고 레벨에서 선택할 수 있는 객체를 표시하는 데 사용된다.

컴포넌트를 추가할 때는 컴포넌트 추가^{Add Component} 드롭다운 메뉴를 사용해 추가하려는 컴포넌트를 선택한다. 이 경우에는 빌보드 컴포넌트를 선택한다.

기본 컴포넌트로 설정된 DefaultSceneRoot 컴포넌트를 대체하기 위해 새로 생성된 빌보드 컴포넌트를 DefaultSceneRoot 컴포넌트 위로 드래그하면 기본 컴포넌트가 변경된다.

그림 19.6처럼 화면에 표시하는 커스텀 **스프라이트**^{Sprite} 텍스처를 정의할 수도 있다. 그림에서보는 Spawn_Point는 UE4에서 제공되는 엔진 콘텐츠에서 얻은 텍스처다.¹ 물론 텍스처를 제작하고 UE4로 임포트해 스프라이트 텍스처로 사용할 수도 있다.

Is Screen Size Scaled 속성을 true로 설정하면 화면에서 스프라이트가 특정 크기 이상으로 설정되지 않는다. 이 설정은 카메라가 스프라이트에 가까이 다가갔을 때 아주 큰 스프라이트로 화면이 가득 채워지는 상황을 방지하는 데 도움이 된다.

TextRender 컴포넌트

TextRender 컴포넌트는 2D 텍스트 문자열을 3D 공간에서 보여주며 바로 편집할 수 있어 매우 편리한 기능을 제공한다(그림 19.7). 예제에서는 Meshes To Modify 배열에서 선택된 첫 번째 메시의 이름을 보여주는 데 이 컴포넌트를 사용한다.

---

1 콘텐츠 브라우저의 눈 모양 아이콘(뷰 옵션)을 선택하고 엔진 콘텐츠 표시(Show Engine Content)를 선택하면 엔진에 포함된 콘텐츠에 접근할 수 있다. 엔진 콘텐츠에서는 어떤 내용도 수정하지 않는 것이 좋다. 이를 변경하면 다른 팀 구성원들 간에 콘텐츠를 공유할 때 문제가 발생할 수 있다. 변경이 필요한 경우에는 프로젝트로 복사해서 변경해야 한다.

그림 19.7 TextRender 컴포넌트 모습

Change Material 함수 생성하기

Change Material 함수(그림 19.8)는 이 블루프린트 전체에서 핵심이 되는 기능을 담당
한다. Change Material 함수는 스태틱 메시에 머티리얼을 할당하는 작업을 처리한다.
또한 오류를 피하는 코드가 포함돼 머티리얼이 항상 할당돼 있는지 확인한다.

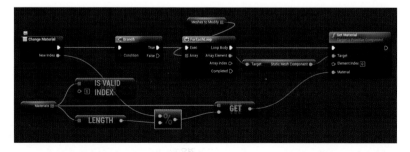

그림 19.8 Change Material 함수

함수는 특정 기능을 캡슐화^{encapsulation}하는 데 사용되며 특히 어떤 기능을 재사용하고 싶을 때 사용한다. 예제의 경우 머티리얼을 변경하는 작업이 Construction Script에서 사용되며 이벤트 그래프의 Begin Play 이벤트가 호출된 후에도 사용되고 실행 중에 플레이어가 목록에 있는 메시를 클릭했을 때도 사용된다.

내 블루프린트 패널에서 변수를 생성했던 것과 비슷한 방법으로 함수를 생성한다.

신규 추가 버튼을 클릭하고 드롭다운 메뉴에서 함수^{Function}를 선택한다. 생성한 함수 이름을 Change Material로 지정한다.

함수가 생성되면 빈 이벤트 그래프에 편집할 수 있는 창이 바로 열린다. 이미 생성된 함수를 다시 열 때는 내 블루프린트 패널에서 함수를 더블 클릭하면 된다.

New Index 입력

함수는 입력과 출력을 가질 수 있어 입력된 데이터를 처리하고 이를 반환할 수 있다. 입력과 출력은 서로 다른 데이터 유형일 수도 있다. 이런 함수의 간단한 예로 배열의 Get 함수가 있다. 함수에 인덱스 인티저 입력을 제공하면 스태틱 메시이든 머티리얼이든 배열에 정의된 항목을 반환한다.

입력을 추가할 때는 그래프 에디터에서 함수 노드를 클릭한다. 그러면 입력과 출력을 포함한 함수의 속성이 디테일 패널에 나타난다.

디테일 패널에서 입력 옆에 있는 + 버튼을 눌러 입력을 추가한다. New Index라고 이름을 지정하고 유형을 인티저로 설정한다.

이 입력은 Materials 배열에서 사용할 인덱스를 정의한다. 이를 통해 함수가 여러 기능을 가질 수 있도록 만든다. 머티리얼 수가 변경될 때마다 새로운 함수를 작성하는 대신 원하는 인덱스를 정의하는 데 간단히 이 변수를 사용하면 된다.

Is Valid Index

Is Valid Index는 계속 진행하기 전에 배열이 유효한지 확인하고, 빈 배열 항목에 접근하지 않도록 Materials 배열을 확인하는 작업을 수행한다.

For Each 루프

이 유효성 검사를 통과하면 이 함수는 Meshes To Modify 배열에 있는 각 메시를 순회하고 메시의 Set Material 함수를 호출한다.

적용할 머티리얼을 결정하기 위해 제공된 New Index 값을 사용해 Materials 배열에서 머티리얼의 참조를 얻어야^{Get} 한다.

모듈러(%)^{Modulo} 노드는 제공된 인티저 값이 머티리얼의 사용 가능한 범위 안에 있는지 확인하는 데 사용한다. A를 B로 나눈 나머지를 반환해 확인한다. 예를 들어 1 mod 4 = 1, 4 mod 4 = 0, 5 mod 4 = 1, 55 mod 4 = 3과 같은 식이다.

Construction Script 이해하기

블루프린트 코드는 두 번 실행되는 데 한 번은 **Construction Script**에서 액터가 생성되는 동안에 실행되고 한 번은 런타임에 **이벤트 그래프**에서 실행된다.

Construction Script는 블루프린트 클래스가 월드 공간에 처음 생성되면 한 번만 실행된다. 이는 에디터에서 액터를 배치하거나 변경하는 경우가 될 수도 있고 실행 중에 액터나 객체가 생성되는 경우가 될 수도 있다. Construction Script는 게임이 실행되기 전에 블루프린트가 처리해야 하는 작업을 프로그래밍할 수 있는 공간이다. 여기에는 컴포넌트 생성, 다른 액터 변경 등과 같은 작업이 포함될 수 있다.

레벨에 배치된 액터는(런타임에 생성되는 액터와 반대로) 에디터에서 Construction Script를 실행하며 레벨을 저장할 때 실행 결과가 파일로 저장된다. 레벨이 다시 로드되더라도 Construction Script는 다시 실행되지 않는다.

이 블루프린트 클래스의 Construction Script에서 처리하는 3가지 주요 작업은 텍스트 레이블 설정, 액터에서 수정할 메시까지 선 그리기, Start Index 변수와 일치하도록 메시의 머티리얼 설정하기가 있다(그림 19.9).

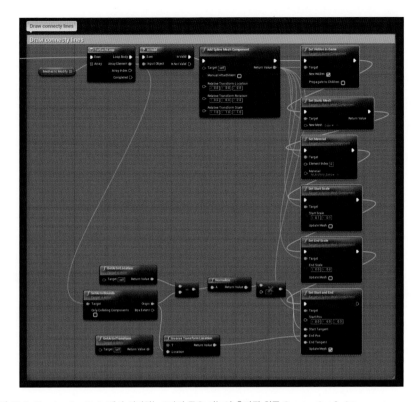

그림 19.9 Construction Script에서 처리하는 3가지 주요 기능이 추가된 최종 Construction Script

텍스트 레이블 설정

Construction Script는 먼저 선택된 메시를 기반으로 TextRender 컴포넌트의 Text 속성을 설정하는 작업을 시도한다(그림 19.10). 선택된 메시가 없는 경우 'None'으로 표시해 이를 작업하는 레벨 디자이너가 시스템이 올바르게 동작하는지 여부를 알 수 있다.

이를 처리하기 위해 Construction Script는 Meshes To Modify 배열의 첫 번째 항목의 참조를 얻은 다음, Get Display Name을 사용해 이름을 얻어 Text Render 컴포넌트의 Set Text 함수와 연결한다.

특정 클래스를 참조하는 많은 블루프린트 노드와 마찬가지로 먼저 TextRender 컴포넌트에 대한 참조를 가져온 다음, 선을 에디터로 드래그해 해당 클래스에서 사용 가능한 노드의 컨텍스트 목록을 확인해야 한다.

분기^{Branch}는 빈 배열에서 **Get** 노드를 호출하지 않도록 확인해(이는 잘못된 작업이며 애플리케이션이 종료되는 문제를 발생시킬 수 있다) Meshes To Modify 배열의 첫 번째 항목(Index 0)이 유효한 경우에만 코드 실행 경로가 진행되도록 한다.

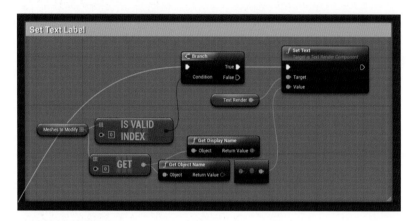

그림 19.10 Set Text Label 처리 과정

연결된 선 그리기

제품에서 사용하기 위해 블루프린트를 설계할 때는 플레이어(사용자)가 블루프린트와 상호작용하는 방식을 고려해야 할 뿐만 아니라 레벨을 설정하는 작업자가 블루프린트와 상호작용하는 방식도 고려해야 한다. 지나치게 복잡하거나 사용하기 어려운 도구는 사용하지 않으며, 이를 제작하는 데 걸리는 시간은 결국 낭비된다. 따라서 에디터에서 기능을 다듬어 누구나 쉽게 사용할 수 있도록 만드는 것이 중요하다.

레벨 디자이너가 작업하는 데 도움이 되도록 레벨에 배치된 머티리얼 변환 액터에 의해 참조되는 스태틱 메시 액터를 시각적으로 표시하는 방법을 제공한다. 이를 위해 Meshes to Modify 배열에 나열된 각 메시에 스플라인^{spline}을 추가한다(그림 19.11).

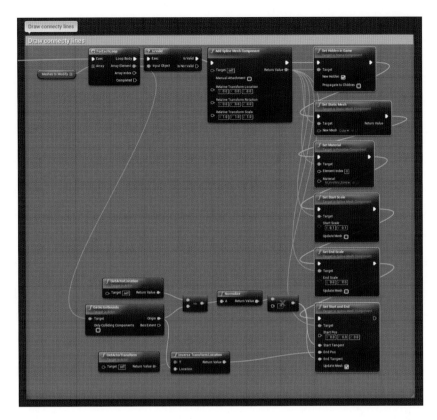

그림 19.11 할당된 메시를 시각화하는 데 도움을 주는 3D 선 그리기

Meshes To Modify 배열에 있는 모든 메시에서 라인을 그려야 하기 때문에 For Each Loop를 사용해 배열을 순회해야 한다.

루프가 실행될 때마다 루프 함수의 **Array Element**가 유효한 항목을 반환하는지 확인한다(배열에서 빈 항목이 반환되는 경우가 발생할 수 있다). 반환된 항목이 유효하면 **Add Spline Mesh Component** 노드를 사용해 블루프린트에 Spline Mesh 컴포넌트를 추가한다.

그런 다음 블루프린트에서 참조되는 각 메시로 향하는 모든 라인에 스타일을 적용한다.

Set Hidden In Game 노드를 사용하면 에디터에서는 컴포넌트를 볼 수 있지만 게임모드(시뮬레이션 모드, 플레이 버튼 클릭 또는 G 버튼을 눌러 게임모드 미리보기)에 들어가면 숨겨진다. Light 액터의 아이콘과 화살표 같이 많은 에디터 전용 액터에서 이 설정을 사용한다.

그런 다음 Cube Mesh 스태틱 메시 애셋을 Spline Mesh 컴포넌트에 할당하고 **Set Static Mesh**와 **Set Material** 함수를 사용해 머티리얼을 할당한다.

Set Start Scale과 **Set End Scale**을 사용해 Start와 End 스케일을 설정하면 화살표 모양의 선을 만들 수 있다.

마지막으로 **Set Start**와 **Set End** 함수를 사용해 블루프린트 액터의 월드 위치를 기준으로 스플라인의 시작 지점과 끝 지점의 정점^{vert} 위치를 설정한다. 이 정점의 위치는 블루프린트 액터의 월드 위치에 상대적이기 때문에 값 0,0,0은 블루프린트의 피벗 포인트 위치를 의미한다.

그런 다음 Get Actor Bounds 함수를 사용해 스태틱 메시 액터의 월드 공간 위치를 구한다. 이렇게 구한 위치를 Inverse Transform Position 노드를 사용해 로컬 공간으로 변환하고 Set Start와 Set End 노드의 End 속성에 연결한다.

이 시점에서의 스플라인은 매우 이상해 보이는데 이는 스플라인의 각 지점에 탄젠트^{tangent} 방향을 정의해야 하기 때문이다. 스플라인 방향과 동일하게 탄젠트를 설정해야 하기 때문에 한 위치에서 다른 위치를 뺀 결과를 정규화^{nomalize}해 단위 벡터$^{Unit\ vector}$를 얻은 다음, Start와 End Tangent 속성에 이를 연결한다.

맥락 의존적 체크박스 사용

사용 가능한 클래스 관련 메서드에 접근하기 위해 **Add Spline Component**의 Return Value에서 드래그를 해야 이 함수에 접근할 수 있다는 점을 기억하자. 또한 팝업 메뉴에서 맥락 의존적$^{Context\ Sensitive}$ 체크박스의 선택을 해제할 수도 있다. 체크박스를 해제하면 블루프린트에서 배치 가능한 모든 메서드를 목록에서 확인할 수 있다. 하지만 체크박스를 해제해 사용하면 상황에 맞게 정렬된 목록보다 훨씬 더 많은 옵션이 제공되기 때문에 혼란스러울 수도 있다.

맥락 의존적 체크박스를 선택하고 선을 드래그해 사용하는 방식은 모든 노드에서 유용하다. 예를 들어 핀에서 노란색 벡터 선을 드래그하고 *를 입력하면 벡터에서 사용할 수 있는 다양한 곱하기 노드 목록을 확인할 수 있고, 이 목록에서 vector * vector 연산 노드를 쉽게 찾을 수 있다.

Change Material To Start Index

Material Switcher 블루프린트가 에디터에서 동작하게 만들려면 이전에 생성해둔 Change Material 함수를 Construction Script에서 호출해야 한다(그림 19.12). 이제 레벨 디자이너가 에디터에서 Start Material Index 변수를 설정하면 이에 따라 머티리얼이 변경되는 것을 확인할 수 있다.

Construction Script에 Change Material 함수를 추가하면 Index 변수 값을 수동으로 설정했을 때 이에 따라 머티리얼이 변경되는 것을 확인할 수 있기 때문에 함수를 테스트하기에도 편리하다.

그림 19.12 Construction Script에서 Change Material 함수 호출하기

이벤트 그래프 이해하기

이벤트 그래프Event Graph는 게임이 실행될 때 작동하는 블루프린트의 한 부분이다. 여기에서 함수와 이벤트를 추가할 수 있고 Tick, 입력 이벤트 같은 다양한 게임 이벤트에 반응하는 노드를 추가할 수 있다. 이 블루프린트에서는 이벤트 그래프에서 액터를 강조 표시하고 사용자가 액터를 클릭했을 때 머티리얼을 변경하는 작업을 처리한다(그림 19.13).

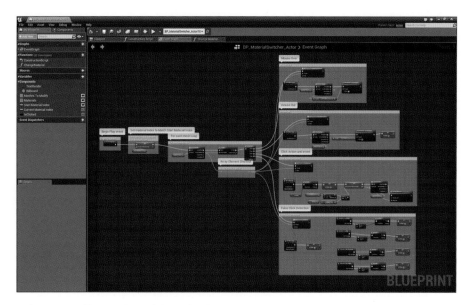

그림 19.13 주요 함수를 보여주는 이벤트 그래프 개요

계속 진행하기 전에 블루프린트 에디터의 이벤트 그래프 탭에서 작업 중인지 확인한다.

Material Switcher 블루프린트 클래스에서 이벤트 그래프의 주요 목적은 마우스 입력 이벤트를 받아 모든 Meshes To Modify 액터를 설정하는 것이다. 코드에서는 이를 위해 Meshes To Modify 배열의 모든 메시를 루프로 순회하고, 이벤트 바인딩을 사용해 사용자가 메시를 클릭했을 때 메시가 어떻게 동작해야 하는지를 알려준다.

Begin Play

Material Switcher 블루프린트에 있는 이벤트 그래프 코드는 Begin Play 이벤트로 시작된다. Begin Play 이벤트는 런타임에 액터나 객체가 게임에 처음 생성됐을 때 한 번만 호출된다.

Begin Play 이벤트 노드 그래프의 첫 번째 부분은 이제 익숙할 것이다. Meshes To Modify 배열의 각 스태틱 메시 액터를 루프를 통해 순회하고 null 포인터에 접근하는 것을 피하기 위해 배열에 저장된 값이 유효한지 확인한다. 이 값이 유효하면 다양한 마우스 입력 이벤트에 따라 필요한 기능을 할당한다.

이벤트 바인딩

18장에서 살펴봤듯이 블루프린트는 게임 내 다른 클래스에서 발생하는 이벤트에 연결할 수 있다. 이 기능은 블루프린트를 간결하게 유지하는 데 매우 유용하다. 이벤트 바인딩 기능을 사용하면 마우스 이벤트를 모든 메시에 등록하는 코드를 작성할 필요가 없다.

이전과 마찬가지로 함수에 바인딩^{Bind To Function} 노드의 빨간색/오렌지 델리게이트 박스에서 그래프 에디터로 마우스를 드래그한 뒤 이를 해제하고 **Add Custom Event**를 선택한다. 이렇게 하면 이 이벤트에 대해 입력과 다른 설정이 적절하게 구성된 새로운 커스텀 이벤트가 추가된다. 예제의 경우 커스텀 이벤트에서 자동으로 추가된 Touched Actor 값을 반환하는 것을 확인할 수 있다.

마우스 오버와 마우스 아웃

마우스 기반 인터페이스를 가진 많은 애플리케이션과 마찬가지로, UE4 역시 마우스 커서가 액터 위에 위치하는 경우^{mouse hover} 시작되는 시점과 마우스 커서가 액터에서 벗어나는 시점에 이벤트를 제공한다.

예제의 경우 이 이벤트를 사용해 Post-Process 머티리얼에서 메시를 감지하기 위해 Meshes To Modify 배열의 모든 메시에 Custom Depth 속성을 설정한다. 그림(그림 19.14와 19.15)에서 볼 수 있듯이 사용자가 마우스 커서를 액터에 가져가면 코드에서 Meshes To Modify 배열을 순화해 각 메시의 Custom Depth 속성을 true로 설정하고 마우스 커서가 액터에서 벗어나면 이를 false로 설정하는 모습을 확인할 수 있다.

그런 다음 Post-Process 머티리얼에서 Custom Depth 속성을 읽고 마우스 커서가 위치한 액터 주변에 외곽선을 생성한다.

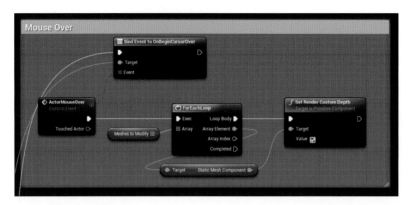

그림 19.14 Mouse Over 이벤트 그래프

그림 19.15 Mouse Out 이벤트 그래프

노드에서 IsClicked 변수를 false로 설정하는 것을 볼 수 있다. 이렇게 하면 플레이어의 마우스 커서가 액터 둘레를 벗어나면 플레이어가 마우스 버튼을 누른 채로 다시 액터 둘레로 들어오더라도 마우스 클릭을 해제했을 때 Change Material 함수가 실행되지 않는다.

기능을 다듬는 이런 종류의 코드를 통해 사용이 불편한 시스템과 사용자 예상에 따라 동작하는 시스템 간의 차이를 만들어 낼 수 있다. 사용자가 뷰를 드래그하다가 마우스 클릭을 해제했을 때 메시의 머티리얼이 우연히 변경되는 상황을 테스트를 통해 확인한 후에 이 변수를 추가했다.

클릭 동작

플레이어가 Meshes To Modify 배열의 메시를 클릭하면 머티리얼이 변경돼야 한다. 이 작업은 Current Material Index 변수를 하나씩 증가시켜 수행한다. 변수를 하나씩 증가시키는 과정에서 모듈로(%) 연산자(그림 19.16)를 사용해 해당 값이 사용 가능한 범위 안에 있게 만들어 기본적으로 지정된 범위 안에서 정수가 반복되도록 설정한다.

그런 다음 모듈로 연산 결과는 Change Material 함수로 전달되고, 이 함수에서 Meshes To Modify 배열에 있는 모든 메시의 머티리얼을 변경한다.

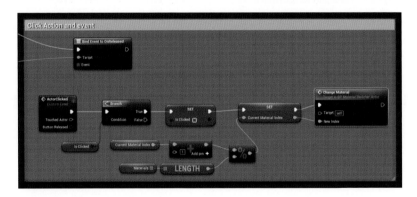

그림 19.16 클릭 동작과 이벤트

가짜 클릭 감지하기

플레이어가 마우스를 사용해 카메라를 회전시킬 때 레벨에 배치된 메시가 클릭되기를 원하지는 않을 것이다. 벽과 바닥의 머티리얼을 변경 가능하도록 만들면 머티리얼이 실수로 바뀌지 않고 플레이어가 카메라를 회전시킬 수 있는 공간이 매우 제한적이다.

블루프린트는 이런 문제를 해결하기 위해 플레이어가 클릭만 하는 것이 아니라 뷰를 회전시키기 위해 클릭하고 드래그하는 상황을 감지한다(그림 19.17).

이를 위해 IsClicked 변수를 추가했다. 플레이어가 메시를 직접 클릭했을 때만 이 변수를 true로 설정하고, 다른 마우스 입력이 발생하면 Change Material 함수가 호출되는 경우를 피하기 위해 이 변수를 false로 설정한다.

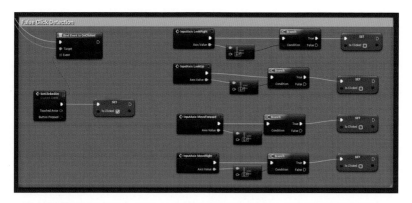

그림 19.17 가짜 클릭 감지

레벨 채우기

콘텐츠 브라우저에서 레벨로 배치하려는 모든 애셋과 마찬가지로 콘텐츠 브라우저에서 뷰포트로 간단히 드래그 앤 드롭해서 배치하는 것이 가장 좋은 방법이다.

변경을 원하는 메시 근처에 Material Switcher 블루프린트를 배치하는 작업으로 시작한다(그림 19.18). 오른쪽의 디테일 패널에서 편집 가능 속성이 설정된 변수가 보이는 것을 확인할 수 있고, 이를 통해 레벨 디자이너가 이 변수를 변경해가면서 작업할수 있다.

그림 19.18 커플 의자 주변의 레벨에 추가된 Material Switcher 블루프린트

메시 추가하기

이제 블루프린트가 영향을 줄 메시를 정의할 차례다. 디테일 패널에서 Meshes To Modify 배열을 찾고 + 버튼을 클릭해 배열에 새 항목을 추가한다. 그러면 드롭다운 목록에서 레벨에 배치된 모든 스태틱 메시를 확인할 수 있다. 하지만 이렇게 하면 메시를 선택하는 작업이 까다로울 수 있으므로, 이 방법대신 스포이드^{eyedropper} 도구를 사용한다(그림 19.19).

목록에 메시를 추가하면 Construction Script가 실행되고 블루프린트와 목록에 있는 각 메시 사이에 선이 그려지는 모습을 볼 수 있다(그림 19.20).

그림 19.19 스포이드 도구를 사용해 메시 선택하기

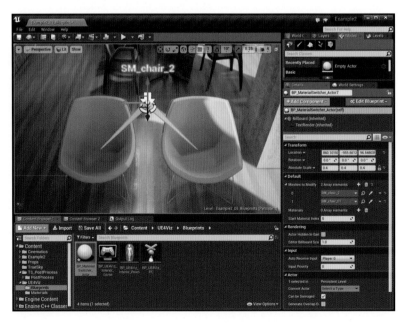

그림 19.20 Meshes To Modify 배열에 메시 추가하기. 연결 선과 텍스트 레이블이 보이는 것을 확인할 수 있다.

머티리얼 추가하기

메시를 목록에 추가하는 작업을 마쳤으면 이와 비슷하게 머티리얼을 설정하는 작업을 진행한다. Materials 배열은 액터 참조가 아니라 애셋 참조를 저장하는 배열이다. 따라서 이전과 같이 스포이드 도구를 사용해 메시를 선택하는 대신 콘텐츠 브라우저에서 머티리얼 또는 머티리얼 인스턴스를 선택한다(그림 19.21).

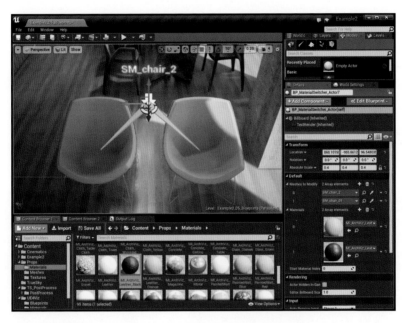

그림 19.21 Materials 배열에 머티리얼이 할당돼 모든 설정이 완료된 블루프린트 모습

기본 값 설정하기

이 블루프린트에서는 배열 이외에는 사용할 수 있는 옵션이 많지 않다. 하지만 Start Material Index 변수를 설정할 수 있다. 이 방법은 영역의 기본 모습을 설정하고 플레이 버튼을 클릭하기 전에 머티리얼을 미리볼 수 있는 쉬운 방법이다.

복사하기 및 붙여넣기

이런 액터를 설정하는 가장 쉬운 방법 중 하나는 변수와 같이 복사와 붙여넣기를 활용하는 것이다. 예를 들어 디테일 패널에서 전체 Materials 배열을 선택하고 이를 복사한 다음, 다른 액터에 있는 동일한 속성에 복사한 내용을 붙여 넣는다.

이 방법은 블루프린트에만 사용 가능한 방법이 아니다. UE4에 다양한 공간에서 복사와 붙여넣기를 사용할 수 있다.

애플리케이션 플레이

이제 플레이 버튼을 눌러 테스트하는 작업만 남았다. 플레이 버튼을 누르면 공간을 이동할 수 있고 레벨에 배치된 다양한 액터를 클릭할 수 있으며, 클릭한 액터의 머티리얼을 변경해 개인적인 인테리어 공간으로 만들 수 있다(그림 19.22).

그림 19.22 시스템을 확인하기 위해 에디터에서 플레이하기

충분한 메시와 머티리얼이 설정되면 몇 번의 클릭만으로 씬의 모습을 다양하게 바꿀
수 있다(그림 19.23과 19.24).

그림 19.23 클릭을 통해 머티리얼을 변경하기 전

그림 19.24 클릭을 통해 머티리얼을 변경한 후

요약

이제 클라이언트가 요구한 모든 기능을 충족시켰기 때문에 클라이언트에게 보낼 수 있는 완전한 기능을 갖춘 애플리케이션이 완성됐다. 그리 많지 않은 노드를 사용해 작업한 간단한 블루프린트가 게임 월드에 강력한 효과를 줄 수 있다는 점을 확인할 수 있었다.

UMG를 사용하는 방법과 레벨에 배치된 액터와 직접 상호작용하는 방법을 통해 상호작용 기능을 만드는 두 가지 방법을 살펴봤다.

또한 UE4에서 데이터를 전환하는 여러 방법과 이에 대한 장점과 작업 방법도 살펴봤다. 이를 통해 여러분이 속한 산업, 작업 방식, 데이터 세트에 필요한 요구사항을 해결하기 위해 고유한 방법을 탐색하고 개발해보기를 기대한다.

20장

책을 마무리하며

이 책은 UE4의 겉모습만 살펴본 것에 불과하다. C++ 소스 코드에
대한 접근, 다양한 플러그인과 통합 도구, 그리고 이런 기능을 매일
향상시키는 지구상에서 가장 뛰어난 개발자들을 통해 UE4는 엔터
테인먼트와 비주얼 커뮤니케이션 업계를 변화시키는 강력한 도구로
자리매김했다. 시각화 제품에서부터 영화, 특수 효과에 이르기까지
미래는 넓게 열려있다.

지속적으로 변화하는 UE4

언리얼 엔진 4는 개인적으로 지금까지 사용해본 그 어떤 소프트웨어 패키지보다 가장 빠른 속도로 진화하고 있다. 처음 사용했던 UE4 Rocket 베타 버전과 비교해보면 지금의 에디터와 개발 도구의 진화는 놀라울 정도다.

지속적인 개선, 혁신, 워크플로가 정기적으로 추가된다. 덕분에 새로 추가된 내용을 살펴보는 것이 개인적인 작업의 상당 부분을 차지한다.

생동감이 넘치는 커뮤니티와 소통하면서 작업한다는 점과 전 세계의 수많은 팀과 개인이 매일 만들어 내는 놀라운 작업을 확인하는 것은 매우 흥분되는 일이다.

미래를 확신할 수는 없지만 에픽 게임즈의 플래닝 도구에 지속적으로 접속해 계획을 확인하고 무수한 동영상을 보고 커뮤니티 및 개발자와 직접 소통하면서 커뮤니티와 에픽 게임즈가 나아가려는 방향을 이해하려고 노력한다.

시각화의 미래

시각화는 몇 가지 고질적인 문제를 안고 있다. 이야기를 효과적으로 전달하고 복잡한 정보를 시각적으로 표현하는 작업은 엄청난 어려움이 따른다. 시각화 제품은 종종 불완전하거나 계속 바뀌는 데이터 세트를 제작해야 하는 상황에서 매우 부족한 예산으로 매우 단기간에 개발된다.

UE4는 이런 어려움을 완화하는 데 도움을 줄 수 있다. 상호작용을 통해 플레이어(사용자)는 자신만의 방식으로 데이터를 시각화할 수 있다. 비디오 게임과 마찬가지로 대화형 시각화 제품을 사용하는 플레이어는 자신만의 고유한 이야기를 만들어내며 자신만의 관점에서 작업을 진행한다.

또한 렌더링 시간을 없앰으로써 데이터 변경이나 개발 기간 막바지에 발생하는 클라이언트 요청을 더욱 쉽게 수용하고 처리할 수 있다. 이를 통해 더 우수하고 더 정확하며 더 유용한 제품이 개발된다. 덕분에 클라이언트는 더 행복함을 느낄 수 있고 렌더링하는 데는 시간을 적게 쓰고 제품을 제작하고 향상시키는 데 더 많은 시간을 투자함으로써 스튜디오의 생산성은 더 높아진다.

가상 현실, 상호작용, 블루프린트와 C++를 통한 고객 맞춤형^{customizing}의 가능성은 UE4가 현재 사용할 수 있는 가장 뛰어난 시각화 도구라는 사실을 의미하며, 아직 본격적으로 시작이 안 된 이런 경쟁에서 선두 주자로 나서고 있다.

다음 단계

지금까지 UE4가 제공하는 기능과 UE4를 통해 할 수 있는 작업 중 극히 일부분만 살펴본 것에 불과하다. 책에서 제시된 예제는 요즈음 제작되는 시각화 제품 유형의 일부분이다. 필요한 데이터와 클라이언트의 요구는 산업별로 다양하며 심지어 프로젝트에 따라 다양하다.

이 책을 통해 여러분의 데이터와 비전을 UE4를 통해 구현할 수 있도록 하는 기반을 제공했기를 바란다. 여러분은 책에서 언급하거나 생각해보지 못해 이 페이지에 쓰지 못했던 여러 어려움을 만나게 될 게 분명하다. 이런 어려움을 만나면 사용 가능한 다양한 리소스를 찾아내야 한다. 하지만 많은 사람이 UE4를 사용하고 배우고 있기 때문에 이런 어려움을 만났을 때 여러분은 결코 혼자가 아니라는 점을 기억하기 바란다. 에픽 게임즈와 UE4 커뮤니티 모두 모든 사람에게 UE4를 최고의 엔진으로 만드는 일에 매우 열정적이다.

UE4를 점점 더 많이 사용함에 따라 여러분의 작업 방식을 살펴보고, UE4에서 권장하는 작업 방식을 선택해 전체 스튜디오에서 적용해 보기를 바란다. 할리우드 영화 제작사와 게임 개발사가 함께 협력하듯이 여러분 역시 게임과 대화형 시각화 제품에 대한 많은 자료에서 배울 수 있고, 이를 일상의 작업에 적용할 수 있다. 이를 통해 작업의 결과와 효율을 향상시키는 것뿐만 아니라 UE4를 필요한 분야와 통합시키는 일을 쉽게 만들 수 있다.

가상 현실

가까운 미래에 가장 유망하고 촉망 받는 기술은 가상 현실^{virtual reality} 기술이다. 지구상의 거의 모든 산업에서 VR을 채택하는 중이다. VR 산업은 아직 초기이지만, UE4

같이 매우 빠르게 발전하고 있다.

UE4는 초기부터 VR을 지원해왔으며 에픽 게임즈가 VR에 대한 혁신을 계속 추진해 오고 있기 때문에 VR 개발에 있어 매우 중요한 역할을 담당하고 있다.

UE4는 현재 에디터에서 VR 모드를 사용할 수 있는 기능이 기본 제공된다. VR 모드 는 디자이너와 아티스트가 VR을 통해 직접 VR 월드를 제작할 수 있는 기능을 제공 하며 데스크톱 버전의 거의 모든 기능을 사용할 수 있다. 매우 놀라운 기능이 아닐 수 없다.

이 기능은 지금껏 어디에서도 도입되거나 찾아볼 수 없었던 기능이다. 하지만 깔끔한 기술 데모와 실현 가능한 작업 방식을 제안하며 빠르게 발전하며 개발되고 있다.

VR 에디터를 사용하지 않더라도 에픽 게임즈에서 제공하는 입력, 트래킹tracking, 기타 VR API와 플랫폼의 다양한 기능을 통해 VR 개발을 쉽게 진행할 수 있다.

VR에 대한 에픽 게임즈의 이런 도구, 자료, 열정이 모여 UE4를 고급 VR 개발 플랫폼 으로 자리매김할 수 있게 만들었다.

영화 제작

할리우드는 UE4에 크게 주목하고 있다. 많은 영화 제작사는 시각화 제품을 만드는 회사가 겪는 어려움과 동일한 어려움에 직면하지만, 대부분 규모가 훨씬 더 크다. 작 은 효율성이라도 아주 큰 차이를 만들어 내기 때문에 UE4의 렌더링 속도와 도구는 분명 매력적이다.

게임 개발자와 영화 제작자들은 자신들의 제품의 개선하기 위해 수년간 서로의 기술 과 기법을 사용해오고 있다.

UE4는 이런 수년간의 통합 과정의 정점에 있다. 게임 개발자와 영화 제작자 모두가 UE4를 익숙하다고 느낀다. 이를 통해 게임과 영화 두 분야의 경계를 완벽하게 허물 어 게임 제작자와 영화 제작자 간의 협력을 이끌고 있다.

몇 년 안에 많은 게임과 영화의 차이를 분간하기 어려울 것이며 게임과 영화에 대한 기대는 극적으로 변화할 것이다.

콘텐츠 제작

UE4가 발전해감에 따라 점점 더 많은 콘텐츠 제작 도구가 개발되고 있다. 에픽 게임 즈는 지난 업데이트에서 표면의 세분화, 페인팅, 조각 도구를 갖춘 전체 폴리곤 모델 링 기능을 추가했다(이 기능은 VR 에디터 모드에서도 동작한다).

UE4는 Render to Texture^RTT 기능도 지원한다. 머티리얼 에디터, 파티클 시스템, UE4에서 사용 가능한 다른 도구를 사용하면 플립북^flipbook 애니메이션을 생성할 수 있고, 섭스턴스 디자이너^Substance Designer나 포토샵 같은 응용프로그램에서 제작한 것 과 같은 효과를 만들 수도 있다.

여러분에게 필요한 모든 도구를 UE4가 대체하는 데는 시간이 아주 오래 걸릴 것이 다. 하지만 개인적으로는 이미 3D 애플리케이션에서 작업하는 시간은 점점 줄어들고 UE4에서 작업하는 시간은 점점 늘어나고 있다.

마무리하며

마지막으로 친절한 독자 여러분께 진심으로 감사드린다. 이 책이 존재할 수 있다는 사실만으로도 매우 기쁘게 생각한다. 게임 기술과 시각화를 결합하려는 노력을 10년 넘게 해오고 있는 사람으로서 시각화 산업에서 실시간 렌더링과 특히 UE4를 받아들 이기 시작했음을 보는 것은 매우 놀랍지 않을 수 없다.

끝으로 여러분의 노력에 최선을 다하기를 바라며, 여러분의 놀라운 창조물과 혁신을 볼 수 있기를 기대한다.

찾아보기

ㄱ

게임모드 20, 198, 200, 218, 236
그림자 효과 32

ㄴ

네이밍 규칙 78

ㄷ

디렉셔널 라이트 192, 270, 285
디렉셔널 라이트 액터 184

ㄹ

라이트매스 19, 21, 32, 39, 82, 84, 251, 281,
　291, 293, 372
라이트 맵 73, 80, 82, 84, 85, 108, 288, 294,
　295, 372
라이트 맵 UV 좌표 83
라이트 맵 좌표 234
라이트 포털 301
라이팅 28, 32, 281
라이팅 빌드 371, 372
러프니스 102, 103, 105, 314, 320
레벨 19, 20, 22, 161, 180, 191, 268, 273, 280,
　294, 296, 354, 368, 374, 408, 424
레벨 블루프린트 375, 377, 378, 382, 385, 386,
　395
레벨 스트리밍 368, 373, 375
리플렉션 28, 32
리플렉션 캡처 281, 301
리플렉션 캡처 액터 113
리플렉션 프로브 235

ㅁ

마켓플레이스 50, 55
머티리얼 18, 20, 32, 63, 72, 73, 79, 82, 97, 126,
　128, 132, 136, 163, 191, 234, 235, 237, 248,
　250, 281, 314, 316, 330, 336, 368, 371, 403,
　407, 408, 412, 427, 428
머티리얼 인스턴스 20, 138, 326, 328, 407
메시 67
메탈릭 104, 314, 319
모빌리티 107, 285, 288
물리 기반 렌더러 19
물리 기반 렌더링 32, 102, 314
물리 기반 렌더링 머티리얼 28
밉맵 94

ㅂ

반사효과 28
블루프린트 18, 20, 22, 32, 37, 63, 67, 127, 154,
　165, 198, 278, 373, 376, 385, 403, 404, 409,
　410, 414, 416, 419, 425, 428
블루프린트 인터페이스 167

ㅅ

삼각면 75
섀도 맵 109, 288, 372
스카이 라이트 187, 192, 270, 286, 298
스켈레탈 메시 76, 79
스태틱 메시 76, 77, 79, 86, 189, 192, 246, 272,
　278, 280, 361, 370, 405, 408, 425
스태틱 메시 액터 190
스트리밍 레벨 22, 373, 376
스포트 라이트 190, 298
시퀀서 19, 21, 32, 99, 100, 342, 346
씬 20

ㅇ

애트머스페릭 포그 185, 270
액터 20, 155, 158, 184, 273, 373, 405, 406,
　414, 422, 428
언리얼 모션 그래픽 UI 디자이너 387

에일리어싱 94
에픽 게임즈 런처 54
월드 160
월드 아웃라이너 273, 370
위젯 387
위젯 블루프린트 387, 388, 395
이벤트 디스패처 167
이벤트 바인딩 397
입력 매핑 20, 206

ㅈ

전역 조명 18, 32, 39
조명 314, 368, 370

ㅋ

컴포넌트 161, 410, 411
콜리전 21, 73, 86, 355, 356, 360, 371
콜리전 메시 87

ㅌ

틱 163

ㅍ

패키징 20, 68, 224, 228
퍼시스턴트 레벨 373, 374
포스트 프로세스 머티리얼 122
포스트 프로세스 볼륨 114
포인트 라이트 298
폰 20, 157, 158, 160, 198, 200, 212, 218, 236, 402
폴리곤 모델링 18
프로젝트 59
프로퍼티 매트릭스 358
플레이어 스타트 221, 354, 376
플레이어 컨트롤러 20, 157, 158, 198, 200, 208, 212, 218, 236, 354, 362, 385, 402
플레이어 콜리전 뷰 모드 371

A

Actor 20, 155
aliasing 94
Atmospheric Fog 270

B

Begin Play 이벤트 166
Blueprint 18
Blueprint Interfaces 167

C

Collision 21, 73, 86

D

Directional Light 270

E

Epic Games Launcher 54
Event Dispatcher 167

G

Game Mode 20
GI 18, 32, 39
Global Illumination 18, 39

I

Input Mapping 20, 206

L

Level 20
Level Blueprint 377
Level Streaming 368
Lightmaps 82
Lightmass 19, 32, 39
Light Portal 301
LOD 73

M

Marketplace 55
Mesh 67
Metallic 319
Mip-Map 94
Mobility 107, 285

P

Packaging 20
Pawn 20, 157, 198

PBR 19, 28, 32, 102, 314
Persistent Level 373
physically based renderer 19
Player Collision View Mode 371
Player Controller 20, 157
Player Start 221

R

Reflection Capture Actor 113
Roughness 102, 320

S

scene 20
Sequencer 19, 100
Shadow map 109
Skeletal Meshes 76
Sky Light 187, 270
Static Meshes 76
streaming level 22

T

The world 160
Tick 163
triangle 75

U

UMG 22, 32, 368, 382, 385, 387, 402
Unreal Motion Graphics 32
UV Chart 83
UV mapping 80
UV 매핑 18, 80
UV 좌표 234, 250, 252
UV 차트 83, 84

W

Widget 387
Widget Blueprint 387
World Outliner 273, 370

에이콘출판의 기틀을 마련하신 故 정완재 선생님 (1935-2004)

UNREAL ENGINE 4 for DESIGN VISUALIZATION

더욱 극적인 장면 연출을 위한 애니메이션, 렌더링 시스템 활용

발 행 | 2018년 8월 31일

지은이 | 톰 섀넌
옮긴이 | 장 세 윤

펴낸이 | 권 성 준
편집장 | 황 영 주
편 집 | 양 아 영
　　　　배 혜 진
디자인 | 박 주 란

에이콘출판주식회사
서울특별시 양천구 국회대로 287 (목동)
전화 02-2653-7600, 팩스 02-2653-0433
www.acornpub.co.kr / editor@acornpub.co.kr

한국어판 ⓒ 에이콘출판주식회사, 2018, Printed in Korea.
ISBN 979-11-6175-202-0
ISBN 978-89-6077-144-4 (세트)
http://www.acornpub.co.kr/book/unreal-4-design-visualization

이 도서의 국립중앙도서관 출판시도서목록(CIP)은 서지정보유통지원시스템 홈페이지(http://seoji.nl.go.kr)와
국가자료공동목록시스템(http://www.nl.go.kr/kolisnet)에서 이용하실 수 있습니다.(CIP제어번호: CIP2018026772)

책값은 뒤표지에 있습니다.